KB060032

나는 시민인가

나는 시민인가

사회학자 송호근, 시민의 길을 묻다

문학동네

머리말

그해 여름은 우울했다. 무척 더웠고 비는 잘 오지 않았다. 남부 해안을 휩쓴 태풍은 중부로 북상해 바람으로 변했다. 뭐 하나 시원하게 해결된 일도 없이 연일 새로운 시위가 폭발했다. 흙더미에 묻힌 마을, 곳곳의 함몰되는 도로가 위험사회 경계령을 무색게 했고, 파업 함성이 자동차공장과 조선소를 뒤덮었다. 교황 방문 후유증이 컸던지 네티즌들은 저마다 참았던 말을 뱉어냈다. 제 할 일 못한 정치권은 다시 거리로 나갔다. 그들은 광화문광장 시민들의 복합상소 대열에 슬며시 끼어 청와대의 비답을 닦달했다. '국가'수호세력이 고주파 스피커로 이들을 비난했는데, 그 국가가 자신의 국가인지 집권 세력의 국가인지 헷갈렸다.

계절이 바뀌면서 가끔 헛웃음이 나왔는데 속울음은 가시지 않은 채였다. 우울증 끝에 무기력증이 밀려왔다. 국가개조라는 그 강력한 자장 속에 시민은 설 자리를 잃었다. 그래도 팽목항에서 일손을 거든 사람들은 시민적 자존을 지킬 작은 교두보라도 간직하고 돌아왔을 것이다.

사람들은 더불어 살려는 본능을 갖고 태어났다. 더불어 사는 삶에서 감성과 정서가 발아하고, 그 사회적 관계망에서 시민적 공공성이 싹튼다. 그 관계망이 얼마나 허술하고 비열했기에 꽃다운 아이들이 수장되는 것을 지켜봐야 했는가.

낙엽 위로 초겨울 서리가 일찍 내렸다. 헐벗은 초목과 산야는 긴 동면을 준비했지만 예년처럼 무심한 관조를 허락하지 않았다. '시민의 자격'이 문제였다. 뒤집힌 귀신고래처럼 선수만 뾰족이 내민 채 깊이 가라앉은 세월호의 잔영이 '너는 누구냐?'를 집요하게 물었다. 나는 시민, 더욱이 학식을 갖추고 공익에 긴장하는 '교양시민'이라고 응답할 엄두가 나지 않았다.

이 글은 내가 진짜 시민인지를 자기검열한 고백이다. 1부 '중년의 안경'의 에세이는 지극히 사적인 초상肖像이고, 2부 '공유 코드가 없다'는 실사회에 대한 시민적 불만이자 관찰이다.

3부 '아직도 국민시대'는 일간지 칼럼으로 공론장에 감히 개입한 저간의 이력이고, 4부 '나, 시민?: 우리는 어디까지 진화했을까'는 시민의 자격을 짚었다. 서로 어울리지 않는 글들이 마치 여름 화단에 제멋대로 피어난 꽃과 야생풀처럼 뒤엉켜 있을 것이다. 실은 그게 내면의 진짜 모습이고, 결핍된 시민성의 현주소다. 시민은 프라이버시를 바탕으로 공익과 균형감각을 기른 사람이다. 사적 초상에서 공론장으로 나간 경로를 차분히 걷다보면 나의 서툴고 미숙한 시민성이 드러날 것이다. 이를 거울삼아 독자 자신은 어떤가를 되짚어보는 것도 무기력증을 다스리는 좋은 방법일 것이다.

나는 내가 태어났던 1955년 겨울 한국사회가 어떠했는지 늘 궁금했다. 고향은 안동에서 영주로 가는 신작로 변에 위치한 마을이었는데 면사무소와 초등학교가 있는 그런대로 번듯한 촌락이었다. 증조부는 민란이 전국을 휩쓸던 1870년대에 태어나셨고, 조부는 고종이 한창 대한제국을 건설하던 1900년대 초반 그곳에서 태어나셨다. 생업은 말할 것도 없이 농사. 공부를 잘했던 아버지께서 안동사범학교를 졸업하고 고향으로 내려와 교편을 잡던 그때 나를 낳으셨다. 농민에서 황국국민, 그리고 대한민국의 시민이 되어가던 평범한 가문의 진화 경로에서 내가 태어난 것이다. 그리고 갓난아기 때 어머니 등에 업혀 서울로 올라왔다. 일제가 건설한 철로를 달리던 대한민국의 야간열차였다. 어린아이였던 누이들과 세간이 모두 한데 엎쳐 도시로 이동하는 그 야간열차를 타고, 어머니 등에 업힌 채 나는 서울 시민이 되었다. 나는 시민인가?

식민지 시기에도 도시민은 시민으로 불렸다. 그 시민은 프랑스의 공민Citoyen, 영국과 미국의 시민Citizen, 독일의 성민Bürger과는 사뭇 다른 뉘앙스를 갖고 있다. 유럽의 시민이 주체적 개인이자 고유한 생활양식과 세계관을 배양한 계층을 뜻한다면, 내가 도시민이 되었을 당시 한국은 그런 수준에 도달하지는 못했다. 소시민이라는 말은 더러 소설에 쓰이기는 했고 1960년대에 이른바 '소시민문학'이란 경향을 만들어내기도 했다. 소시민이란 자신의 권리를 늠름하게 지키지 못하고, 세상 현실에 주도적 영향력을 행사할 뚜렷한 사회세력이 되지 못한 어정쩡한 상태의 도시 거주민을 의미한다. 조선에서 시민의 맹아는 1900년대 초반 형성 일로에 있었다. 식민지가 시작되자 시민의 맹아는 성장을 멈췄고 내가 '상상적 시민'이라 했던 그 결빙 상태가 지속되었다. 해방 후는? 여전히 농민이 인구의 80퍼센트 이상을 차지하던 농업사회였다. 그리고 전쟁 여파로 시민 개념은 국민과 인민 사이에서 설 자리를 잃었다.

그런 때 내가 태어난 것이다.

1961년 국민의 시대가 개막했고 그 막강한 영향력은 지금
껏 계속되고 있다. 잘잘못을 가리자는 게 아니다. 시민 형성
의 역사적, 사회사적 의미가 국민이 내뿜는 강력한 자장 속에
서 해체되었음을 말하고자 하는 것이다. 시민과 시민의식이
제대로 자라고 진화하려면 경쟁 상대가 필요하다. 유럽에서
시민계층은 귀족층과의 경쟁에서 생겨났다. 사회 주도권을
놓고 격돌했던 그 치열한 경쟁은 국가마다 다르지만 거의 19
세기 전반에 걸쳐 전개되었다. 시민층이 근대를 거쳐 현대의
주도층으로 부상하는 데에 거의 100년 넘게 걸렸다는 뜻이다.
왜 그렇게 오랜 시간이 필요했는가? 시민계층은 무엇을 정신
적, 물질적 무기로 해서 지배층과 겨뤘으며, 그 결과는 무엇
인가? 이 질문이 바로 우리의 시민성을 되짚어보게 하는 역사
적 성찰의 문이다.

우리의 시민계층은 정신적 무정형이 특징이다. 이 말은 서
글프고 신나는 두 가지 상반된 정서를 동반한다. 우리의 시민
계층은 1960년대 빠른 도시화와 더불어 양적으로 급성장했
다. 비록 개발독재로 불리는 억압적 공간에서였지만 도시민
이라는 '거주'의 함의가 점차 옅어지고 국가권력에 대해 비판
적 의식을 갖는 주체적 개인으로 변신하고 있었다. 그런데 계

층적으로 대항세력이 없는 게 문제였다. 유럽에서 시민층을 긴장시킨 세력이 귀족층이었음은 앞에서 지적했다. 귀족계급의 신분적 우월성, 예술 취향과 고급스러운 생활양식에 대항하여 시민층으로서 고유한 코드와 양식을 발전시켜야 했다. 종교개혁을 통해 세속적 경건성을 내면화하고, 근검과 절약, 그리고 전문적 교양을 습득해서 생활 조건을 향상하는 것이 시민층의 주요 목표로 설정되었다. 시민성civicness은 시민층의 이런 대결의식―예술성과 세속성의 대립―에서 발아한다. 귀족층의 이상주의와 퇴폐주의에 대하여 합리주의와 경험주의로 무장하고, 사익과 공익의 조화로운 화합을 통해 근대사회를 기획하는 일이 시민층의 역사적 과제가 되었다. 공익을 더 강조하는 사회에서는 공화주의가 들어섰고, 자유와 사익에 무게중심을 놓고 '타인에의 배려'를 동시에 추구하는 곳에서는 자유주의가 들어섰다. 시민층의 정신적 무기는 합리성, 경제적 무기는 물질적 풍요였다.

독일의 교양소설과 교양시민이 전형적이다. 괴테의 『젊은 베르테르의 슬픔』(1774)은 샤로테를 사랑하는 베르테르의 좌절감을 그린 소설이다. 샤로테가 약혼녀라는 사실 외에도 귀족층인 그녀의 신분적 지위가 시민층인 베르테르의 사랑을 막는 사회적 장벽이었다. 시민과 귀족 사이에 가로놓인 이 장벽을 18세기 지식인 청년은 뚫지 못했던 것이다. '사랑의 슬픔'은 '사회적 고뇌die Leiden'였다. 시민층이 고유의 정신적 양식을 쌓아 그 신분적 열등감을 극복하는 데에는 거의 100년이 걸렸다. 귀족의 양식과 시민적 생활세계의 대립을 한몸에 구현한 작가가 토마스 만이다. 그의 자전적 작품 『토니오 크뢰거』(1903)는 주인공 이름부터 예술을 대변하는 남독일(토니오)과 시민을 대변하는 북독일(크뢰거)의 낯선 융합으로서, 예술과 세속, 정신과 생, 영혼과 생활세계로 대립되는 귀족과 시민층의 세계관과 그 사이에서 방황하는 예술가 지망 시민의 고뇌를 그린 작품이다. 시민의 세속성과 정신적 고매성 사이에 다리를 놓으려는 주인공은 이렇게 되뇐다. "나는 밝은 사람들을 동경하고 사랑하는 시민이다. 오로지 예술 속에 잘못 길을 내디딘 것뿐이다."

이런 치열한 대결 속에서 학식과 전문지식, 종교적 신념을 겸비한 교양시민Bildungsbürgertum이 탄생했다. 교양이란 인문주의적 이념에 근거한 인간의 자기형성을 뜻하는데, 현실세계에 이르러서는 내면적 인격성과 보편적 인간성을 결합한 '세속적 경건성Weltfrömmigkeit'으로 발현되었다. 교양시민을 배출한 중심조직은 대학과 교회였으며, 국가와 귀족층에 대하여 시민사회의 자율적 윤리를 구축하는 데에 주력했다. 시기에 따라서는 일종의 선민의식에 빠지기도 했지만, 자유주의와 합리주의에 근거해 이들이 생산하고 확장한 공공성Öffentlichkeit 이야말로 시민적 윤리를 창출하는 인큐베이터였다. 이것이 사익과 공익 간 균형감각을 갖춘 시민층이 태어난 배경이다.

그렇다면 우리는? 1960~70년대 시민층이 확대될 당시 긴장해야 할 대항세력이 없었다. 교양시민층도 엷었을 뿐 아니라 귀족층이 무너져 생긴 빈 공간을 차지하기 위한 계층 상승 경쟁에 휘말렸기 때문이다. 시민층의 정신적 양식이 무엇인지를 생각할 겨를도 없이 상층을 차지하려는 무한 경쟁이 촉발된 것이다. 학력과 연줄은 상층을 향한 무한 경쟁의 가장 효율적인 무기였다. 군부가 최상층을 차지했고 장차관, 고위 관료, 재벌 기업, 국회의원이 뒤를 이었다. 이것이 1960년대 말 김지하가 우화로 풍자한 오적五賊이다. 지배층이 되고자 질주하는 시민층에게 노동자와 농민의 도전이 수용될 리 없다. 원자화된 개인주의와 권리의식이 시민층의 정신적 양식으로 자리잡았기 때문이다. 1990년대 노동운동이 시민운동과 결합하지 못한 채 서로 작별을 고한 배경이기도 하다. 그런 우리에겐 교양소설은 없고 성장소설이 있다. 이청준, 박완서가 대표적인 작가로, 그래도 시민, 시민-됨과 관련한 최소한의 고뇌가 읽힌다. 1987년 민주화 이후 근 30년이 되어가는 이 시점에서 우리의 시민성과 시민사회의 실체를 되짚게 한 것이 바로 세월호 참사다.

꽃다운 아이들을 수장하는 데에 거들었다는 공범의식이 닳고 닳아 사리처럼 단단한 한恨으로 승화되는 날, 비로소 시민의식은 개화할 수 있을 것이다. 우리는 주변을 돌보지 않은 채 여기까지 달려왔다. 경제는 시간 단축이 가능해도 사회는 단계를 뛰어넘을 수 없다는 것은 근대가 입증한 역사적 명제다.

2015년 1월

송호근 씀

차례

머리말 005

1부 자화상 중년의 안경

아버지와 매실나무 · 021

어, 동자꽃이 피었네! · 034

중년의 안경 · 050

나, 가자미—문학과 정치 · 068

나는 신자가 될 수 있을까? · 082

어느 날 귀로에서 · 097

2부 한국사회 공유 코드가 없다

아침 강의실에서 · 125

공유 코드가 없다 · 137

격차사회에 닥쳐온 차이나 쇼크 · 154

불평등 세습사회—토마 피케티와 나눈 대화 · 172

격돌사회, 그 이념의 뿌리 · 198

봉합된 위험사회, 잊힌 세월호 · 214

3부 시대 아직도 국민시대

그믐날 노시인과 · 241

멀어진 문학을 다시 부르며 · 246

타워크레인에서 보낸 194일 · 251

그대의 가슴을 뛰게 하는 것은 · 256

포트해밀턴과 켈파르트 · 261

대법원, 공부 좀 하시죠 · 266

조교육감, 천천히 돌아가세요 · 271

안중근 의사가 테러리스트? · 276

'죽도'에 대나무는 없다 · 281

추락하는 일본, 날개가 없다 · 286

아직은 달빛 · 291

대통령과 패션 · 296

'문x의 나라'가 살아가는 법 · 301

대통령님께 드리는 변정고언 1 · 306

대통령님께 드리는 변정고언 2 · 311

수습정치는 끝나고 · 316

불길한 망국 예감 · 321

성은이 망극한 · 326

평양은 언제 꽃대박일까 · 331

아직도 국민시대 · 336

4부 역사 나, 시민? : 우리는 어디까지 진화했을까

시민의 기원: 상상적 시민 · 343

나, 시민? · 353

시민, 그 공공성에 관하여 · 369

제3의 변혁 · 377

한국사회는 어디쯤 있는가 · 385

시대정신은 시민 민주주의 · 391

중년의
안경

청년 시절 간절한 구애의 시간대로 돌아갈 수 없는
회오의 눈물을 삼켜야 하는 것이 중년의 시간이다.
그럼에도 여전히 상대에 대한 이해의 눈길은 이기적이고,
상처받고 싶지 않는 본능이 작동한다.

아버지와 매실나무

매실을 땄다. 봄에 매화꽃이 그렇게 탐스럽게 피지 않았다면 제구실 못하는 매실나무에 관심을 가질 일은 없었다. 휑하니 솎아진 과수밭을 무슨 사연이 있는 듯 지키고 선 매실나무가 안쓰러워 잠시 개울 건너로 발걸음을 옮겼을 뿐, 다른 어떤 의도가 있는 것은 아니었다. 여름이 일찍 급습한 산촌의 사정을 살필 겸, 서로 엉켜 풀릴 기미를 보이지 않는 논리들의 실타래에서 벗어날 겸 나선 걸음이었다. 매실이었다. 녹색 나뭇잎 사이사이로 앙증맞게 매달린 작은 결실은. 처음에는 그러려니 했다. 유난히 따뜻했던 겨울 끝에 찾아온 봄마저 몇 년 만의 고온에 냉기를 일찍이 물리쳤던 것을 기억해낸 순간, 그 앙증맞은 결실들이 떼를 지어 매달려 있는 모습이 눈에 들어왔다. 매실 천지였다. 앵앵거리는 이명처럼 나를 둘러싼 매실나무들이 매실, 매실을 외치면서 오랜만에 맺은 자신들의 성과를 자랑하고 있었던 거다. 마치 상장을 받아들고 단숨에 집으로 뛰어들어온 아이, 아니면 골대 앞을 어슬렁대다가 우연히 골을 넣은 약골 소년이 지르는 환호성 같았다. 5년 만에 맺은 결실은 놀라움이자 반가움이었다. 나무 상태만 봐도 척하니 수확을 점치는 노련한 동네 농부들이 내렸던 최후 결론을 보란듯이 뒤엎은 것이 놀라움이었고, 5년 동안 결코 보여주지 않았던 열매를 작정한 듯 출현시킨 것은 반가움이었다. 이른 봄, 과수밭을 둘러본 농부들이 말했다. "속이 얼었어요." 내가 물었다. "그럼 꽃은 어떻게 피우나요?" 그들이 이구동성으로 답했다. "껍질로 겨우 버티는 거죠." 농부들의 진단을 받아들여 나는 꽃만 보자고 결론을 내렸다.

그런데 노련한 전문가들과 나의 담합을 비웃듯이 열매를 맺은 것이다. 그것도 나뭇가지가 휘청거릴 만큼. 열매 무게 때문에 더이상 버티기 어렵다는 시늉을 하면서 그 매실나무들은 나를 보채면서 서 있었던 거다. 딸 수밖에 없었다. 아니, 속이 얼었음에도 사력을 다해 세상 밖으로 내보낸 그 열매들을 그냥 낙과하도록 내버려둘 수는 없었다. 사망 오진을 내렸던 농부들도 겸연쩍다는 듯이 장대와 자루를 준비하는 나를 거들었다. 매실 따기는 선사시대나 첨단기술 시대나 원시적인 방법에 의존한다. 뭐, 거창한 영농이라면 포클레인이나 다른 기계들이 동원될 수 있겠지만, 20여 그루 남은 휑한 매실밭의 수확은 인력 동원 외에 다른 방법이 없다. 감 따기도 그럴 것이다. 사다리를 타고 올라가 다칠세라 한 개씩 따서 조심스레 상자에 담는 것. 다른 점이 있다면 매실 수확은 장대로 나뭇가지를 세차게 때린다는 것 정도다. 그러면 마치 밤톨이 떨어지듯 푸른색 매실이 땅으로 낙하하고 그것을 주워담으면 수확은 완료된다. 노동에 이골이 난 농부가 장대를 맡았고 나는 그냥 주워담는 역할을 맡았다. 장대에 맞은 매실들이 마치 우박처럼 쏟아져내렸다. 끝내 버티던 놈들도 농부의 세련된 장대질을 피하지는 못했다. 장대가 휘둘리는 그 방향에 따라 잘 익은 밤톨만한 것들이 속절없이 땅으로 떨어져내렸고 더러는 내 얼굴과 머리를 쳤다. 그 순간이었다, 아버지가 생각난 것은. 내 얼굴과 머리에 쏟아져내렸던 그것은 아버지의 매실이었다. 아버지의 매실은 내 등을 후려치며 떨어지기도 했는데 그 순간마다 쿡쿡 가슴을 찌르며 흩어지는 통증이 발생했던 거다.

사실 몇 달 전 해동기에 나는 동네 농부들의 사망진단을 받아들여 매실나무들을 베어냈다. 동사한 나무들을 그냥 방치해온 것이 마음에 걸렸지만 그래도 봄마다 어김없이 꽃을 피워주었기에 꽃만이라도 보자는 심정으로 어물쩡대다 5년 세월이 흘렀다. 벌들도 사라진 지 오래다. 더욱이 아버지의 매실 과수밭은 겨울이 혹독하기로 이름난 화천 부근이어서 아무리 냉해에 강한 품종이라도 휴전선을 넘어 내리치는 시베리아 한랭전선을 견디기 어려웠을 것이다. 결단을 내려야 했다. 냉해 입은 것을 솎아낸 그 자리를 생육이 빠르고 수요가 많은 수종으로 대체하면 좋다는 주위의 권유를 받아들이자 결단은 그런대로 쉬웠다. 가지치기를 하지 않아 아무렇게나 덩치만 커진 매실나무들이 잘려나갔다. 농부들의 예언대로 나무들은 속이 검게 변질된 채 껍질 안쪽으로만 흰 속살이 겨우 남아 있었다. 꺼져가는 저 속살을 통해 힘껏 수액을 뽑아올린 생존력, 그리고 그것으로 수려한 꽃을 피워낸 나무의 의지는 감탄스러웠다.

동사한 신체에서 끈질기게 꽃을 피워낸 그 나무들은 10여 년 전 칠순의 아버지가 손수 심은, 말하자면 노후의 소일거리였다. '노후의 소일거리'라고 말하니 한가한 산촌의 정취를 즐기며 자연의 섭리를 따를 준비를 하는 그럴싸한 풍경이 떠오를 것이다. 나도 동의했다. 100그루 매실나무가 봄마다 연출할 흰 꽃 대궐, 여기에 100그루 나무가 선사할 100여 상자 매실의 환금성을 생각하면 반대할 이유가 없었다. 먼 훗날 나의 소일거리이기도 하니 칠순의 아버지가 곰곰 따져 내린 결론에 시비를 걸 필요가 전혀 없었던 거다. 열매를 매달 만큼 충분한 생장을 요했던 초기 5년 동안 아버지는 봄마다 노후의 소일거리에 매달렸다. 봄이 시작되는 3월 말부터 매실을 따야 하는 6월 말까지 이어지는 아버지의 상주가 시작됐다. 한번 꽂히면 절대 놓지 않는 유별난 집념을 자랑하던 아버지는 아예 과수밭 한편에 지은 나의 집필실을 점령했다. 거기까지는 별거 아니었다. 집념 유전자를 물려받은 덕에 하루종일 계속되는 아버지의 농사일에 아랑곳 않고 집필에 몰두할 수 있으니까. 그런데, 밥이 문제였다. 평소에 노익장을 자랑하시던 아버지의 식욕은 무한대여서 하루 세끼를 꼬박꼬박 드시는 것을 일생 불변의 원칙으로 고수하고 계셨는데, 이 원칙은 툭하면 끼니를 거르는 나의 나쁜 습관과 정면충돌했다. 그렇다고 서울에 있는 당신의 며느리이자 나의 아내를 불러올 일은 아니었다. 당신의 맏며느리인 나의 아내도 사실 끼니가 걱정되어 아예 며칠분 반찬과 국거리를 집필실행行에 달려 보내는 일을 잊지는 않았지만, 계절 내내 지속되는 농사일 속에서 식사 문제를 해결한다는 것은 거의 불가능에 가까웠다. 아침과 점심은 어찌해보겠는데 그럴듯한 밥상을 요하는 저녁이 문제였다. 늦은 오후에야 느지막이 발동이 걸리는 나의 글쓰기는 흔히 저녁식사 시간을 아랑곳 않고 질주하곤 하는데, 아버지의 농사일은 그 시간에야 느릿해지기 마련이다. 밥시간이 훌쩍 지나는 것이 예사였다. 짙은 어둠이 깔리는 때에야 인내심이 고갈된 칠순의 아버지가 방문을 열고 나지막이 말했다.

"아비야, 저녁 먹자!"

아, 밥과 국, 반찬을 뭘로 한다? 교수에서 주부로의 갑작스러운 역할 전환을 발하는 가부장의 명령이었다.

몇 년 전, 작대기 같던 묘목이 무럭무럭 자라더니 드디어 매실이 열렸다. 아버지가 쏟은 5년의 투지와 집념이 효력을 발휘한 것이다. 5년 전 과수밭을 온통 뒤덮은 매화꽃 아래에서 아버지는 세상을 얻은 것처럼 즐거워했다. 나도 즐거웠다. 밥을 둘러싼 아버지와 나의 소소한 불화를 증발시켜버리는 듯 매실나무들은 그해 정말 화려한 축제를 벌였다. 아버지는 계산이 이미 끝나 있었다. 100상자를 수확할 방법과 날짜, 동원 인력, 그리고 처분 방법까지도. 처분 방법이야 내가 알 바는 아니지만, 수확 날짜와 동원 인력 계획은 나의 우려를 살 만한 것이었다. 당신의 자손으로 등록된 모든 가용 인력이 소집 대상이었고, 더 많은 손이 필요하다면 동네 농부들을 동원한다는 것. 난색을 표하는 나에게 아버지는 대수롭지 않다는 듯 말했다. "일당을 주면 되지." 글쎄, 동네 사람들을 상대로 한 그 일당이라는 것이 사실은 얼마나 복잡한 인류학적 교환행위를 숨기고 있는지는 겪어보지 않으면 모른다. 이 산촌 농민들은 일종의 도덕경제라고 할 만한 관계를 맺고 살아왔다. 자급자족에 상부상조, 그리고 환난상휼이 공동체 구성원의 생활 신조인 반면, 지금껏 작동하고 있는 두레는 노동일로 계산한 정확한 수치에 근거한다. 생계가 어려워지면 십시일반 곡식과 재물을 나누지만, 두레라고 하는 공동노동만큼은 각 농가가 기여한 시간에 따라 가동된다. 공동노동에 참여하지 않으면 현금으로 대체한다. 이 현금 결제가 일당인 셈인데 그럼에도 일당에는 공동노동 참여라는 전제가 붙는다. 그러므로 "일당을 주면 되지"가 아니라 노동을 제공받은 대가로 공동노동에 참여해야 하는 도덕적 의무가 발생하는 것이다. 물론 내가이 산촌에 상주하지 않기에 그 도덕경제 원리를 나에게 적용하려 들지는 않을 테지만 동네 사람들은 은연중 그런 가치에 적합한 행동을 해주기를 기대할 것이다. 현금을 지불해도 도덕적 빚은 남는다. 여기에 밥 문제가 다시 튀어나왔다. 아버지의 구상은 확고했다. 수확을 하는 3일 내내 마당에 솥을 걸어두고 육개장을 끓인다. 그러곤 소집에 응한 당신의 자손들은 물론 일을 거든 동네 사람들을 계속 먹인다는 장대한 계획이었다. 줄잡아 10여 명, 3일분 육개장을 끓이려면 쇠고기가 얼마나 들 것인지를 따지는 아버지의 표정은 너무나 들떴지만, 식사 제공의 총책임자로 지정된 아내는 좌불안석이었다. 아버지의 노후 소일거리가 나에게는 난처한 고민거리였던 거다. 작전 개시 10여 일 전부터 아버지의 지시가 하달됐는데 그 지시는 수시로 변했다. 솥의 종류, 반찬의 가짓수, 쇠고기의 양, 그리고 일꾼들에게 줄 간식의 유형 등등. 아버지의 성화가 드세질수록 매실에 대한 나의 미움은 정비례해 커졌다. 괜히 심었구나…… 6월 초여름의 싱그러운 신록을 향유할 여유가 사라졌고, 산목련으로 불리는 함박꽃의 탐스럼과 색시처럼 수줍게 숨어 피는 노각나무꽃이 눈에 들어오지 않았다.

그해 여름, 아버지의 플랜테이션에서 거둔 소출은 상상 이상이었다. 아버지는 지극히 만족스러운 웃음을 머금고 매실 100상자를 거래처에 성공적으로 납품했다. 아마 아버지 인생 최초의 농업소득이었을 그 판매 대금이 얼마인지 아는 사람은 없었고 관심을 표하는 자손들도 없었다. 착하기 그지없는 자손들은 가문 최고最古의 어른이 선사한 매실 상자에 만족했고,

산촌에서 지낸 시간과 며칠 우려낸 육개장의 기억을 간직하고 돌아갔다. 그런데 나의 가족이 치른 대가는 조금 쓰라렸다. 의무를 성실히 수행하던 아내는 발을 헛디뎌 넘어졌는데 대수롭지 않게 보였던 그 사건이 깊은 상처를 남길 줄은 아무도 예상하지 못했다. 의사는 그때 파열된 무릎 연골의 수술을 권했다. 평소 감기약 복용도 거부하는 아내로서는 수술이 마뜩지 않아 의사의 강력한 권고를 물리쳤는데 결국 재발을 거듭하는 그 우연찮은 지병을 다스리며 살게 되었다. 매실은 나의 적이었다.

노익장을 과시하던 아버지가 쓰러졌다. 쓰러졌다기보다 누구에게나 급습을 마다않는 광폭한 질병이 발견되었다. 암이었다. 노익장에서 병약한 환자로의 급선회는 가족을 근심으로 몰아넣기에 충분했다. 아버지의 채근하는 성격이 불거졌다. 나는 그때 노익장과 병약함은 동전의 양면임을 알았다. 중병을 앓아본 사람들은 그 질병을 다스리는 방법을 나름대로 익힌다. 기어이 낫겠다고 다짐하고 발버둥치는 사람도 있겠지만, 대체로 암과 함께 살 운명이자 그런 연령대임을 깨닫는 사람들도 있다. 팔순에 접어든 아버지는 전자의 전형적 유형이었다. 노익장이었던 아버지에게 죽음이란 단어는 없었는데, 그런 당신에게 죽음의 그림자가 어른거리니 이를 이해하지 못했고 또 못 견뎌했다. 병문안차 방문한 장남에게 던진 첫 한탄은 "내가 왜?"였다. 젊은 시절 단거리 육상선수, 중년에는 지칠 줄 모르던 초등 장학사이자 교장선생님, 칠순에 농장주인인 그 강인한 질주의 기억에는 암이 없었다. 아버지는 생애 최초로 암과 대면하면서 당황했고 어쩔 줄 몰라했다. 두어 번의 정밀 검사를 받은 후 '수술의 길'과 '함께 사는 길' 중에서 아버지는 서슴없이 전자를 선택했고 결국 투병의 길로 접어들었다. 수술 후 투병생활은 쉽지 않았다. 진료비를 비롯한 경제적 문제에서 수발을 들어야 하는 일상적 과제, 그리고 무엇보다 밥이 문제였다. 아버지의 식욕은 수술 후 잠깐 하강 국면을 통과하더니 곧 평소대로 회복되었으니까 말이다. 병원 신세를 자주 졌지만 아버지의 건강이 느릿하나마 상승 곡선을 그린 것은 가족들로서는 무척 다행스러운 일이었다. 그러는 동안 매화꽃이 만발했다가 지기를 반복했다. 건강을 약간 회복하자 아버지의 매실 집착도 살아났다. 봄이 오면 어김없이 매화꽃 상태를 점검했다. 현장 답사가 아닌 전화로 말이다. 매화꽃이 냉해를 입었다고 강변하는 내가 미덥지 않아 동네 농민들에게 자주 전화를 걸어 더블 체크를 하기도 했다. 혹한의 겨울을 두 번 지내면서 매실나무가 꽃피우기를 주저하는 기색이 역력하자 농민들도 확신에 차 답했다. "냉해를 입었어요."

물론 나는 매실나무가 냉해를 입기를 내심 바랐다. 아버지가 병상을 박차고 일어나시는 것은 좋으나 매실밭 잡초 제거를 명하거나 치밀한 수확 계획을 느닷없이 발할까 두려워서였다. 매실나무는 꽃만 피워주면 족했다. 4월 중순, 꼬마 국화꽃 같은 흰 송이를 수십만 개 매달아 집필에 지쳐 물끄러미 과수원을 바라보는 나를 위로해주는 그 존재만으로 족했다. 냉해는 나의 능력 밖의 일이므로 가슴은 아프지만 어찌하랴. 38도선을 훨씬 넘어 있는 매실 농장을 남하시킬 수도 없는데 말이다. 과수밭은 몇 해 동안 그렇게 방치되었다. 풀이 키만큼 자라 비무장지대 같은 풍경을 연출하기를 반복했다. 가끔 풀씨가 날아온다고 투덜대는 이웃집 농부의 푸념을 받으며, 아버지가 떠난 과수밭은 고아 신세였다. 암은 역시 무서운 병이었다. 회복 기운이 퍼지는가 싶더니 다시 아버지를 주저앉혔다. 완전한 회복! 어느 날 아버지의 목표는 이것으로 바뀌었다. 그러곤, 매실밭에 대한 모든 기억을 버린 채 바다가 보이는 동해안 어느 요양원에 입주했다. 병문안이 더 어려워지기는 했지만 일상적 채근이 멀어지는 것은 그런대로 좋았다고 하면 스스로 불효자임을 천하에 드러내는 것이리라. 사실 이주하지 마시라고 말리기도 했지만 아버지의 집념을 꺾을 사람은 없었다. "냉해를 입었어요!" 병문안에서 꼭 빠뜨리지 않고 강조하는 말이다.

그런데 매실이 기적처럼 열렸다. 그것도 가지가 휘청거릴 만큼 조밀하게 매달렸다. 아버지의 계산으로는 나무 한 그루당 10만 원은 족히 받을 양일 것이다. 냉해 입은 나무들을 베지 않았더라면 소출을 싣고 거래처로 달려갈 아버지의 모습은 그야말로 젊은 시절 단거리 선수였을 것이다. 물론 전국 매실 농장이 모두 풍작이기에 매실값은 형편없이 폭락했다. 나를 거들던 농민도 그렇게 농을 했다. 오랜만에 열렸는데 값이 형편없다고. 잘려나간 매실나무 둥치가 꺼멓게 삭아 있었다. 매실을 주렁주렁 선사한 이 나무들도 냉해를 입어 속이 꺼멓게 멍들어 있을 터이다. 열매가 여는 게 올해가 마지막일까, 아닐까? 5년 만에 열매를 내준 나무줄기는 추위와 바람과 벌레의 습격에 크고 작은 흉터를 안고 있었다. 이 나무도 내년에는 잘려나갈까? 속은 죽고 껍질 둘레만 살아 힘겹게 수액을 뽑아올리고 있을까? 그런 생각에 잠겨 있는 사이, 나를 거드는 농부의 장대가 휙 지나가자 밤톨보다 큰 매실들이 후드득 떨어졌다. 얼굴과 머리를 때리고 등을 쳤다. 그런데 왜 그 순간 머릿속에 아버지가 번득 스쳤는지 모른다. 무질서하게 널브러진 매실을 주워담으면서 먼 동해안으로 전화를 하는 내 모습이 떠올랐다. "기적처럼 매실이 열렸어요"라고 그는 말하고 있었다. 순간, 아차 하는 생각과 함께 말을 바꿨다. "냉해를 입었어요." 시나브로 떨어진 매실을 주워담으며 나무 주변을 왔다갔다하는 나는 방향 잃은 토끼였다.

어, 동자꽃이 피었네!

　동자꽃이 피었다. 넓적한 부챗살 모양의 녹색 잎 사이로 주황색 꽃대궁을 길게 뽑아올린 그놈은 여름 꽃밭의 군계일학이다. 초여름 햇살에 부지런히 피어난 여름 꽃들이 잠시 시들해진 틈을 타 7월 땡볕에 보란듯 길쭉하게 존재를 과시하는 동자꽃의 기품을 따라갈 꽃은 없다. 칸나와 달리아 같은 서양종을 제외하고는 키가 크고 우아한 자태를 뽐내는 토종 꽃은 드물다. 토종들은 대개 키가 작고 앙증맞아서 화단 바닥에서 겨우 50센티를 넘지 못한다. 늦봄에 작은 촛불처럼 피는 금낭화가 그렇다. 아기 눈망울만한 작은 초롱들이 꽃잎 밑에 조롱조

롱 숨어 달리는 그 꽃을 초로에 접어든 내 처는 은근히 좋아한다. 결코 뽐내지 않지만 화려하고 결코 드러내지 않지만 바람이 불면 기어이 발각되고야 마는 흰색 초롱을 단 꽃을 누가 사랑스러워하지 않으랴.

나는 난처럼 이파리가 길게 뻗은 화초들을 좋아한다. 그렇다고 처음부터 귀한 존재로 태어난 난을 좋아하는 것은 아니다. 누가 보내준 난 화분을 연구실에 놓고 키워보기는 했지만 싱싱한 새 꽃을 보여준 경우는 드물다. 태생이 귀한 것엔 왠지 정이 가지 않는 나의 반골 기질 때문일 것이다. 대신 야산에 아무렇게나 피어나는 붓꽃이나 습지 주변에 소담하게 늘어선 창포 종류가 끌린다. 땅 밑에서 분수처럼 뿜어올리는 그 생명력의 표현양식도 그렇거니와 잎사귀와는 상관없이 별개의 꽃대궁을 내밀어 꽃을 피워내는 독립심이라고 할까, 아니면 외로운 존재감 같은 것이 느껴진다. 나는 너의 힘으로 피는 것이 아니다! 주변을 경비병처럼 감싸고 있는 잎사귀들에게 그렇게 말하는 듯하다.

아내는 춘천 산골 집*마당에 두 평 남짓한 자그마한 야생화 화단을 만들었다. 그러곤 주로 무채색 꽃, 말하자면 흰색 종류만 골라 심었다. 서양 꽃은 물론, 토종이라도 알록달록한 꽃은 처음부터 입주 대상이 아니었다. 그 작은 화단에 입주할 자격 요건은 처의 기호만큼 까다로웠다. 내가 이른 봄에 무작정 사다 심은 패랭이꽃, 튤립, 금잔화 같은 유채색 꽃은 사정없이 뽑혔다. 아니 뽑혔다기보다는 화단 주인의 기질에 못 이겨 스스로 주저앉았다. 내가 주인의 허락 없이 무취향으로 꽂은 꽃들이 속절없이 시들어버린 그 자리에 둥굴레, 금당화, 매발톱, 은대난초, 자라풀, 노루오줌 같은 야생초가 드문드문 입주했다. 벌개미취는 연한 보랏빛이지만 꽃대궁이 길고 흰색과 어울린다고 해서 입주 심사에 통과되었다.

아내의 감시는 작은 화단을 벗어나 마당 전체로 확대되었다. 기분 내키는 대로 무작정 사다 심는 나의 계획 없는 행동에 제동이 걸린 것은 나의 야심작들이 겨울 추위를 이기지 못하고 삭정이가 되는 것을 몇 년간 바라본 뒤였다. 아, 5년이면 마당에서 과일을 따 먹을 수 있다는 그 유혹에 못 이겨 야심차게 심은 복숭아와 사과나무는 산골 겨울바람에 모두 얼어죽었다. 그 자리에 심은 대추나무도 겨우 한 그루 살아남아 힘겹

• 1990년대 말 외환위기가 한창일 때 경제에 무지했던 우리는 춘천 산골에 작은 농가를 지었다. 우연히 구입했던 땅조각이 택지였는데 3년 내에 집을 짓지 않으면 강제 매각해야 한다는 행정명령을 받았던 탓이다. 그때는 힘겨웠지만 지금은 그 비정한 행정명령이 고맙기 그지없다. 매실밭은 그 옆 산비탈 밭을 아버지가 매입해 일군 것이다.

게 서 있고, 토종인 산벚꽃은 울타리 구석에서 몇 년째 몸살을 앓다가 이제야 겨우 몸을 추스르는 정도다. 자작나무! 그래, 서울의 멋진 카페 내부를 장식하는 자작나무가 탐나 몇 년 전 몇 그루를 사 왔다. 물론 사전 협의를 거치지 않은 무모한 결단이었지만 웬일인지 자작나무만은 입주가 허용되었다. 숄로호프의 『고요한 돈 강』이나 파스테르나크의 『닥터 지바고』의 한 장면을 옮겨다놓는다는 데에 불문학도였던 처가 반대할리 없다는 계산이 맞아떨어진 것이다. 그런데 그놈들도 몇 년을 넘기지 못했다. 늦은 봄에 피워낸 잎사귀들이 곧 시들해지더니 땅바닥에 툭툭 떨어지는 모양이 심상치 않았다. 시커멓게 변색된 자작나무들을 결국 베어야 했는데 영문을 모른 채죽어간 그 나무들이 겨울 난로 속에서 타닥타닥 소리를 내며소멸해가는 것을 바라봐야 했을 때엔 죄책감과 허망함이 교차했다. 아무튼 아내의 자격 요건 심사가 강화된 뜰에는 노각나무, 함박꽃, 산벚꽃, 목련, 산수국, 보리수, 쪽동백이 입주 허가증을 받고 서 있는데, 모두 흰꽃을 피워내는 나무들이다.

아내의 화단에 동자꽃이 피었다. 7월의 따가운 햇볕을 한껏 머금고 드디어 우아한 자태를 드러낸 그 꽃은 몸집과는 다르게 작고 앙증맞았다. 옅은 주황색이지만 마치 작은 나리같이 갈라진 꽃잎이 흰색과 잘 어울림에는 틀림없었고, 나에게는 붓꽃이나 창포과에 속하는 종자이기에 반갑지 않을 도리가 없었다.

"어, 동자꽃이 피었네!"

마루에 걸터앉아 창밖을 응시하다가 불쑥 내뱉은 말이었다. 그 순간 아내가 눈을 흘기며 말했다.

"동자꽃이 아니라고 몇 번 말했는데……"

"그럼 뭐지? 동자꽃 맞아!" 나는 선언하듯 말했다. 나의 기억력이 아내보다 낫다는 사실을 확신시키려는 듯이 말이다.

"동자꽃이 아니고…… 왜 그거 있잖아?" 아내의 반박에도 힘이 실렸다. 나의 무모한 집착력과 고집에 얼마나 마음고생이 심했는지를 상기시키고 싶어하는 말투였다. 그 말투에는 '또 저런다!' 혹은 '내 상처를 건드리지 마라!' 하는 경고 같은 것이 묻어 있었다. 아내의 말투에 대한 직감이 확신에 차 말하는 나에게 전략상 후퇴를 암시했는데, 꽃 이름을 금시 못 대는 아내의 퇴화한 기억력 탓에 안전한 퇴로가 만들어지지 않았다. 나는 약간 위축된 채로 되묻지 않을 수 없었다.

"그럼 뭔데?"

"왜, 그, 부채…… 부채……"

하기야 저 꽃이 부챗살처럼 생겼으므로 부채 어쩌구 하는 이름이 동자꽃보다는 어울릴 것도 같았다. 반찬을 준비하던

아내가 급기야 방으로 들어가 스마트폰을 켜고 한참을 뒤적였
다. 저 무모한 고집을 반드시 퇴각시켜야 한다는 비장한 명령
을 하달받은 적장처럼 말이다. 스마트폰 속에 들어 있는 수천
만 가지의 지식 속에서 드디어 그 실체를 찾았는지 환호하듯
말했다.

"범부채꽃!"

아, 그게 범부채꽃인 듯도 했다. 생김새도 부챗살 같거니와
언젠가 한번 헷갈렸다가 아내가 정정해준 기억이 아스라이 떠
올랐다가 사라졌다. 바로 이때, 환호작약하는 아내에게 무조
건 승복한다는 단순한 언어를 발하면 이 절박한 상황이 끝난
다는 것을 모르는 바 아니다. 예를 들어, '아, 그렇구나!'라든
가, '야, 벌써 건망증인가? 아니면 심각한 치매인가?' 같은 자
학적 긍정이 필요한 시점임을 터득하고도 남을 만큼 아내와
보낸 세월은 아득했다. 그 아득한 거리만큼 이제 나의 자립
영역도 조금씩 커져가는 나이에 도달했다. 아내는 몇 년 전
벌써 독립정부를 선언하지 않았는가, 그러니 나도 임시정부
라도 세워야 하지 않을까, 그런 생각이 스쳤다. 대범해지는
것은 그런 탓인가? 그것을 오만이라고 하는지 알 수 없지만
'승복'은 나의 기질이 아님을 이제 나는 안다. 그걸 알고도 승
복해야 하는 것이 곧 삶의 지혜임도 나는 안다. 그러니 어쩌

란 말이냐. 나의 오랜 기질과 오랜 공동생활 끝에 터득한 지혜가 순간 자웅을 겨뤘다. 승복은 '내 상처를 건드리지 마라'는 아내의 경고를 인정하는 셈인데, 그것은 30년 결혼생활 동안 내가 결코 '의도하지 않은 가해'를 '의도한 것'으로 아예 공식화한 아내의 확신에 결재 도장을 찍는 것과 같았다. 부부가 어찌 가해자와 피해자로 나뉠 수 있는가? 양육, 친인척관계, 살림살이, 세속적 성취 속에 지속된 30년 부부생활은 세계적 수학자도 결코 풀 수 없는 복합방정식으로 구성된다. 그런데 이 거룩한 명제는 가해자의 변명일 뿐 피해자임을 확신하는 아내의 심리적, 정서적 상처를 치유하는 데에는 결코 도움이 되지 않는다는 것도 알고 있다. '여자가 수시로 받는 상처의 본질을 충분히 이해할 수 있는 남자는 없다', 이 편리한 명제에 안주한다 해도 남자는 여자의 상처를 치유는커녕 이해할 수도 없다. 그러니 어쩌란 말이냐.

"당신 기억력이 형편없어졌구먼…… 부채까지 기억했으면 범부채꽃은 곧장 나와야지!"

승복과 지혜가 서로 다투다 겨우 타협해낸 말이 이것이었다.

"또 저런다!" 아내가 독립정부의 성벽을 둘러치듯 말했다.

돌이켜보면 아내의 상처는 나의 무모한 집착력과 고집에서 비롯되었다. 속된 말로 일단 꽂히면 기어이 저지르고야 마는 기질을 태생적으로 물려받았음을 알게 된 것은 결혼이라는 공동생활을 하게 된 다음의 일이다. 청년 시절까지 그 무모함은 진취성으로 칭송받거나 큰일 할 자질로까지 치부되었다. 자신이 믿는 바를 끝까지 옳다고 밀고 나가는 것까지는 좋은데 남의 말을 듣지 않는 게 문제였다. 남의 말을 경청하는 훈련을 받을 기회가 없었다. 청소년기는 물론 대학 시절에 이르기까지 일을 혼자 기획하고 혼자 처리하고 혼자 성취했다. 중학교에도 입시가 있던 시절이었기에 친구들과 쏘다니면서 일을 같이 도모할 시간은 드물었고, 중고등학교 시절 몇몇 절친들과 어울려 다니면서도 서로 자신의 감정과 설익은 인생관을 늘어놓았을 뿐 친구의 서럽고 애절한 얘기를 심각하게 들어줬던 기억은 별로 없다. 대학 시절엔 능력이 탁월한 친구들 틈바구니에서 자신을 연마하느라 정신이 없었기에 동시대를 같이 살아갈 동료로서 갖춰야 할 공동생활의 필수적 자질은 문제가 되지 않았다. 공동윤리, 나아가 시민윤리 같은 것 말이다. 같이 산다는 것, 더욱이 결혼생활에는 양보와 자제가 무엇보다 중요하다는 사실을 알려주는 교수도 친구도 없었다. 물론 교수들이 더러 그런 인생 조언을 했겠지만, 어떻게 세상에 나설지에 온 신경이 쏠렸던 나의 귀에 그런 조언이 들어올리 만무했다.

전공이 사회학이라고 말할 자격이 없는 셈이다. 공동생활의 구조와 요건을 탐구하는 것이 사회학이고 거기에 맞춰 공동체 구성원으로서 자질을 갖춰나가는 것이 전공자에게 요구되는 최소한의 의무임에도, 나는 어떻게 사회를 손에 쥘 것인가에 신경을 곤두세우고 있었던 거다. 나의 대학 시절인 1970년대식 정서에 의하면 '손에 쥐다'는 '혁명하다'와 동의어다. 사회의 혁명에만 관심이 있었지 '나의 혁명'에는 전혀 무신경했고 또한 혼자 기획하고 혼자 도모했던 나로서는 그럴 필요를 느끼지 못했다. '이성과 혁명', 마르쿠제가 쓴 책의 제목이 시사하는 바를 책 내용과는 상관없이 굳건히 믿었다. 나의 이성으로 혁명이 가능하다, 뭐 이런 식으로 흥얼거렸던 나는 항상 옳은 존재였다. 밀고 나가는 데에서 존재감이 발현됐고 믿는 바를 실행하는 데에서 자존감이 자라났다. 더러 실패하기도 했지만 대개는 성공했던 것이 청년 시절의 경험이기에 더욱 그랬다. 대단한 성공은 아니었어도 축적되는 성공의 기억과 함께 태생적 집착력과 고집도 더욱 단단해졌음은 물론이다. 누가 나를 탓하지 않았고 '자제의 미덕'을 가르쳐주지도 않았다. 그걸 아집이라고 한다는 것을 깨닫기까지 정말 오랜 시간이 걸렸다.

이런 일이 아직도 기억난다. 초등학교 시절, 국어 시험이었을 거다. "다음에 열거한 네 개의 단어를 사전에 나오는 순서대로 쓰시오"라는 문제였는데, 나는 "나비, 바둑이, 아침, 사탕"으로 썼다가 만점을 받지 못했다. 그래서 담임선생님께 우기기 시작했다. 'ㅅ, ㅇ'이 아니라 'ㅇ, ㅅ'이 맞다고 말이다. 사전이 없었던 선생님은 울면서 우기는 내가 난감했던지 말을 잃었다가 급기야는 회초리를 들지 않을 수 없었다. 정년퇴직을 목전에 두었던 노선생은 끝까지 승복하지 않는 내 태도에 기가 찼을 것이다. 결국 나의 황당한 울음은 귀갓길에도 계속되었는데 집에 와서 사전을 확인하고 나서는 'ㅇ, ㅅ' 순으로 만들지 않은 세종대왕을 탓하기에 이르렀다. '아'와 '사'의 순서는 아직도 약간 헷갈리는데 그 원초적 헷갈림을 뒤늦게 바로잡아준 것은 송창식의 노래였다. "가나다라마바사 아차카타파하~"로 이어지는 그의 노랫가락을 흥얼거리면 저 빛바랜 고집이 가볍게 바로잡힌다.

'나 홀로 집념'은 나의 트레이드마크이자 여기까지 달려온 나의 에너지원이었다. 집념은 좋은 것이지만 고집과 아집의 사촌 격이라는 사실을 이제야 조금 깨닫는다. 더불어 그게 공동생활의 원칙과 윤리를 자주 꺼내들었던 아내를 숨막히게 했다는 사실도 말이다. 집념은 세속적 성공의 견인차였으니 그걸 버린다는 것은 상상할 수도 없었고 나의 정체성을 포기하는 것과 다름이 없었다. 특히 세상살이의 온갖 짐을 짊어져야 하는 사십대에는 말이다.

"왜 그 짐을 혼자 짊어져야 하는데?"

아내의 반론에는 항상 이런 질문이 들어 있었는데, 혼자 기획하고 혼자 도모해온 나로서는 그 질문 자체가 서운했던 거다. 여자가 감당해야 하는 육아와 살림살이 정도는 남자의 짐에 비해 별거 아니라는 가부장적 고정관념을 벗어던질 기회가 없었던 한국의 설익은 가장에게 가장 서운하게 다가오는 것은 고군분투하는 남자를 가엾게 바라보는 아내의 표정이다. 나는 그때마다 한국의 완고한 가부장답게 '아내는 모든 궂은일에서 열외'를 선언했다. 그 '나 홀로 집념'이 어디서 유래했는지는 잘 모른다. 아마 조상 대대로 물려받은 유전자에 스며 있을 것이고, 성장기에 그 유전자가 수정될 기회를 갖지 못했다는 점도 한몫했을 것이다. 또는 성장기에 '모든 일에서 열외'였던 아버지와 그것 때문에 고생하셨던 어머니에 대한 연민이 역으로 나 홀로 집념과 고집을 부추겼을 것이다. 어머니는 그 때문인지 일찍 작고하셨다. 내가 선언한 '궂은일'에는 모든 외부적인 일, 경제와 재정, 교섭과 타협 등이 포함되어 있었다. 정부에 비유하자면 외교부, 기획재정부, 산업자원부,

보건복지부, 법무부, 행정안전부가 담당한 묵직한 업무가 내 차지였고, 아내에게는 교육부, 문화부, 여성가족부 등의 비교적 가벼운 업무가 분장되었다. '나 홀로 집념'에 충만했던 내가 추진했던 것은 '연합정부'가 아니라 일종의 '분업정부'였던 셈인데, 아내는 한 번도 나의 가부장적 선언을 수용한 적이 없다. 처는 태생적으로 연합정부론 신봉자였던 거다.

예를 들어 '집 만들기'가 그랬다. 앞에서 얘기한 그 산골 집을 짓는 일에서 나의 역할은 기획재정부 장관이었고, 아내는 내부 인테리어와 방 배치 같은 내부적인 소소한 일들을 결정하는 '그냥 감독'이었다. '그냥 감독'이란 그 말이 매일매일 인부들과 씨름하고 식사와 간식을 조달하고 행방불명된 건설 책임자를 찾아 춘천 시내를 헤맸던 아내의 심사를 얼마나 건드렸는지 모른다. 집을 짓는 비용은 애초의 예산에서 보통 1.5배 정도 초과되는 것이 예사라는 사실을 알 리 없는 기획재정부 장관은 타처의 국장들을 훈시하듯 예산을 감사하고 깎았으며, 심지어는 불합리한 집행을 처벌하듯 제때에 돈을 내주지 않았다. 사실 집 짓는 동안 연구에 매달렸던 젊은 교수로서는 내줄 돈을 제때에 조달하기가 쉽지 않았다. 얼마 되지 않는 액수였음에도 말이다. 분업정부의 역할도 제대로 하지 못했던 거다.

연합정부론과 분업정부론의 이견은 결국 몇 년 뒤 서울로 이주해야 하는 상황에서 또다시 발생했다. 맏딸이 서울 소재 대학에 합격하자 당시 춘천에 거주하던 우리에겐 서울 거처가 문제였다. 하숙과 자취방을 두루 돌아본 뒤 내린 결론은 서울로의 이주였다. 이건 가족 합의로 이뤄진 결정이었는데 문제는 서울에 집을 구하는 일이었다. 기획재정부 장관이 나설 수밖에 다른 도리가 없었다. '나 홀로 집념'은 어려운 상황에서 더 힘차게 발동한다는 사실을 확인시켜주겠다는 듯 나는 집 구하기에 나섰다. 경제적 상태에 견주어 이주 가능 지역을 선별했고 나의 통근 거리와 딸의 통학 거리를 적절히 측정했다. 열흘을 탐사한 결과 이주 지역은 신도시인 일산으로 정해졌다. 나의 출근 거리가 차로 약 1시간 반 정도였지만 춘천에서 출근하는 것에 비해서는 일도 아니었다. 아직 의욕 왕성한 사십대 중반이었다. 열흘 동안 발품을 판 뒤 나의 재정 상태에 적합한 전세 아파트를 계약했고 이사 날짜를 정했다. 물론 계약 전에 전화로 입주할 아파트의 입지 상태와 조건을 처에게 얘기하기는 했지만, 부동산 중개업자의 채근에 넘어가 전격 계약한 것이 문제였다. 계약 전에 적어도 한 번은 가족에게 둘러볼 기회를 주고 동의를 얻어야 하는 절차를 위반한 것이다. 살림을 책임진 주부의 상세한 검열과 최종 판단은 '궂은일에서 열외'와는 아무런 상관이 없는 것이었음에도, 수요자가 늘어섰다는 중개업자의 꼬임이 나의 무모한 실행의지를 자극한 결과였다. "당신 사회학자 맞아?" 연합정부론자인 아내가 항상 되묻는 말이다. 그때마다 상황의 절박성을 내세우지만 말이 꼬이는 것을 나도 느낀다.

"당신 사회학자 맞아?" 아내의 이 질문은 분업정부론자의 고정관념과 아집을 무너뜨리기에 충분히 위력적이다. 이 질문은 사실 내가 무의식적으로 날린 화살에 대한 아내의 대공포화다. 아내가 날리는 이 포화는 주로 연합정부론에 입각해 작동하는 가정사 내부에서 쏟아진다. 예를 들면, 분리수거가 그렇다. 솔직히 말하면 사회학자인 나는 분리수거의 원칙에 익숙해질 때까지 오랜 시간이 걸렸다. 특히 플라스틱과 금박지가 헷갈렸다. 마치 'ㅇ, ㅅ'의 순서가 헷갈리듯 말이다. 금박지가 붙어 있는 플라스틱병을 그냥 한곳에 쑤셔넣는 사회학자의 무책임한 행동을 아내는 그냥 넘어가지 않았다. 철저한 환경론자는 아니지만 분리수거의 원칙을 지켜야 한다는 공동체적 윤리에 충실한 아내였다. 가끔 빈병에 담겨 있는 담배꽁초는 나의 무책임을 입증하는 명백한 물증이었다.

남자들의 고정관념적 관습이 무책임의 극치임을 보여주는 곳, 그리고 공동체적 원리와 행동을 중시하는 아내가 가장 준엄한 윤리선생으로 변신하는 곳이 부엌이고 식사 시간이다. 식사 시간에 신문 보기는 나의 오랜 습관이자 칼럼니스트의 특권이었다. 신문을 찬찬히 검토하면서 칼럼 소재를 구하는 것은 주로 아침식사 시간이다. 그것도 서너 가지 신문을 모두 훑어봐야 어렴풋하게나마 이런저런 구상을 할 수 있다. 신문에 열중하면서 아침을 먹는 오랜 습관에 빠진 나에게 연합정부론자인 아내는 어느 날 비장한 선언문을 공포했다.

"나는 파출부가 아니야!"

정신이 번쩍 든 나는 기획재정부, 산업자원부, 외교부 장관의 업무에 대해 장황하게 변명했지만 선언문을 공포한 아내에게는 허언일 뿐이었다. 사실 아내는 내 칼럼 초고를 읽어주는 최초의 독자이자 예리한 비평가다. 아내가 해주는 초고 비평은 글을 수정하고 다듬는 데에 엄청난 효력을 발휘한다. 어려운 표현을 삭제하고 난해한 문장을 쉽게 다듬고 논리를 수정하는 일련의 작업에서 불문학도인 아내의 비평은 빛을 발한다. 문화부 장관의 업무다. 물론 프루프 리더proof reader의 노고에 일정한 비율의 원고료를 지불하기는 하지만 아내의 날 선 비판의 가치는 그 보상을 훨씬 넘어선다는 것을 인정하지 않을 수 없다.

"신문을 읽어야 하는데 어쩌라구." 나 홀로 집념으로 달려온 칼럼니스트의 대꾸는 그러나 명분도 힘도 없다는 것을 안다.

범부채꽃이 피었다. 나는 "또 저런다!"라는 아내의 힐난을 들으면서 스마트폰을 뚫어지게 본다. 스마트폰의 화면에는 범부채꽃 설명이 전개된다. 산지는 아시아, 꽃말은 '정성스러운 사랑'이란다. 정성스러운 사랑이라. 그래서 자기 화단에 입주시켰나보다. 나는 화면에 보이는 앙증맞은 꽃잎이 화단에 핀 그 꽃과 동일한 것임을 거듭 확인하면서 설명을 읽어나간다.

붓꽃과의 여러해살이 초본식물. 높이는 50~100센티미터이며 뿌리줄기가 옆으로 뻗고 줄기는 곧게 선다. 잎은 줄기 밑부분에서 2열로 어긋나며 다소 편평하고 빛깔은 백색을 띤 녹색이다. 꽃은 7~8월에 피며, 가지 끝에 여러 개가 달려 있어 취산꽃차례를 이룬다. 꽃잎은 6개로 황적색 바탕에 암적색 반점이 있다……

그래 바로 저 꽃이다. 나는 화면과 화단을 번갈아 본다. 그리고 꽃 모양과 설명을 내 기억의 창고 속에 꾹꾹 집어넣는다. 나의 집착력이 내년에도 스멀스멀 기어나와 이런 탄성을 내지르지 않게 하기 위해서 말이다.

"어, 동자꽃이 피었네!"

중년의 안경

안경을 잃어버렸다. 틀림없이 오른쪽 안주머니에 있어야 할 안경이 사라졌다. 나는 윗저고리를 더듬는다. 없다. 사라진 게 분명하다. 이상할 것도 없다. 이 나이쯤 되면 잃어버리는 게 어디 한두 가지인가. 안경이 사라졌다고 부산 떨 것은 없지만 불편함을 감수해야 한다는 생각에 약간의 짜증이 따른다. 아무튼 안경을 어디든 비상약처럼 갖고 다녀야 하는 나이다. 신문은 물론 책도 못 읽고 휴대폰으로 문자 보내기도 어렵다. 강의를 끝내고 약간 시간을 내 학생회관 안경점에 가면 해결되겠지만 그 길고 지루한 캠퍼스를 가로질러 가야 하니 번거롭기는 마찬가지다. 가는 도중 혹시 내 강의를 수강하는 학생이 정성껏 하는 인사를 놓칠지도 모른다는 점도 두렵다. 아니, 먼 학생 시절부터 나의 안식처가 되어왔던 자하연 연못에서 잠시 머물다가, 연못가의 허름한 국문과 연구동에서 평생을 지내다 하산한 교수들의 근황을 짐작하다가, 시인이 된 친구들, 그의 아들과 딸들은 어디에서 무엇을 고민하고 있을까를 떠올리다보면 어느덧 안경점에 도착해서 갑자기 발생한 그 사소한 상실을 보완할 수 있을 거다. 그것이 생각뿐이라는 사실을 모르는 바는 아니다. 상상 속에서 상실을 수리한 채로 일상의 불편함을 감수하는 것이 중년의 습관인 것을 모르는 바가 아니다. 그러니 집 책상 어느 구석에 놓여 있을 다른 안경을 챙겨 갖고 다니면 그만이다.

안경은 나의 일상 곳곳에 비치되어 있다. 집 책상은 물론 연구실, 그리고 집필실로 명명한 시골의 농가에도 그 흐릿한 안경이 마치 호텔의 비상 탈출용 로프처럼 비치된 때는 아마 사십대 중반이었을 것이다. 외환위기가 한국을 강타했을 때 나는 그것이 어떤 쓰나미를 몰고 올 것인가를 몰랐다. 일상을 떠받치는 경제 기반을 초토화하고 언제든 일어설 수 있다는 한국 특유의 오기를 오그라들게 만들었던 그 대충격을 분해하고 이해하느라 한 달여 경제학 서적과 씨름을 하고 난 뒤였다. 내 책상에는 한 달여 수행한 전투에서 챙긴 전리품이 가지런히 놓였다. 그 전리품은 곧장 출판되었다. 『또 하나의 기적을 향한 짧은 시련』이란 제목을 단 그 반성적 책은 그해 2월 베스트셀러 목록에 올랐다. 그냥 그뿐이었다. 국민의 관심은 새 대통령의 취임과 새 정권의 출범으로 몰려갔고, 그 책은 그해 2월의 기록물로 분류돼 우람한 도서관 속 어느 곳에 안치됐다. 전리품은 잠시 월간 베스트셀러가 됐지만, 베스트셀러를 제작한 사회학자가 감수해야 하는 대가는 혹독했다. 신문이 흐릿하게 보이기 시작한 것이다. 글자들이 겹쳤다. 아침의 눈은 아직 덜 깬 잠이 남아 있기에 흐릿하기 마련이지만, 커피 한잔으로 잠을 쫓아내면 선명한 시각이 회복된다는 것쯤은 청년 시절부터 겪어온 일 아닌가. 아니었다. 진한 커피를 두어 잔 마셔도 신문은 여전히 흐릿했다. 눈을 세게 비볐건만 사정은 마찬가지였다. 내 인생 최초로 안경점을 찾은 날이었다.

기분이 그리 나쁘지만은 않았다. 안경은 청년 시절부터 흠모해오던 필수품, 고뇌하는 지식인의 징표 아닌가. 한말 성리학의 정통을 촛불처럼 지키며 서양 문물의 도래를 질타하던 매천 황현의 그 형형한 눈빛은 안경과 함께 증폭되고 있지 않던가. 불운했던 식민지 시대의 문호 이광수의 고뇌도 안경을 통해 비통한 문자로 응집되지 않았던가. 청년 시절 나에게 김성수·송진우·박헌영·김구에 이르는 정치인들과, 박태원·염상섭·주요한·김동인·한설야·박영희에 이르는 문학인들을 포함해 한 시대를 기획한 사상가, 행동가들의 공통점은 안경이었다. 안경은 나에게 고뇌의 상징이었던 거다. 그런데 나는 운이 나쁘게도 시력이 좋았다. 타고난 시력이 안경을 끼워볼 기회조차 주지 않았던 거다. 1970년대 중반, 똑같은 지식을 반복 학습하던 재수생에게 학원 옥상은 일종의 해방구였다. 맑은 가을날, 지루해 몸을 비틀던 친구가 제안했다. 저 멀리 보이는 플래카드 문구 읽기 시합을 하자고. 부상으로 커피 한잔이 걸렸다. '증산, 수출, 건설' '반공 방첩' 등은 손쉬운 대상이었다. 친구의 시선은 점점 더 멀리 이동했다. 종로 한복판 건물 옥상에서 동쪽으로는 낙산, 서쪽으로는 인왕산 부근 건물에 걸린 현수막이 보였다. "반공으로 뭉친 우리 적화통일 박살내자"는 낙산에 걸린 현수막이었고, "유신으로 단합하여 민족중흥 이룩하자"는 인왕산 부근에 걸린 현수막이었다. 우리의 시선은 낙산과 인왕산 너머 더 멀리 나아갔지만 더는 읽을 것이 없었으므로 그날 시합은 무승부로 끝났다. 커피 대신 막걸리를 나눠 마셨다. 시력은 맑은 가을날의 청명함을 초월해 있었던 거다. 그러니 안경이 부러울 수밖에. 신사의 필수품, 안경에 대한 갈망이 이제 이뤄지는데 기분이 나쁠 리가 있나.

M16 소총의 가늠자처럼 생긴 시력측정기를 이리저리 옮기면서 검안사가 말했다. "노안에 난십니다." 노안이면 노안이지 난시는 또 뭘까. 가까운 것이 잘 안 보이는데다 피사체가 일그러진다는 설명이었다. 잠깐, 그러면 나는 가깝고 친근한 일상은 잘 못 보고, 나로부터 멀리 떨어진 객관적 풍경도 일그러진 채로 인식한다는 말인가. "나이가 들면 자연스럽게 오는 현상입니다." 검안사가 부연 설명을 했다. 아니 세상에, 나이가 든다는 것은 가깝고 친근한 일상에서 인생의 맛과 멋을 느끼게 되는 필연적 과정일 터, 그럴수록 멀리 떨어진 객관적 풍경을 더욱 객관적으로 배치하는 경륜을 발해야 하는데, 가까운 것은 못 보고 먼 것은 일그러진다니 이 웬 날벼락인가 싶었던 거다. 인생의 진한 발효와 시력의 노쇠한 진화가 서로 역방향임을 그날 처음 깨달았다. 노안과 난시를 동시에 바로잡는 그 유리알 테크놀로지가 시력의 급작스러운 퇴화로 인하여 세상 풍경을 잘못 인화할 중년의 생물학적 위기를 구제한다는 사실도 알았다.

원래 나에게 안경은 시력 교정을 위한 문명의 이기라기보다 세월과 함께 두께를 더해가는 고집스러운 주관의 각막을 깎아 세상의 본질에 닿고 있다는 성숙한 중년의 징표여야 했다. 중년의 위기는 시력 감퇴에서 오는 것이 아니다. 진짜 위기라고 할 존재론적 위기는 오히려 어느덧 두터워진 '주관의 벽'으로부터 발생한다. 중년이란 인생의 고난스러운 행군에서 획득한 몇 겹의 각막이 더욱 단단해진 연령대이며, 인생 여정에서 건져올린 쓰라린 교훈을 결코 버리지 않는다는 결기의 집적에 다름아니다. 그 결기는 너무나 주관적인 제조물이기에 세상 사물을 그것의 본질대로 중년의 뇌리에 투사하지 않는다. 원래 인간의 눈은 180도 풍경을 두루 객관적으로 볼 수 있게 설계되어 있지만, 사람에 따라서는 90도, 혹은 45도 정도로 닫혀버린 경우도 있고, 180도 풍경이 여러 겹 겹쳐 인화되는 경우도 있다. 중년의 눈엔 성장 과정에서 겪은 특유의 체험, 이념과 가치관, 학업 시절의 깨달음, 또는 느닷없이 닥친 혹독한 난관 등으로 인하여 다중 각막이 겹겹이 쳐져 있다고 말하는 편이 옳다. 중년이라고 세상을 객관적으로 볼 수 있는 눈과 능력이 커지는 것은 아니다. 더욱이 현상과 본질 사이를 가로막는 장애물이 철학자의 숫자만큼이나 많다는 게 현대철학의 발견이고 보면, 중년의 경륜은 본질에 닿는 능력과는 무관하고 오히려 주관적 세계에 훨씬 더 집착하게 되는 길라잡이인 듯도 하다. 그러니 안경은 시력 교정이 아니라 주관 교정, 집착 교정의 상징물이자 그렇게 하고 있음을 만방에 알리는 증거여야 했다. 안경이 고뇌하는 지식인, 교양시민의 표상이라고 생각했던 이유다.

아무튼, 그날 나는 인생 최초로 안경을 끼었다. 거울에 비친 안경 낀 얼굴은 그럴듯해 보였고, 심지어는 매천 황현의 아우라가 겹치는 듯도 했다. 흐릿했던 신문은 선명하게 돋아났는데, 내가 과연 세상을 객관적으로 볼 수는 있을까 하는 오래된 질문이 솟구쳤다. 그 질문은 학창 시절 철학 강의실로 나를 데리고 갔다. 프랑스 유학을 막 마친 젊은 교수가 파이프를 물고 강의실로 들어섰다. 그는 흠모에 찬 수강생들을 훑어보고는 칠판에 파이프 그림을 큼지막이 그렸다. 그러곤 그 아래 이렇게 갈겨썼다. "Ceci n'est pas une PIPE." 우리는 파이프를 문 교수가 자신의 파이프가 너무 사랑스러워 그렇게 그렸다고 생각했다. 그런데 질문은 느닷없었다. "제군들, 이게 무슨 뜻인지 아는가?" 글쎄, 파이프를 그려놓고 파이프가 아니라니, 도대체 무슨 말도 안 되는 논리를 펼치려는 것일까? 어느 총명한 친구가 말했다. "파이프 그림인데 파이프가 아니라는 말입니다." 교수의 반문이 이어졌다. "그래서, 그게 무슨 뜻이지?" 글쎄요…… 서양철학자들이 워낙 말도 안 되는 생뚱맞은 논리로 우리를 괴롭힌다는 것을 이미 터득했기에 교수의 질문에 선뜻 나서는 친구는 없었다. 벨기에의 초현실주의 화가 르네 마그리트가 그린 파이프와 그 아래 쓰인 "파이프가 아니다"가 자아내는 역설, 그것을 두고 푸코가 현상과 언어, 사물과 이미지의 재현 사이에 놓인 간극을 유사와 상사, 기표와 기의의 복잡한 관계로 늘씬하게 분해해버린 것을 당시 촌티를 막 벗은 얼뜬 학생들이 알 리 없었다. 젊은 교수는 천천히 설명을 시작했다. 그런데 가능한 한 차분히 이해의 단계를 높여가려던 그의 친절한 의지가 '직관적 이해'라고 해야 할 총체적 감각을 배반하고 급기야 현상과 본질을 잇고 끊는 논리가 꼬이기 시작했음은 그의 불운이었다. 그는 파이프를 물었다 뱉었다를 반복했지만 그게 파이프가 아니라는 논리의 꼬임까지는 도달하지 못했다. 그는 쩔쩔맸다. 아니, 파이프 그림이 파이프 실체는 아니라고 하면 간단한 것을 왜 저리 쩔쩔매는가, 우리는 의아했다. 강의 시간이 끝나가고 있었고 급기야 젊은 교수가 파이프에 불을 댕겼지만 푸코가 꼬아놓은 논리를 재현하지는 못했다. 우리는 인식의 어두운 공간을 애써 유영하는 현대철학의 무모함을 냉소하면서 명료한 점심 먹기에 돌입했다. '이건 도시락, 이건 반찬!' 그런데 왜 아니라고 하는 거야? (사실 나는 교수가 된 이후 강단에서 쩔쩔매는 나를 수십 번 경험해야 했음을 덧붙이고 싶다.)

이미지와 사물 사이, 사물과 본질 사이의 간극을 약간이라도 눈치채는 데에는 오랜 시간이 걸렸다. 언어가 사물을 지시하고 이미지가 사물을 전사轉寫해도 사물의 본질에 닿지 못한다는 그것! 모든 시선에는 환영이 끼고 그 환영은 본질의 발견을 향한 필연적 모험이라는 데에 도달하기까지 얼마나 험한 사유의 강을 건너왔던가. 그래도 본질은 여전히 어른거리는 그림자일 뿐이다. 피카소가 왜 인간을 선과 면으로 그렸는지, 왜 그것이 값비싼 세계적 명화가 되었는지를 어렴풋이 알아차리는 동안 본질을 본질로 받아들였던 순진무구한 각막의 청년 시절은 쏜살같이 지나버렸던 거다. 그러곤, 마치 백태가 낀 것처럼, 자신만의 주관적 경험과 아픈 체험, 그리고 스멀스멀 살아나는 유전자적 성정이 몇 겹의 각막으로 집적된 줌, 그것도 자동 조절을 거부하는 경직된 줌이 장착된 카메라 렌즈, 그것이 바로 중년의 눈이다. 그러니 노안과 난시를 교정하는 복합 렌즈로도 세상을 제대로 보기는 어렵다.

도대체 본질에 대한 파악은 가능한가? 객관적 진리에 도달할 수 있는가? 유교에서는 자기를 다스리고 수심정기하면 유교의 진리인 명덕明德에 도달할 수 있다고 했다. 명덕을 서양 철학에서는 공덕 내지 공공선으로 개념화하는데 요즘 흔히 쓰는 사회정의와 같은 말이다. 그럼 주관을 억제하고 정의로울 수 있는가? 글쎄. 객관적 진리에 도달하는 것도 어려운 판에 어찌 정의로운 행동을 선택할 수 있는가? 내 서가에 꽂힌 책 중에 비교적 오래된 것이 바로 카를 만하임의 『이데올로기와 유토피아』다. 젊은 시절 나는 그 책을 하도 많이 읽어서 너덜너덜해질 정도로 낡았다. 향기로워서가 아니라 어려워서였다. 감히 독파하고 말리라는 오기에서, 저자의 고뇌와 문제의식을 명료하게 이해하고 말리라는 열정으로 그 책을 십수 번 읽었을 것이다. 이런저런 의문을 메모한 낡은 신문지 조각이 페이지마다 꽂혀 있는 그 책은 1930년대 초반 독일에서 출판되었는데 '어떻게 하면 객관적 인식에 도달할 것인가'를 질문하고 있다. "모든 생각, 모든 사고체계는 이데올로기다"라는 만하임의 혁명적 명제가 감동적으로 다가왔다. 모든 생각과 인식은 주관적임을 면치 못한다고 해석할 수 있는 그 명제는 현상을 현상 그대로 받아들일 만반의 준비가 되어 있는 나의 순진한 감각에 경종을 울렸다. 아니다. 일단 의심하고 회의하고 봐야 한다고 했다. 만하임은 그 책에서 제안한 '지식사회학'을 '의심의 체계화'라는 근사한 용어로 풀었다. 의심의 체계화라! 그래 모든 것은 허위이므로 허위를 정당화하는 배경과 상황을 살펴야 진리에 다가갈 수 있다는 인식론이었다. 그러나 주관적 경험에 허우적댈 수밖에 없는 인간들에게는 그 주관의 거품을 걷어낼 것이 우선 요구되었다. 일차적으로 나의 성장 배경과 나의 생각을 연결시켜 이해하는 것, 이차적으로는 나의 상황을 보다 더 넓은 사회 전반에 비춰보는 것, 마지막으로는 시대정신Zeitgeist으로 불리는 더 넓은 조류와 추세 속에 나를 던져넣는 3단계 작업을 통해 나의 생각이 얼마나 허위에 가득차 있는가를 깨닫는 방법이다. 지식사회학은 타인의 사고방식을 평가하는 방법이기도 하고, 자신의 오류를 수정하는 존재론적 지식이론이기도 하다. 젊은 시절 나는 그 인식론적, 존재론적 논리에 매혹되어 석사논문까지 밀고 나갔고 급기야는 첫번째 저서로 발전시켰다. 『칼 만하임의 지식사회학 연구』가 엄동설한의 전두환정권하에서 출판되기에 이르렀다. 연장된 군부독재와 광주학살을 그냥 바라볼 수밖에 없었던 속수무책의 비겁함을 속죄해주길 바라면서.

그런데, 그런데 말이다. 중년의 나는 그런 방식대로 살아왔는가? 나의 성정과 주관을 가능한 억제하면서 상대방의 별난 의식과 습성을 그의 성장 과정과 대비해 이해하고 보다 더 넓은 맥락에 두는 그런 방식으로 살아왔던가? 돌이켜보건대, 학문과 생활은 별개의 것이었다. 이해보다는 강요가 앞섰고, 공감보다 주장이 앞섰다. 내가 왜 이러지? 하면서도 분출되는 성깔에 몸을 맡겼다. 나는 성질이 매우 급해서 일단 생각이 떠오르면 바로 실행에 옮기는 조급함을 어찌할 수 없이 드러 냈다. 일단 어떤 결단을 내리면 옆을 돌아볼 여유도 없이 그 대로 돌진했는데 동료 누군가는 추진력이 대단하다고 칭찬하 기도 했다. 그런데 그게 칭찬이 아니라는 사실을 이제는 알고 있다. 인내, 관용이란 단어의 뜻을 알고는 있다. 그런데 나에 게 그것은 감히 나서지 못하는 자의 비겁과 옹졸이었다. 심사 와 숙고는 우유부단한 자의 자기옹호이자 변명이었다. 그 질 풍노도가 시대와의 불화를 낳고 급기야 시대혁신을 낳았다고 한다면 근사할 것인데, 주로 나의 관할구역 내에서만 그리했 으니 성질 까칠한 1960년대 시인 김수영이 왜 그토록 자신을 질타했는지 알고도 남는다. 다른 교수들도 마찬가지이기는 하다. 세상에서 교수회의만큼 결론이 나지 않는 회의도 드물 것이다. 자신의 논리와 주관으로 단단히 뭉친 다이묘들이 서 로 대좌했으니 뭐 유별난 결론에 도달할 거라는 기대는 접는 게 좋다. 이성과 합리성보다 학력주의meritocracy와 원로통치 gerontocracy가 더욱 효율적인 곳이 대학이다. '조직된 무정부주 의'라는 성곽 안에서 자신의 소왕국에 군림하는 존재가 교수 다. 학문과 현실생활의 끊임없는 소통에 긴장하면서 말이다. 아무튼, 김수영은 그래도 후배들이 즐겨 읽을 시라도 남기지 않았나. 나의 질풍노도는 봄날 민들레 홀씨처럼 흩어져 농부들 미움을 한몸에 받는 논두렁 천덕꾸러기가 되었다는 생각에 이르면 자책감이 비수처럼 찌른다. 교양과 이성이 나의 타고난 성정을 통제하지 못한 탓이다. 나이가 들면서 나의 행동과 사고가 학문적으로 교양된 것이 아니라 점점 아버지와 어머니의 그림자 근처를 맴돈다는 사실을 깨달았을 때의 허탈감이란 이루 말할 수 없을 정도였다. 유전자의 끈질김이라니! 다윈은 『종의 기원』에서 유전자의 변이가 도처에서 이뤄진다고 했는데, 내 성정의 변이는 결코 일어나지 않았을까? 그 끈질긴 유전적 성정이 나의 사랑하는 딸에게도 옮겨 붙어 있는 게 요즘 부쩍 거슬리는데, 어찌하랴 인간의 운명, 혈통과 가습家習의 생존력이 애초에 그런 것을.

한 사람의 생애가 타고난 성정에 따라 좌우되는 것을 문학적으로 가장 선명하게 보여준 작가가 박경리다. 『김약국의 딸들』은 고아로 성장한 김약국의 고립된 내면과 그의 행동양식, 그런대로 풍족하게 자란 네 딸의 인생행로가 그들 각자의 고유 성격에 따라 여러 갈래로 갈라지는 모습을 그렸다. 둘째 딸 용빈은 자매들이 각각 선택해 걸어간 경로를 차분하게 바라보는 시선을 지녔는데, 어찌 보면 통영에서의 어릴 적 삶을 문학적 질료로 반추해 플롯으로 엮은 작가 자신의 시선과 겹친다. 대하소설 『토지』에 등장하는 600여 명의 인물들이 600개의 상이한 성정을 뿜어내고 있는 것은 경이에 가깝다. 별당아씨를 훔쳐 업고 달아난 구천이에 대한 복수심으로 시름시름 앓다 죽은 최치수도 그렇거니와, 어머니 없이도 늠름하게 자란 서희의 성숙함, 용이·월선이·임이네가 엮는 평민들의 애환과 날선 질투, 우유부단한 지식인 상현이와 봉선의 맺을 수 없는 사랑, 자살로 그 애절함을 마감하는 봉선의 비극과 그 비극을 찾아나선 딸 양현, 섬진강가에서 양현과 영광의 숨막히는 조우, 오가다 지로와 유인실의 국경을 넘는 사랑과 탈주 등등은 각 인물의 성정이 서로 얽혀 빚어진 휴먼스토리다. 박경리는 토지를 쓰기 위해 세상과 등졌다. 오직 작품으로 남기 위해, 오직 토지에 배어 있는 서민들의 조선적 정서와 감성을 문자로 형상화하기 위해 오랫동안 세상과 등졌다. 문학이 세상 사람들과의 항상적 대화라면 누가 감히 세상을 등지고 문학을 할 수 있겠는가. 그는 문학인으로서 세상과 소통하고 싶은 현실적 욕망을 성공적으로 통제한 사람으로 기억될 것이다. 그게 작가 박경리의 타고난 성정인지는 모르겠으나 단절과 고립을 스스로 선택하는 성정이란 드물다.

교양이 유전자의 나쁜 습성과 대적하는 힘이자 성정을 통제하는 억제력이라면 나는 교양 없는 학자다. 현대의 학문은 인격 고양과 수양에 별반 영향을 못 미친다는 자조적인 푸념이 나에게 정확히 적용되는 대목이다. 성정을 억제하지 못했을 뿐만 아니라, 일상 영역에서는 그것이 명령하는 대로 행동하고 사고했던 것이 나의 뚜렷한 개성을 이뤄왔던 터이다. 성정을 한껏 발휘해온 중년은 어찌 보면 좋게는 '개성적 성숙 단계'에, 부정적으로는 어떤 일이 있어도 꿈쩍 않는 '무서운 불변의 단계'에 도달한 시간대인지 모르겠다.『논어』의 경구대로 지천명을 향한 불혹이라면 더 말할 나위가 없겠으나, 자신의 주관과 성정으로 한껏 굳은 불혹이기에 대화와 소통은 물론 타협과 양보에도 약하고 상대에 대한 이해도 인색하기 짝이 없는 연령대인 것이다.

결혼생활만 해도 그렇다. '모든 것을 다 주어도 마음을 채울 수 없었던' 그 순진무구한 사랑을 쑥대밭처럼 들쑤셔놓은 것은 아무래도 성깔이고 욕심이었다. 이해의 충돌, 시선의 교차, 의견 대립, 감정의 원색적 표출 등으로 결혼생활을 위기로 몰아가보지 않은 사람이 얼마나 있겠는가? 30년을 걸어온 저 아찔한 길을 돌아보면 망가진 사랑, 내쳐버린 사랑의 잔해가 도처에 널려 있는데, 청년 시절 간절한 구애의 시간대로 돌아갈 수 없는 회오의 눈물을 삼켜야 하는 것이 중년의 시간이다. 그럼에도 여전히 상대에 대한 이해의 눈길은 이기적이고, 상처받고 싶지 않은 본능이 작동한다. 지천명은 나이 오십을 가리키고, 육십은 이순, 천지만물의 소리를 듣는 대로 이해하는 나이다. 현대의 연장된 시간대를 고려해 오십을 칠십, 육십을 팔십으로 미룬다 해도 그 나이에 천명을 알고 자연 순리에 따를 수 있을 것인지는 미지수다.

최근 역사책 한 권을 냈는데 동학에 새로운 관심이 갔다. 동학 창시자 최제우는 1860년 나이 36세에 한울님의 소리를 듣고 대각했다는 것이다. 주유천하 후 경주 구미산 용담정에 정착해 수도생활을 하던 중 잠시 집에 들렀다가 정신을 잃었다. 아마 영양실조 때문인 듯한 실신 상태에서 한울님을 만났고 천어를 들었고 영부靈符와 선약仙藥을 받았다. 대각의 원리는 무위이화無爲而化, 사물의 본질이 그렇게 되는 이치를 따른다는 뜻이다. 『논어』의 이순처럼 사물과 세상만사는 모두 하늘天의 원리, 자연의 순리를 따라간다는 것인데 자신을 버려야 그런 경지에 도달하는 게 가능할 것이다. 자신을 버린다? 말은 쉽지만 어디 그게 가능한가. 수도는 욕심을 버리는 일이건만 가계에 필요한 물자를 끊임없이 조달해야 하는 현대생활에서 그게 가능한가? 욕심을 버리면 바로 가정이 파탄날 터, 그걸 버린 채 가족들에게도 모두 버리라고 권할 수 있을까? 그게 영원히 가능하지 않기 때문에 버리는 것이 오히려 필요하다고 설법할 수는 있겠다. 모두 밥을 못 먹는 궁핍한 시대였기에 가정을 버리는 것이 그리 대단한 일은 아니었을 것이다. 아무튼 천명 혹은 한울님을 어떻게 접할 수 있는가라고 묻는 신도들에게 최제우는 "의심하지 말고 의심하지 마라勿疑勿疑"고 일렀다. 한울님을 의심하지 말고 수심정기하면 스스로 천명과 일체가 될 수 있다. 그러니 의심하지 말고 수심정기하라. 글쎄, 대각하면 이런 경지에 도달할 수 있는가? 수심정기하면 나를 버리고 천리에 닿을 수 있는가? 학문이 낮았던 최제우는 학문이 낮은 일반 선비들도 읽을 수 있는 쉬운 한문으로『동경대전』을 썼다. 학문이 높았던 선비와 사대부들은 그 경전을 저급한 글로 치부했지만 사욕에 가득찬 마음의 눈으로는 무사無私에서 시작되는 개벽의 가능성을 읽어내지 못했다.

안경을 잃어버렸다. 어느 날 예기치 않은 곳에서 느닷없이 나타날지 모를 그 안경은 나의 검안사가 있는 한 대체가 가능하다. 노안과 난시를 교정해주는 안경은 쉽게 구입할 수 있다. 천명에 도달할 수 있는 저 무시무시한 가능성을 접어두고 성정과 주관에 단단히 굳은 불변의 주체를 겨우 추슬러 저물기 시작한 인생을 바라보는 중년에게 그래도 필요한 것은 일그러진 시력을 교정해주는 안경인지 모른다. 그런데 몇 겹으로 둘러친 나의 각막들, 청년 시절부터 지금까지 온갖 경험으

로 생성된 주관적 판단과 가치관, 그리고 결코 삭지 않은 성
정과 성깔의 울타리를 걷어치우고 내 소중한 사람들의 진심과
본질을 온전하게 투사해주는 그런 안경은 없는가.

나, 가자미
— 문학과 정치

    1960년대 후반기였던가, 순수문학과 참여문학 논쟁이 벌어진 적이 있다. 박정희정권이 민주주의에 대한 긴장에서 천천히 물러날 때였다. 전방위적으로 압박하는 정권의 그림자가 문학 영역에도 스멀스멀 밀려들기 시작했을 무렵 작가들은 감각망에 걸린 주제들과 마음속에 고인 언어를 어떤 형태로 표출할지에 신경이 쓰였던 모양이다. 원고료에 생계를 걸었던 전업 작가들이었기에 당연한 현상이었다. 생계 이전에 작가로서의 정체성과 시대의 파수꾼이라는 일종의 역사적 사명감에 비추면 정권의 입김을 아예 무시해야 하건만 그럴 수도 없는 어정쩡한 상태에서 양자택일의 요구가 강도를 높여갔다. 시대로부터 완전히 이탈한 문학이 가능한가? 도대체, 순수라는 문학 영역이 존재하는가? 식민지 시대 청록파 시인들은 순수문학가인가? 1960년대 김승옥의 소설은 순수문학인가? 이런 질문들이 제기되고 논의되었는데 순수파든 참여파든 1960년대 한국정치의 본질은 무엇이고 문학은 어떤 비전을 추구해야 하는가라는 '정치적' 문제의식을 깔고 있었다. 나는 순수문학은 없다고 보는 편이다. 1930년대 초반 『이데올로기와 유토피아』를 쓴 카를 만하임이 "모든 이데올로기는 허위의식이다"고 선언한 것과 같이, '모든 문자행위는 정치적'이라고 생각하는 편이다.

특히 세계에서 보기 드문 '지식국가'였던 한국에서 그렇다. 지식과 권력이 한몸이었던 사대부의 나라, 지식인士이 권력 실세大夫가 되고 권력자가 다시 지식인으로 복귀했던 조선의 전통에서 문자행위는 정치행위였다. '문文의 통치'가 그렇게 가능했다. 지식-권력의 선순환 구조가 조선사회를 500년 유지 존속시킨 가장 중요한 원리였다. 지식인은 권력자였고, 권력자는 지식인이었다. 지식은 권력의 제작소이자 교정청이었고, 수선 창고였다. 동인·서인·노론·소론 등 정파 간 권력 분점 혹은 경쟁이 수차례의 사화를 동반하기는 했지만 그것도 조선의 그 유명한 '문의 전통', 즉 문이 학문이자 통치이념이 었다는 사실을 상기하면 이해가 가지 않는 바도 아니다. 다만 다른 유교국가에 비해 조금 유별났을 뿐이다. 지식과 권력이 이렇게 일심동체였던 나라는 지구상에 다시 없을 것이다. 문학은 지식의 핵심 영역을 점했다. 사계급이 썼던 문의 유형은 설說, 책策, 부賦, 논論에서 시, 가사, 소설에 이르기까지 매우 다양했다. 모든 지식인은 논설위원이자 칼럼니스트였고 동시에 문학자였다.

필자가 조선 시가에서 가장 높이 평가하는 윤선도의 「어부사시사」는 비정치적인가? 그런 것도 같고 아닌 것도 같다. 가령, 가을 시편(「秋」)에 이런 구절이 나온다. "수국에 가을이 드니 고기마다 살쪄 있다/닻 들어라 닻 들어라/(중략)/인간을 돌아보니 멀수록 더욱 좋다." 고산孤山이 낮술을 마시고 만경창파에 뱃놀이하며 읊조리는 노래인데, "인간을 돌아보니 멀수록 더욱 좋다"의 배경에는 노론의 거두 우암과 다퉜던 조정의 정치적 지형이 어른거린다. 대부로 일단 나선 사계급이 쓰는 문장은 모두 정치적이었고, 수기와 도덕을 논해도 재도지기載道之器라는 문의 통치양식과 맞닿을 수밖에 없었다. 문학이 정치에서 멀리 떠날 수는 있겠지만, 그것은 태평성대가 도래해서 세상을 등지고 자신의 실존과 의식 공간 내부로 완전히 잠입해야 가능할 것이다. 영·정조 시대 이옥과 박지원이 육경고문六經古文에서 이탈해 자유로운 공간으로 진입하려다 문체반정에 걸려 반성문을 써내야 했다. 이런 끈끈한 전통의 연장선에 놓인 현대 한국에서 문학과 정치를 가르는 것은 실로 어려운 일이다.

나는 2013년 11월 중앙일보에 시인 안도현의 정치참여를 비판하는 글을 썼다. 정치참여 자체가 아니라 참여 이후의 행동양식을 비판했다는 것이 옳다. 예고도 없이 칼럼니스트에게 느닷없는 공격을 받았으니 그가 억울할 법도 하다. 사실 그 글을 구상할 때부터 조금 꺼림칙하기는 했다. 전교조 해직교사의 아픈 경험을 감싸주지는 못할망정 왜 그렇게 품위 없이 구느냐고 힐난하는 것이 주 내용이었기 때문이다. 칼럼니스트가 가장 경계해야 할 글쓰기가 이런 것이다. 사회의 저명인사나 유명인을 비판하고 훈계하는 것, 훈계 끝에는 반드시 바람직한 행동지침을 밝혀야 하는데 그러다보면 어느새 자신은 도덕적, 지성적, 인격적 고지에 걸터앉는 모양새가 된다. 나를 포함해서 세상의 칼럼니스트들이 얼마나 허점투성이인지 나는 알고 있다. 멀리 갈 것도 없이 어딘가에 은신하고 있을 윤창중을 떠올리면 족하다. 홀로 도덕적인 얘기 다 해놓고 스스로 무덤을 파는 허무한 사람이 많기에 훈계조의 글쓰기는 기피 대상 1호다. 그런데 그렇게 했다. '정치인 안도현'이 망가지는 것은 상관없지만, '시인 안도현'은 살아 있어야 했다. 그의 주옥같은 서정시들이 얼마나 많은 청년들을 감동과 울림의 세계로 끌어들였으며, 얼마나 많은 청년들을 시작詩作의 세계로 안내했을까를 생각하니 절박한 심정이 일었다.

국민참여재판의 무죄 평결을 살짝 비튼 법원의 최종 판결이 보도된 것이 계기였다. '정치인 안도현'은 분노했고, "재판관이 쳐놓은 법이라는 거미줄에 걸린 나비"에 자신을 빗댔다. 항소하겠다는 뜻도 밝혔다. 역지사지하면 자신의 존재이유, 신념, 정체성이 다 걸린 중대한 문제임에 틀림없다. 그걸 전제로 필자는 이 일련의 사태에서 '시인 안도현'의 문학적 대응을 기대했던 거다. 이 정권에서는 시를 쓰지 않겠다고 절필 선언을 한 마당이니 지금은 '정치인 안도현'으로 규정해야 옳겠으나, 그래도 많은 문학청년들에게는 '시인 안도현'으로 각인되어 있기에 그렇게 간주했다. 그래서 이렇게 썼다. 인용하면,

원래 패장의 부하는 처벌하지 않는 법이다. 싸움을 책임진 공동선대본부장이라면 무슨 말인들 마다하겠는가. 대선 막바지에 이르러 다급해진 '정치인 안도현'이 '박근혜 후보가 안중근 의사 유묵 도난 및 소장에 관여했다'고 근거 없이 폭

로한 것은 좀 치졸한 행위라고 쳐도 그걸 못 참고 '허위사실 공표 및 후보자 비방 혐의'로 고발한 검찰은 더욱 치졸했다는 비난을 들어 족하다. 정치는 이런 원색적 비방으로 엮은 대거리 두름처럼 보이는데, 뭇사랑을 받는 서정시인이 굴비처럼 끼었다는 게 안쓰럽다.

그리고 이어서 이렇게 주문했다.

〔시인 안도현이〕 이 시〔「반쯤 깨진 연탄」〕를 쓸 때 '찬란한 끝장'의 상대가 검찰, 법원, 혹은 보수정권 따위는 아니었을 것이다. 시인은 그가 보좌했던 '문재인의 웃음'에서도 끝장 볼 것을 찾아내고야 마는 운명을 타고난 사람이다. 서정성으로는 윤동주와 유치환에 못 미치고, 가끔 신동엽, 김춘수, 이성부, 양성우의 시상을 오락가락하는 시인에게 너무 가혹한 요구일지 모른다. 해직 교사로서 울혈을 품고 살아온 그에게 러시아의 혁명시인 블라디미르 마야콥스키 혹은 칠레의 저항시인 파블로 네루다를 들이댈 수는 없다. 그러나 대중독자가 많다는 것, 청소년의 시상을 지키는 중요한 멘토 중 한 사람이라는 사실은 정치에 휘말려도 시어를, 시 정신을 잃지 말아야 함을 일깨운다. 시는 전복이고 혁명이다. 가

장 시적인 것이 가장 정치적인 것임을 독자들은 알고 있다.

어쩌면 칼럼니스트로서 무지하게 잘난 척한 글이다. 며칠 후 어떤 율사로부터 항의 이메일이 왔다. 그 이메일은 너무나 진지하고 차분해서 찬찬히 읽지 않을 수 없었다. 매우 긴 항의문이었는데 그의 법률적 논법에 승복하지 않을 도리가 없었다. 이런 요지였다. 첫째, 내가 '근거 없이'라는 표현을 썼는데 안도현이 트위터에 올린 17회의 고발문을 검토했는가, 둘째, 문학평론가로 이름을 올리지 않은 비전문가가 '서정성으로는 누구누구에게 못 미치고 저명시인들의 시상을 오락가락한다'고 폄하할 수 있는가라는 것이었다. 나는 그 글을 쓰기 전에 트위터 글을 검토하지는 않았고 다만 여러 신문의 기사를 두루 참조했을 뿐이다. 그의 논지는 트위터를 검토했다면 평가가 달라질 수 있다는 것이었는데, 사실 나는 그의 트위터 글을 추적할 만큼 디지털 기기에 익숙하지 않을뿐더러 '안중근 유묵 도난 및 소장에 관여……' 운운하는 내용에는 별 관심이 없었다. 기자들의 취재가 트위터까지 닿지는 않았고 다른 신문의 기자들이 써대는 내용을 반복적으로 보도한 탓도 있었다. 그런 약간 미진한 상태에서, 당대 이름을 날린 시인이라면 그보다는 더 큰 시대정신을 논하는 것이 좋지 않았을까를 은연중에 내비친 것이다. 예를 들면, 박근혜 후보가 즐겨 쓰는 개념과 언어에서 예상되는 통치양식을 추론하는 것 말이다. 그 율사는 국민참여재판의 평결을 살짝 비튼 법원의 행동양식이 법정신을 어겼을뿐더러 이를 확대해석하면 정치적 고려가 가미된 징후가 역력함을 힘줘 말했다. 법 전문가가 아닌 나로서는 '허위사실 공표' 혐의는 무죄, '후보자 비방' 혐의는 유죄로 일단 해석한 뒤 '죄는 되나 처벌하지 않는다'고 한 법원의 최종 판결이 절묘하다는 생각은 했다. 국민참여재판의 취지를 살리면서 법원의 전문성을 살짝 얹은 판결로서 말이다. 그 율사는 언론이나 법원이나 '정치인 안도현'을 과도하게 죽였다고 판단했고, 여기에 나 같은 칼럼니스트가 무식하게 가세했다고 일침을 놓았던 거다. 그랬을지 모른다.

아무튼 인용문에서 밝혔듯, 이 정도의 일로 선대본부장을 고발한 검찰은 치졸했다는 비판을 면하기 어렵다. 이 정도의 공격도 용인하지 못하는 한국의 정치풍토는 옹졸하지만, 다른 한편으로는, '시인 안도현'의 명성에 걸맞은 공격이라면 좋았을 거라는 아쉬움은 더 컸다. 그래서 두번째 인용문에 나오는 평문을 과감하게 썼던 것이다. 그의 시집 몇 권을 훑어본 뒤 얻은 소감으로서, 나의 문학적 소양을 모두 동원한 끝에 내린 평가였다. 나는 그 율사가 제기한 첫번째 지적은 수긍했고, 두번째 지적은 거부했다. 예전 대학 시절 문학평론상 수상 사실을 들춰가며 말이다. 율사는 정중하게 예를 표했고, 다시 칼럼의 객관성과 한국정치의 한계 및 편파성에 관한 장문의 글을 부쳐왔다. 나는 정중하게, 그러나 답신 없이 수용했다.

나의 칼럼이 '시인 안도현'의 상처를 건드렸다면 너그러이 용서하기를 바라는 마음이다. 나도, 시인 안도현도, 그 율사도 '시는 전복이고 혁명이다. 가장 시적인 것이 가장 정치적인 것'임을 이미 터득했을 터이다. 가장 시적인 문자로, 가장 감동적인 언어로 이 사태를 대했다면 법정에서 표출했던 분노행위보다 더 큰 울림이 있었을 것이고, 더 많은 애독자들을 그의 분노의 세계로 끌어들였을 것이다. 내가 겨냥했던 바가 이것이다. 모든 글쓰기는 정치적인 것이다. 자신에게든, 자신이 발을 딛고 선 현실에든 말이다.

문학과 정치는 언제나 긴장관계를 유지하기에 글쓰기에는 현실적 압력 혹은 자기검열이 항시 개입하기 마련이다. 시의성 있는 쟁점과 권력 실세의 행동양식을 다뤄야 하는 칼럼은 더욱 그렇다. 나는 글쓰기 과정에 권력의 그림자가 어른거리는 경험을 여러 번 했다. 일종의 관념적 압박감인데 대통령을 겨냥할 때는 언어와 필치가 조심스러워진다. 겁이 날 때도 있

다. 가령 노무현정부 때 '대통령께 올리는 차자箚子'를 쓴 일이
있다. 2007년 6월경, 고 노무현 대통령이 차기 후보들에 대한
품평회를 마다하지 않고 선거법과 공무원법을 "세계에서 유
례없는 위선적 제도"라고 비난했을 때였다. 그래서 이렇게 썼
다. "못다 한 일을 다음 정권에 넘겨주는 것, 혹시 자신의 의
지와 맞지 않더라도 새로운 리더십의 탄생을 위해 민심을 읽
고 위로하는 것…… 그리고 영광스러운 기억을 품은 노병처
럼 그들을 격려하는 것이야말로 어렵게 성장한 우리의 민주주
의를 훨씬 품격 있게 만드는 길임을…… 일개 서생이 감히 말
씀 드립니다." 조선 시대였다면 화가 치민 임금이 사약을 내
릴 만한 소장이었다. 그 글 앞부분에서 특정 후보를 냉소하고
공약을 비방하고 현행 법규를 비아냥대는 것이 민주주의의 위
기를 부를지 모른다고 힐난했기 때문이다. 가슴이 콩닥거렸
다. 그러나 며칠이 지나도 아무 일이 없었다. 확실히 민주주
의는 좋은 것이다. 안면이 약간이라도 있는 경우엔 대놓고 비
판하기가 조금 머쓱해지기도 한다. 이명박정권 때는 가끔 만
찬에 불려가기도 했는데, 4대강 사업이나 정책 빈곤을 싸잡아
'정치 없는 정권'이라고 아예 폄하한 구절에서는 글쓰기가 여
간 거북한 게 아니었다. 그래도 어찌하랴, 용비어천가를 부를
만한 선정善政이 아닌데 말이다.

문학의 정치적 함의에 대한 긴장감은 현 정부 들어 더 커진 듯한 인상이다. 사정을 심층 취재해봐야 알겠지만, 어떤 신문은 작가 이제하와 서정인의 소설 잡지 연재가 취소되었다고 보도했다. 모 교수의 글이 실린 후 문단의 항의에 시달린 전통 있는 문예지가 정치적 관련성을 미리 숙고하는 가운데 벌어진 일이었다. 잡지의 편집자가 유신정권과 관련된 문장이나 단어가 조금 거북해 게재 불가 판정을 내린 게 화근이었다. 만약 작품 속 '유신'이라는 단어가 거슬렸다면, 그리하여 게재할 수 없다고 한다면, 아마 '게재 불가' 판정을 받거나 이미 게재되었지만 삭제 요청을 받을 사회과학 학술논문은 수천 편에 달할 것이다. 설령 유신을 독재라고 묘사했어도 마찬가지다. 사회과학에서 민주주의와 대척점에 있는 정치체제를 그냥 독재로 유형화하고, 독재를 무너뜨린 1987년 노동운동을 민주화항쟁으로 개념화한다. 이제하씨가 선교사의 얘기를 다룬 소설에서 사용한 표현은 사회과학적으로도 문제가 없고 세간에서 그냥 통용되는 말이다. 문제가 확산되자 그 잡지의 편집진이 사퇴하기에 이르렀는데 아시아에서 가장 괜찮은 민주국가로 꼽히는 한국에서 일어난 일치고는 조금 낯설다. 이와는 대조적으로, 광주민주화항쟁을 'Kwangju Rebellion'(광주봉기) 또는 'Kwangju Revolt'(광주반란)으로 영문 표기했다가 큰코다친 인사도 있다. 내가 잘 아는 그 인사는 1980년대에 쓴 몇 개의 영문 논문에서 그런 표현을 사용했는데, 그 당시 이 용어는 한국과 외국 학계에서 대체로 통용됐다. 그러다가 1990년대 중반에야 '민주화항쟁'으로 승격됐다. 그는 2012년 새누리당 공천에 통과되었다가 이 문제가 불거지자 결국 사퇴해야 했다.

정치로 나아가 정치적 공격을 받는 경우는 그렇다 치더라도, 문학이 그런 공격의 대상이 된다면 민주주의의 심각한 훼손을 초래한다. 한번 훼손된 민주주의를 보수하는 데에는 훼손하는 시간보다 몇 배 더 오래 걸린다. 작가의 머릿속에 정치적 자기검열이 작동하기 시작한다면, 그것은 민주주의가 훼손되고 있다는 증거다. 푸코의 말마따나 현대사회는 원형감옥과 같아서 감시기제가 항시 작동하고 그에 따른 처벌이 거미줄처럼 쳐져 있다. 도처에 존재하는 미시적 권력에서 자유로워지는 것이 글쓰기의 본질일 터인데, 역으로 글쓰기 자체가 거미줄에 걸리는 상상은 끔찍하기 그지없다. 사실 현 정부가 그런 미시적 권력을 정교하게 가동하고 있는 것은 아닐 터인데, 지레 겁을 먹고 자기검열에 나서고 있다는 것은 무엇을 말함인가? 지난 시대를 조금씩 닮아가는 현 정권의 통치양식이 뿜어내는 상징적 시그널이 상상력 공간에서 검열환각을 불러일으키는 것은 아닌가?

정사로 야사를 물리치는 나라는 그리 좋은 나라가 아니다. 야사 속에서 생동력이 분출되기 때문인데, 문학은 야사의 영역에서 성장하고 번성한다. 여든 나이에 드디어 우주와 통화하는 고은 시인이 받아 적은 우주의 목소리에 이런 메시지가 있다. "정사는 단조로운 질서이다/야사는 불온한 일탈이다// (중략)//정사는 종교/야사는 미신/유럽 여행 지겹다/(중략)// 어서 떠나/남태평양의 오래된 해류 위에 맞지 않는 예언으로 떠 있으리라"(「무제 시편 86」).* 정사는 정치가 만들고, 야사는 민중이 만든다. 민중 없는 정치는 정치가 아니듯, 야사 없는 정사는 역사가 아니다. 나는 앞에 적은 안도현 관련 칼럼을 이렇게 끝맺었다.

문학은 공식 역사로 기록되지 못하는 사람들의 이야기를 건져올리는 언어의 집이고 문인은 그걸 짓는 설계사이자 건축 노동자다. 정치는 '모든 이를 위한 합창'이기를 외치지만 언제나 그 약속을 배신한다. 시인, 아니 많은 문인들이 그 배반의 합창에 끼려고 정치에 어렵게 투신하지는 않을 것이

---

* 고은, 『무제 시편』, 창비, 2013.

다. 사회주의 행동시인 파블로 네루다는 스페인내전에서 경험한 유혈의 기억을 장엄한 서사로 승화시켰다. 좌파도 우파도 함께 공감하는 '모든 이를 위한 노래'가 그것이다. 정치에 휘말려 소실되는 시인들이 더 출현할까 우려돼 하는 말이다.

'정치인 안도현'은 정치적 검열을 일소하는 전쟁에 뛰어들었지만, '시인 안도현'으로 복귀하면 검열환각에 시달릴지 모른다. 그때에는 이 말을 되새겨봄직하다. '시는 전복이고 혁명이다. 가장 시적인 것이 가장 정치적인 것'임을. 그런데 이 말은 칼럼을 쓰는 나에게 더욱 적실한 훈계다. 정치는 자주 민주주의를 배신하고, 문학은 언제나 민주주의를 갈망한다. 글은 민주주의다. 글은 온몸을 던져 짓는 존재의 집이다. 그런데 나는 글 쓸 때에 이념의 경계선을 조심스럽게 걷는 자신을 자주 발견한다. '비겁하게'가 맞을지 모른다. 마치 등 색깔을 모랫빛으로 바꿔 바닥에 납작 엎드려 있는 가자미, 비틀린 눈을 깜빡이며 사주경계에 바쁜 그 비굴한 가자미처럼 말이다. 물고기인지, 해초인지, 모래인지 구분이 안 되는 변신술사보다 차라리 색깔을 드러내 일갈하는 안도현이 백배 낫다는 생각도 든다.

나는 신자가 될 수 있을까?

『천주실의』를 읽다

오래전 대학 시절, 무방비 상태의 대학생에게 밀려오던 수많은 질문 속에 이런 궁금증이 있었다. 유교적 가치와 생활방식에 젖은 한국에 왜 성당과 교회가 저리 많은가? 불교 사찰이 깊은 산속에 유배된 것은 조선의 배불 정책 때문임은 알겠는데, 그것이 해제된 갑오경장 이후 대체 무슨 일이 일어났던 것일까? 동학농민전쟁이 막바지에 다다른 1894년 가을, 조선에 입국한 영국의 지리학자 이사벨라 비숍 여사 역시 그런 질문을 던졌다. 500년 도읍지 한양에 종교시설이 하나도 목격되지 않은 것이 의아했던 것이다. 경복궁 좌우에 종묘와 사직단이 설치된 것을 조선 초행자가 알 리 만무했지만, 그래도 12만 인구가 밀집된 한성부에 일본처럼 신도 같은 게 있기는커녕 아무런 종교시설이 발견되지 않는다는 것은 인류 보편사에서 틀림없는 예외로 비쳐졌던 것이다. 그러나 이 영국의 석학이 궁금증을 푸는 데에 그리 긴 시간이 소요되지 않았다. 모든 민가가 종교시설이었던 것이다. 양반과 소민 할 것 없이 별도로 모셔둔 위패가 바로 종교였다. 유교는 500년 조선인의 신앙심을 관할했다.

그러나 유교는 내세관이 없는 현실종교였다는 점이 특이하다. 유교는 현실의 도덕과 윤리를 관장하는 예제이자 세계관이었는데 그 원칙은 하늘의 궁극적 진리天理에서 도출된다고 믿었다. 하늘이 궁극적 진리이자 만물의 기원이라는 이 믿음을 바탕으로 천리天理와 천도天道를 구축했던 것이 유교였다. 퇴계가 어린 선조에게 그려준 『성학십도』의 첫 그림이 태극도이다. 천리와 천도로서 백성을 다스려야 한다는 군주의 십계명이 알기 쉽게 풀이된 지침서였다. 그렇듯, 그것은 사대부, 즉 지배계급의 종교였다. 고경 독해의 능력을 갖춘 사대부들은 성리학의 태극관을 마음으로 느낄 수 있었지만, 무지한 인민들은 하늘의 종교적 의미를 아무리 들어도 신심의 갈증을 채우지 못했다. 인민들은 민속과 주술신앙으로 그것을 달랬다. 100가지도 넘는 귀신 명부에 비숍 여사가 매혹되었던 것도 이런 연유에서이다. 조선 인민들은 자신들의 공포와 바람을 각종 귀신들에게 의탁하고 있었던 것이다.

이런 인민들에게 서교西敎가 출현했다. 그 맹아는 사실상 양반계급에서 발아되었는데 종교가 아닌 학문의 형태로 접한 것이 화근이었다. 북경에 파견된 부경사행원들의 손으로 반입된 서학서는 거의 360여 종에 이르렀는데, 그중에 『천주실의』가 끼여 있었다. 문자 그대로 '천주의 실제 의미'라는 뜻으로, 예수회 소속 신부 마테오 리치가 1603년에 저술한 책이다. 이 새로운 책을 권력에서 밀려났던 남인 계열의 학자들이 돌려보았는데, 그 와중에서 자발적 교인이 탄생했다. 이벽, 양반 가문의 자손이자 다산 정약용의 절친한 친구였던 그는 이 책을 읽고 개종을 결심했다. 최초의 천주교도가 태어난 것이다. 그는 「천주공경가」를 언문으로 짓기도 했고, 친구들을 불러모아 교리연구 모임을 개최하기도 했다. 1779년 남한강이 흐르는 광주 부근의 천진암 주어사에서 교리연구 모임이 최초로 열렸다. 정확히 밝혀지지는 않았지만 이승훈과 이벽이 당대 최고의 학자인 정다산, 권철신에게 『천주실의』를 강의했을 것이다.

『천주실의』는 마테오 리치가 직접 한문으로 쓴 서학서이다. 마테오 리치는 매우 명석한 청년 신부였다. 광대한 동양 대륙에 천주교를 전파하려면 중국인의 신심 구조와 논리체계를 파악해야 한다는 것을 깨닫고 10여 년을 중국 경전 연구에 바쳤다. 그는 중국의 성리학을 독파한 끝에 그 전반적 체계가 천주교와 흡사하다는 것을 발견했다. 다른 것이 있다면 성리학의 '천天'은 비인격적 우주인데 반하여, 천주교가 섬기는 창조주는 인격적 신이라는 점이다. 현명하고 영리했던 마테오 리치는 유교의 궁극적 원리가 비롯되는 상제上帝를 하늘의 주인이라는 뜻의 천주天主로 개념화했다. 상제를 천주로 교체하여 개종의 문턱을 낮춘 것이다. 마테오 리치는 유교를 훼손하지 않고 포교가 가능하다고 생각했다. 상제를 천주로 표기하고 만물 창조와 운영의 기원으로 정의하면 수많은 중국인들이 천주교도가 될 수 있다는 자신감이었다.

서양선비西士가 중국선비中士를 설득하는 대화체로 쓰인 『천주실의』의 초점은 태극설을 천주설로, 즉 무의 공간인 하늘에서 유가 비롯된다는 우주관을 바꾸는 데에 있었다. 성리학이 사물의 근원으로 설정한 태극은, 서양의 경험론과 실증론에 입각한 마테오 리치에게는 '아무것도 없는 것' 또는 허공

nothingness으로 보였다. 허공에서 만물이 어떻게 비롯되는가라는 서사의 질문에 중사는 답을 못한다. 서사는 단도직입적으로 말한다. 만물은 하늘에서 비롯되는데, 그 '천'은 바로 천주다. 천주는 누구로 말미암아 생기는 것이 아니고 그 자체 천지를 기르고 주관하는 '지극히 위대한 소이연所以然'이다. 그 소이연은 누가 만들었나라는 중사의 질문에, 그것은 '원초적 소이연'이어서 그 위에 누구를 상정할 수 없다는 서사의 대답. 서양선비는 아예 만물의 분류도표를 그려 중국선비 설득에 나섰다. 사물의 범주를 실체(자립자)와 속성(의뢰자)으로 구분하여 실체에서 속성이 나온다는 것을 논리적으로 설파했다. 만물의 소이연인 하늘은 속성이 아니라 실체여야 하는데, 태극은 허공이 아니라 천주라는 인격체여야 한다는 것, 천지만물에는 원주가 존재하고 그것이 상제로서 천주라는 것, 천주는 도와 덕이라고 말할 수 없으며 도덕의 근원이라는 게 그의 논지였다. 마테오 리치는 결론을 지었다. "우리(서양)의 천주는 바로 (중국의) 옛 경전에서 말하는 '하느님'이다."

그런데 허공 속의 상제가 인격신으로 대체된 천주는 중국인보다 조선인의 마음을 파고들었다. 한반도에 천주교도들이 속속 생겨났다. 조정의 박해를 피해 심심산중에 교우촌이 형성됐다. 이 벽지 산촌을 밀입국한 프랑스 신부들이 찾아다녔다. 1866년까지 12명의 프랑스 신부가 참수되었다. 1866년 프랑스 함대가 강화도에 무단 침입해 분탕질을 한 것도 자국 신부를 죽인 데에 대한 항의였다. 외규장각 문서가 이때 약탈당했다. 1779년 주어사에 모였던 회원들은 모두 참수형에 처해졌다. 정다산의 셋째 형 정약종도 참수당했고, 첫째 형의 사위인 황사영은 그 유명한 백서사건으로 참살되었으며, 다산 자신도 둘째 형 정약전과 남도로 유배길에 올랐다. 이후 1만 5000명에 달하는 신자들이 참형을 당했다. 서강 나루 절두산이 신자들의 피로 붉게 물들었다. 1896년, 피어린 절두산 모래로 만든 벽돌로 명동성당이 건축됐다. 종루에서 퍼진 최초의 타종 소리가 유교의 붕괴와 종교자유를 만천하에 알렸다. 한반도에 성당과 교회가 속속 들어선 배경에는 『천주실의』가 놓여 있는 것이다. 오랜 궁금증이 조금은 풀렸다.

교황이 방한하다

궁금증은 풀렸다. 그러나 나에 대한, 나의 신심에 대한 궁금증은 풀리지 않았다. 나는 왜 어떤 종교에도 귀의하지 않고 오만하게 세상을 바라보고 있는 것일까? 이성의 힘이 너무 승한 것인가? 종교는 반드시 감성만으로 된 것은 아닌데 내 이성의 벽, 지식의 벽이 종교로의 월경을 가로막고 있는 것인가? 인류의 역사는 종교의 역사다. 종교는 세상의 지도를 바꿀 만큼 강력한 흡인력과 설득력을 가졌음을 안다. 현실세계의 생명을 포기하고 은총으로 반짝이는 새 생명을 얻고야 마는 순교자의 용기를 이성적으로는 이해한다. 그러나 그 진정한 의미를 총체적으로 느끼려면 신심의 세계에 발을 들여놓아야 한다. 세상은 달리 보일 것이다. 종교의 세계를 모르는 것은 인류 역사의 본질에 닿지 못함을 뜻한다. 19세기 유교국가 조선에서 2만 명의 신자가 천주교를 통해 새로운 세상과 접속했다. 동토 위에 새로운 생명의 줄기와 가지가 생장하고 있음을 느꼈을 것이다. 그것은 희열이었음에 틀림없다. 생명에의 외경을 난생처음 감지했을 것이다.

그런 사람들이 박해받는 땅, 조선은 로마에서 보기에 가장 멀리 떨어진 지역이었다. 조선의 천주교도 박해에 관한 유진길의 편지를 받은 교황청은 박해받는 신자들을 그냥 둘 수가 없었다. 1832년 조선대교구를 공인했고 주교를 파견했다. 1대 주교 브뤼기에르 신부는 압록강을 건너지 못하고 신병으로 죽었다. 2대 주교 앵베르 신부는 샤스탕, 모방 신부의 도움을 받아 무사히 조선에 밀입국하는 데에 성공했다. 아무도 환영하지 못한 최초의 주교 방한이었다. 그는 1839년 기해박해 때 새남터에서 참수되었다. 145년 뒤인 1984년, 교황 요한 바오로 2세가 방한했다. 전두환 치하에서 그의 방한 의미는 조금 탈색되었지만 감격스럽기는 마찬가지였다. 그리고 2014년 프란치스코 교황. 그의 방한 계획이 발표된 3월에는 세월호 참사가 그를 기다리고 있을 줄 아무도 예상하지 못했다. 교황이 한국에 발을 내디딘 8월까지 한국은 다시 '동토의 땅'이었다. 어린 생명들을 수장하고도 집단분향소 설치 외에 어떤 의미 있는 참회의 군무를 하지 못하는 나라였다. 종교가 그처럼 절실한 시간이 없었다. 한국의 종교인들은 시민들의 비통한 마음을 어루만지지 못했다. 교황이 왔다. 나는 이렇게 쓸 수밖에 없었다.

조선의 천주교 박해는 잔혹했다. 수백 명이 참수된 뒤 약 5000명의 천주교도는 깊숙한 산골에 틀어박혔다. 요즘 성지로 지정된 그곳을 사람들은 교우촌으로 불렀다. 신도들의 삶은 궁핍했다. 교우촌 신자들은 서양 신부들이 보화를 싣고 와서 구해주기를 기도했다. 1824년, 동지사 일행에 역관으로 참여했던 유진길은 북경 구베아 신부에게 조선의 박해 사실을 알렸다. 그러곤 돌아와 로마교황청에 편지를 썼다.

황사영백서가 발각된 지 25년 만의 일이다. "우선 신부들을 보내어 저희의 긴박한 사정을 돌보게 하시고, 우리가 배를 맞아들이게 하소서…… 서양 배가 나타나면 조정은 탄압을 거둘 것입니다"라고. 이른바 대박大舶 청원서였다. 이듬해 이 청원서는 교황청에 전달되었다. 교황청에 접수된 조선발 최초의 편지였다.

8월 14일 방한하는 프란치스코 교황이 한국을 각별히 사랑하는 데에는 이런 역사적 사정이 깔려 있다. 기독교 탄압이 조선 못지않았던 일본에는 대부분의 신자가 신도神道로 돌아선 반면, 서양 신부 12명이 참수되고도 신자 수가 날로 증가했던 조선을 교황청은 성령이 그윽한 땅으로 바라봤다. 박해의 땅. 그러나 기적의 땅이었다. 그곳에 교황이 온다. 대포와 정병이 아니라 주교 90명을 대동하고 말이다. 유진길의 청원서에 대한 화답치고는 벅차기 이를 데 없는 교황의 행차가 한반도에 전할 메시지는 소박한 것일 게다. 가난한 자의 벗이자 타 종교와 화통한 교황의 답서에는 생명존엄과 인간사랑, 이 두 단어가 씌어 있다.

평범한 이 두 단어가 프란치스코 교황의 영성적 실천과 접합해 새로운 의미를 획득한다. 차동엽 신부는 저서『따봉, 프란치스코! 교황의 10가지』에서 교황의 사랑혁명을 '관상적

觀想的 사랑'으로 개념화했다. 인간을 하느님 대하듯 하면 그 사람 안에 숨겨진 존귀함과 아름다움이 보인다는 것이다. 그러니 마약중독자의 발에 입맞추고 행려병자를 품에 안는다.

동학의 전도사 해월 최시형이 그랬다. 스승 최제우가 '사람은 하늘'이라는 계시로 대각했다면, 최시형은 한울님 즉 천이 만물에 스며 있다는 범천론으로 나아갔다. '인간을 포함해 모든 사물도 천이다.' 사람과 사물을 접할 때 '양천주養天主'하라는 생활철학으로 전환한 최시형이 '어린아이도 한울님이다, 때리지 마라'고 한 것은 그런 까닭이다. 사람이 음식을 먹는 것을 이천식천以天食天(하늘이 하늘을 먹는다)이라 설법했으니 동학과 천주교의 인간사랑은 상통한다. 마치 상제와 천주가 조선 교리서에 번갈아 등장하듯 말이다.

인간 내면에 깃든 천을 섬기고 양육하라는 그 메시지를 힘겹게 실천하는 사람들이 있다. 세월호 참사에 희생된 고 이승현, 고 김웅기군의 아버지다. 웅기군의 아버지는 식당 일을 했다. 음식을 만들면서 아들을 수장한 그들을 죽이고 싶었다. 무뎌지는 칼을 자주 갈았다. 죽이는 방법을 궁리하면서 버텼다. 그러다가 십자가를 지고 걷기로 했다. 웅기가 죽은 그 바다까지. 지난달 28일, 2000리를 걸어 팽목항에 도착했다. 천주의 화답을 들었다. "하느님께서 책임을 지어주셔서 감사합니다." 관상적 사랑, 양천주의 깨달음이 스민 십자가는 다시 1000리를 걸어 대전월드컵경기장에 행선할 교황께 봉헌된다.

그것은 세월호 희생자와 유족들, 가슴에 못이 박힌 국민들의 대박 청원서다. 황사영백서처럼 "배 수천 척과 정병 5, 6만을 보내시어…… 이 지역의 생령을 구하소서" 같은 의존적 절규가 아니라, 슬픈 표정 뒤에 정치적 타산이 어른거리는 국가운영집단의 위선에 대한 희생적 고발이다. 위정자들이 국가혁신과 책임정치를 떳떳이 상기시킬 만큼 어떤 의미 있는 시작이라도 했는지 되묻고 싶은 것이다.

우리가 모두 천도교도는 아닐지라도 세상살이엔 생명에 대한 성誠, 경敬, 신信 세 글자뿐이라 믿었던 동학농민의 후예임을 부정하지 않는다. 우리가 모두 천주교도는 아닐지라도 가슴에 내려앉는 하느님을 외면하지는 못한다. 상제와 천주가 내려준 생명존엄과 인간사랑의 훈령은 경제성장과 사회통합과 같은 현실적 가치에 선행하는 것이고, 사리에 취약한 영혼과 육신에 공익적 긴장을 점화하는 개안開眼이다. 정치란 대체 무엇인가? 시민들이 근본을 잊을 때 망각을 치유하는 샘물 아닌가. 시민들이 근본으로 회항하는 이때 한국의 정치는 외려 일상으로 돌아가자고 말한다. 돌아가야 한다. 그런데 돌아갈 길을 만들어주었는가. 또하나의 생명존엄 청원서가 교황을 기다리고 있다. (2014년 8월)

나는 신자가 될 수 있을까?

세월호 참사는 이성만으로는 견딜 수 없는 사건이었다. 참사의 진상을 마치 현미경으로 들여다보듯 미세하게 밝힌다 해도 허무함과 안타까움은 남는다. 왜 그렇게 될 수밖에 없었을까? 인간의 능력으로 충분히 막을 수 있는 사건을 막지 못했을 때에 생기는 자괴감과 허탈감. 그 탓이 결국 자신에게로 향할 때 꿈틀대는 공범의식을 속죄해주는 초월적 무엇을 찾게 된다. 종교가 그것이다. 신심은 초월적 존재로 자신의 무능력을 전가하는 행위를 양해한다. 그 양해의 대가로 실천을 명한다. 종교의 영역에서 생성되는 카타르시스가 현실 변혁의 힘으로 전환하는 구조가 이것이다. 신심은 이런 전환 과정을 총체적으로 관장하는 마음의 에너지다.

야간열차를 타고 서울로 진입해본 사람은 목격했을 것이다. 어둠이 내린 서울에 십자가 네온사인이 도처에 켜져 잠든 영혼을 지키고 있는 풍경을 말이다. 곤한 잠을 자고 있는 고달 픈 영혼들이 신경세포 하나를 작동시켜 점등한 무의식의 향연 처럼 보이기도 하지만, 저 십자가가 어둠을 밝히고 있는 넓이 만큼 은총을 약속하고 있는 것으로도 보인다. 10년 전, 이집 트에서 목격한 풍경은 충격적이었다. 학술회의를 중단하고 갑자기 몰려나간 이집트 학자들은 건물 사이 좁다란 길에 시 민들과 함께 섞여 동쪽을 향해 예식을 올렸다. 그 모습이 너 무 경건해서 세속으로 치장한 나를 경멸하기까지 했다. 집단 기도는 한 20여 분 지속되었는데 그동안 마이크를 거쳐 울려 나오는 저음의 쿠란 낭독 소리가 정적에 쌓인 시가지에 내려 앉았다. 이윽고 이집트 학자들은 아무 일 없었다는 듯 돌아왔 고 아이들처럼 즐겁게 점심을 먹었으며 알 수 없는 말로 대화 를 나눴다. 그리고 오후 3시쯤인가 다시 건물 사이 그 자리로 빠져나갔다. 하루 다섯 번 이런 예식을 행한다는 얘기를 후에 들었다. 이슬람교는 그냥 생활이자 인생 그 자체였다.

우리에게도 이런 오랜 신앙이 계율처럼 존재했다면, 그래 서 특정 종교가 배냇신앙이 되었다면 이런 질문을 하지는 않 았을 것이다. 따지고 보면 한민족에게 고유한 신앙이 없는 것 은 아니었다. 하늘신앙이 그것이다. 압록강 북쪽에 위치한 고 구려 건국지 집안集安에는 고대국가 촌락민들이 집단으로 거주했던 광활한 초원을 굽어보는 왕 무덤이 있다. 마치 피라미드를 연상케 하는 거대한 돌탑인데, 놀랍게도 왕의 시신은 돌탑 위에 작게 쌓은 옥탑방에 안치되었다고 한다. 하늘의 전능을 빌려 촌락민들의 안녕을 수호하겠다는 덕화의 표현인데, 여기서 하늘의 덕화, 즉 하늘이 고구려민이 경외했던 초월적 존재이자 신심의 발원이었음을 확인할 수 있다. 하늘은 고대 국가 촌민들에게 신이었던 것이다. 고구려의 동명, 부여의 영고, 동예의 무천은 모두 하늘을 모시는 제천행사다. 불교는 제천의식이 확산된 이후에 한반도에 유입되었다.

말하자면, 하늘은 한반도의 신앙심의 발원지였다. 유교의 천, 동학의 천 역시 하늘이고, 대한제국 이후 일제하에서 창건한 종교들(보천교, 천도교, 대종교, 시천교)이 천과 연관을 맺고 있는 것은 그런 까닭이다. 이 개념이 서양 종교와 접속하면서 천주, 하느님으로 전환되어 오늘에 이른 것이다. 불교, 선교, 도교가 서양 종교보다 더 오랜 세월 동안 한국인의 신앙심을 형성하고 있었지만 도시에서 자란 나에게는 왠지 종교보다는 역사적 유산으로 생각되어 내 마음에서 멀찌감치 떨어져 있었다.

얼마 전, 자주 만나지는 않지만 친한 선배에게서 이메일이 왔다. 정년을 앞둔 그 선배는 원래부터 그리 종교적인 천성은 아니었다. 메일에는 이렇게 쓰여 있었다. "송교수, 자네가 쓴 교황 방한 관련 칼럼을 인상 깊게 읽었네. …… 오랫동안 품었던 생각을 실천하기로 했네. 천주교도가 되는 것 말일세." 나는 읽고 또 읽었다. 뭐가 이 선배로 하여금 신자가 되도록 이끌었을까? 내 칼럼은 아주 사소한 티끌일 테고, 말 그대로 오랫동안 품었던 생각이 그 무게를 이기지 못해 기어이 인생 자체로 전화한 것일 게다. 그런데, 그 칼럼을 쓴 나는 아직 이성이 말똥말똥해서 생각의 무게를 충분히 견디고도 남을 지경이다. 도대체 나는 언제까지 이성의 힘, 그 제한된 지식의 힘으로 버틸 요량인가? 도대체 나는 신심의 영역으로 이주할 수는 있는 것인가? 그런 생각을 하고 앉아 있는 나를, 친구들이 선물한 각양각색의 성경책이 서가에서 빤히 내려다보고 있다.

어느 날 귀로에서

나, 조용필입니다

2006년 청명했던 가을 어느 날, 전화벨이 울렸다. 연구실 전화는 조금 번거롭다. 내 휴대폰 번호를 알려주지 말라고 조교실에 당부한 이후로 연구실 전화는 대개 귀찮은 내용들을 쏟아내는 통로가 되었다. 코멘트를 따고 싶어하는 기자들, 대학 본부의 갑작스러운 호출, 행정실의 업무 독촉, 심지어는 보험을 들라는 콜센터의 막무가내 설명이 대부분이었다. 한번은 보이스피싱에 걸린 적도 있다. 논문 쓰기에 얼이 나간

때면 한여름에 눈이 내린다고 해도 난 곧이들을 것이다. 보이스피싱을 시도했던 그 삐끼는 지금 생각해도 초보였음에 틀림없는데도 나는 쉽게 걸려들고야 말았다. 국세청을 사칭한 전화였다. 환불 금액이 육백구십일만이천 원이라고 또박또박 말하는 그의 지시대로 나는 번호를 꾹꾹 눌렀고, 이상한 버튼이 포함된 번호를 다시 누를 때까지 이거 웬 횡재인가 싶었다. 그런데 마지막 화면에서 나는 그만 정신을 차리고 말았다. "이 금액을 송금하시겠습니까?"라는 구절이 내 머릿속을 장악하고 있던 논문 생각을 일거에 중단시켰던 것이다. 나는 상식적인 인간으로 돌아가고 있었다.

아무튼 전화가 왔다. 전화 쪽으로 손이 가는 사이 그런 계통 없는 생각들이 스쳐갔다.

"권재현 기잡니다".

기자는 기자였다. 며칠 전 학회 세미나가 끝나고 저녁 자리는 물론 노래방에까지 따라와 취재 근성을 발휘했던 학술부 기자다.

"저, 기획을 하고 있는데요, 조용필에 대해 써주셨으면 해서요."

이건 또 웬 황당한 글 청탁인가 싶었다. 교수들은 이런 글을 '잡문'이라 부른다. 외부 청탁에 할 수 없이 응해 쓰는 잡다한 글들, 예를 들면 시평·칼럼·신변잡기·수필 등은 정도에서 벗어난 글이라고 생각하는 경향이 강하다. 곁눈도 안 주고 연구에 매진하는 학구파 교수일수록 그런 원칙을 고수하고 여러 매체에 기고하는 교수들을 경박하게 생각한다. 학구파 교수들의 눈에 20년 넘게 꼬박꼬박 칼럼을 써온 나는 틀림없이 경박한 축에 속한다. 연구 업적을 조금 쌓아둔 덕에 대놓고 무시당하는 일은 없었지만 학구파 교수 서클에서 나는 '조금 나대는 교수'로 분류되어 있을 것임에 하등의 의문을 제기할 수 없다. 그런 마당에 논문과 마찬가지로 잡문 쓰기에도 특별한 자질과 재능이 필요하다는 내 평소의 지론을 들이댔다간 '매우 나대는 교수'로 강등될 위험도 있다. '생긴 대로 사는 거지, 연구 열심히 하쇼.' 학구파에 대한 존경심을 표함과 동시에 자기방어를 위해 개발한 나의 간단한 논리다.

"흠, 조용필, 조용필이라!"

조용필이라면 못 쓸 것도 없을 터였다. 1970년대 중반 대학 시절부터 줄곧 듣고 흥얼거렸던 노래들의 가수이지 않은가. 권기자가 특별히 내게 그런 부탁을 한 이유를 헤아릴 것도 같았다. 며칠 전 뒤풀이 겸 노래방에서 연달아 불러젖혔던 노래가 조용필 곡이었으니 말이다. 옆자리에 있던 권기자가 숨을 헐떡이며 앉는 나에게 물었다.

"그거 처음 듣는 곡인데요."

무리가 아니다. 조용필이 부른 노래가 200여 곡이나 되니 〈돌아와요 부산항에〉 〈창밖의 여자〉 〈그 겨울의 찻집〉 같은 국민애창곡 말고 내가 부른 〈여자의 정〉 같은 곡을 연배가 어린 권기자가 알 턱이 없었다. 나중에 겪은 일이지만, 조용필 자신도 〈여자의 정〉 〈내 가슴에 내리는 비〉 같은 곡은 자신이 부른 게 아니라고 우기기도 했다. 한 번 부르고 사장됐으니 가수 자신도 알쏭달쏭했던 모양이다. 취기 탓이기도 했지만 말이다. 아무튼 그날 저녁 다른 동료들이 다양한 가수들을 두루 섭렵하는 동안 나는 즉석에서 권기자에게 조용필 강의를 해야 했다. 휴대폰에 저장된 100여 곡의 목록을 펼쳐 보이기까지 하면서.

그게 인상적이었던 모양이다. 그가 기획한 기사의 타이틀이 '스타가 본 스타'라고 했다. 스타? 글쎄, 조용필은 스타임에 틀림없으나 내가 스타라고? 거, 어림없는 소리였다. '서생이 본 스타'라면 모를까, '☆가 본 ☆'라고? 앞의 '☆'는 그냥 평범한 '팬'이라 했으면 부담이 좀 덜 갔을 것이다. 예를 들어, '선남선녀(☺)가 본 ☆'라면 좋겠으나, '☆가 본 ☆'라니 영 엄두가 나지 않았다. 나는 토끼 새끼처럼 오물거리며 꽁무니를 빼는 자신을 발견했다. 노래방에서 호기롭게 조용필학을 강의하던 자신이 아니었다. 나는 돈을 다 털리고 놀음판에서 엉거주춤 일어서는 사람처럼 작은 목소리로 말했다.

"글쎄, 조금 생각할 여유를 주면 안 될까요?"

권기자는 쾌히 승낙하면서 노래방 강의를 책임지라는 엄포를 잊지 않았다. 일단 모면하기는 했지만 '조용필을 써달라'는 청탁이 '써야 하나?' '쓸까?' '써도 되나?' '쓸 수 있을까?' 등으로 시시각각 변해갔다. 대중가요라면 조영남, 심수봉, 패티김, 송창식, 최백호 정도를 빼고 대체로 문외한인 내가 과연 뭔가를 쓸 수 있을지가 의문이었고, 음악이라면 고등학교 2학년 정도에서 아예 졸업한 터라 음악이론은커녕 팝송과 재즈도 구별 못하는 판에 한국 최고의 가수를 논한다니 어불성설이 따로 없었다. 그래도 쓰라는데, 써볼까 하는 오기도 가끔 고개를 내밀었다. 아니 뭐, 한 30년 들었으면 못 쓸 것도 없잖은가, 하다가, 아니야 '☆'가 써야 한다는데……에서 주저앉았다. 급기야는 학자가 대중가수를 논해도 되나? 하는 학구파 교수들의 원칙도 나를 망설이게 만들었다. 만약 쓴다면 그들에게는 아마 술자리의 좋은 안줏거리가 될 터였다. '그 친구 말이야, 손 안 대는 게 없어, 마구 써재껴, 이젠 조용필까지 쓰데', 이런 힐난이 들리는 듯도 했다. '그래 생긴 대로 사는 거야, 연구 열심히 하쇼'라고 쏴붙이기도 했지만 자신이 생기지 않기는 마찬가지였다. 며칠이 흘렀다. 그새 가을이 성큼 깊어진 듯도 했다.

내 차에는 시디 여섯 개를 장착하는 오디오가 달려 있는데 모조리 조용필이다. 시동을 걸면 동시에 조용필 노래가 흘러나오는 것은 내 차의 불문율이다. 가족 여행이라도 갈 때면 아예 애들은 시동을 걸자마자 별도로 챙겨온 시디로 바꿔 끼울 것을 주문한다. 애들이 조용필 노래를 시답지 않게 생각하듯 나 또한 애들이 애창하는 그 노래들에 감동을 느껴본 적은 없다. 걸그룹, 아이돌의 노래는 억지로 짜맞춘 것 같다는 느낌을 지울 수 없고, 중얼거림이 섞인 그 분간할 수 없는 가사들은 외계인 방송, 바로 그것이다. 두어 시간 달렸을 즈음 애들이 약간 느슨해진 틈을 타 조용필로 살짝 바꿔 끼우는 게 나의 일상적 작전인데, 애들의 관용은 대체로 10분을 못 넘겨서 다시 아이돌 노래로 복귀하기를 명령하기 일쑤다. '차 안의 조용필 콘서트'는 유학 시절부터 지속된 나의 오랜 습관이었다.

1980년대 중반, 후진국 청년이 발붙인 미국 동부는 문화적 정착이 어려웠다. 미국인들은 겉으론 온화하고 포용적이었으나 내심 동양인, 특히 일본과 중국을 제외한 동양에서 온 사람들을 그리 달가워하지 않는 듯했다. 그도 그럴 것이 베트남전쟁이 끝난 이후 보스턴 지역에는 베트남 난민들이 대거 입국해 거주하고 있었는데, 생계 문제를 비롯해 여러 가지 사회 문제가 그 난민촌에서 발생하고 있었다. 그들도 저마다 이념이 달랐고 출신계급이 달랐으므로 20년 지속된 전쟁 속에 은폐된 스토리가 이국땅에서 풀어헤쳐졌을 것이다. 나는 가끔 베트남인으로 오인되었다. 깡마르고 광대뼈가 불거진 내 용모도 그렇거니와 마침 유학 때 갖고 갔던 장교용 점퍼가 전직 베트남 장교를 연상케 했을 터였다. 무리가 아니었다. 그런 분위기를 아랑곳하지 않았던 나의 무지 탓이었을 터이지만, 아무튼 패망한 나라의 난민 취급을 받아도 할말은 없었다. 강의는 벅찼고 무엇보다 빠른 속도로 쏟아내는 교수의 말을 알아들을 수 없었다. 동급생들이 모두 웃을 때가 제일 곤욕이었다. 혼자 웃지 못했으니까 말이다. 웃어야 할 때 웃지 못하는 곤욕이라니. 한숨이 절로 나왔다. 풀이 죽어 있을 때 한국에서 가져온 조용필 카세트는 그야말로 구세주였다. 〈창밖의 여자〉! 만나지 못하는 그 운명적 사랑을 향해 절규하는 절창은 어느새 내 가슴을 파고들어와 울분 같은 것을 날려버렸다. 그러다가 〈사랑은 아직도 끝나지 않았네〉로 새로운 희망이 고이고, 〈일편단심 민들레야〉로 휘몰아치는 반환점을 돌고 나면 반전의 가뿐함도 새록새록 생겼다. 1000달러에 구입한 제너럴모터스 사의 8기통 임팔라 세단은 마치 탱크처럼 우람했는데, 조용필의 가창에 힘입어 보스턴 시내를 날씬하게 한 바퀴 돌곤 했다. 그런데, 못 쓸 것도 없지 않은가. 그렇게 어려운 시절을 함께해줬는데 이제 빚을 갚아야 하지 않겠는가. 그래 쓰자, 뭐라도 좋으니 쓰자, 나와 같이 한 30년 세월을 쓰자. 그렇게 생각하고 나니 마음은 한결 가벼워졌고, 난 아무 기획 없이 책상 앞에 앉았다. 깊은 가을밤이었다. 며칠 뒤, 글이 동아일보에 실렸다.

이제는 퇴장할 준비를 하고 있는 해방 세대와 전쟁 세대의 쇠잔한 기억 속에서도 등불처럼 깜빡거리는 것이 있다. 노년에 접어든 그들이 이 노래를 흥얼거리는 것은 외롭다는 표시다. 그 시대의 고난을 느긋하게 관조하는 표정의 배경에는 대체로 남인수 노래가 깔린다. "운다고 옛사랑이 오리오만은"으로 시작된 흥얼거림은 반드시 〈번지 없는 주막〉으로 나아간다. "문패도 번지수도 없는 주막에/궂은비 내리는 이 밤도 애절쿠려"에 가락이 닿는 순간 식솔을 데리고 여기까지 건너온 자신이 대견하기도 하고 서럽기도 하다. 그러다가 무리 중의 누군가 "울려고 내가 왔던가"로 심사를 어지럽힌다. 대중가요는 동시상영관의 간판처럼 천박하지만, 한 세대의 감성대에 피어 있는 꽃무리임에 틀림없다.

남인수가 가고 무작정 상경한 산업화 세대, 그 어수선한 시대의 정서를 트로트도 록도 아닌 특유의 리듬으로 담아낸 가수, 조용필! 그 왜소한 체구의 가수가 〈돌아와요 부산항에〉를 불렀을 때 나는 그가 짧지 않은 나의 인생과 동행할 것임을 예감하지 못했다. "화려한 도시를 그리며 찾아왔네/그곳은 춥고도 험한 곳……뜨거운 눈물을 먹는다"(〈꿈〉). 남진도 나훈아도 아닌, 발라드풍을 살짝 가미한 이 노래가 세간에 나왔을 때 나는 그에게 사랑 서약을 하지 않을 수 없었다. 도시의 뒷골목을 헤매던 더벅머리 청년의 꿈을, 꿈의 파편을 이런 가락으로 위로해준 가수가 어디 있었던가 말이다.

사실, 내가 그를 진정 조우한 것은 1980년 초여름이었다. "오륙도 돌아가는 연락선"이 뿜어대던 항도의 정서를 그냥 흘려듣던 후의 일이었다. 그러던 어느 날, 멀리 남녘 도시 광주에서 끔찍한 일이 벌어졌을 때, 그 누구도 그 누구를 위로하지 못했을 때, 가녀린 바이올린 선율로 시작되는 그 노래가 역사의 비수에 찔린 마음의 상처를 치유할 줄은 상상하지 못했다. 왜 하필 〈창밖의 여자〉였을까. "누가 사랑을 아름답다 했는가"라는 부정의 절규 때문이었을까, 아니면, "차라리 나를 잠들게 하라"는 고단한 주문 때문이었을까. 클래식풍에 더 가까웠던 그것은 『저기 소리 없이 한 점 꽃잎이

지고』(최윤)의 끔찍한 세계를 고음의 옥타브로 무마한 추상화였다. 그 노래를 흥얼거리며 우리는 광주의 일을 기억 속에 갈무리했다.

그 노래 이후 나는 조용필이 만들어낸 다면적 음악세계에 푹 빠져들었다. 그는 바람의 가수다. 바람의 철학도다. 그가 "이른 아침의 그 찻집"을 부르면 우리는 "바람 속으로 걸어" 간다. "뜨거운 이름 가슴에 두"는 사람이라면 그가 일으키는 바람을 맞지 않을 수 없다. 바람은 꿈이자 애인의 속삭임. 그의 바람은 좌절과 삶의 고통에서 몸을 일으킨다. 조용필은 끊임없이 바람 속을 헤매고 새로운 바람을 충동질했다. 〈바람이 전하는 말〉을 듣는 〈내 이름은 구름〉이고, "바람이 잠드는 내 가슴에" 외로워 기대는 그는 〈바람 속의 여자〉다. 그의 노래의 배경에는 언제나 바람이 불었다. 〈친구의 아침〉에도 〈이별의 뒤안길〉에도 바람이 속살거린다.

대중가요이기엔 너무 추상적인 그의 노래가 대중의 가슴에 절절한 울림을 일으키는 것을 달리 설명할 길이 없다. 그는 뭇사람의 고해성사를 들어주는 성직자 같은 가수다. 그가 한때 흠모했다는 스페인 가수 훌리오 이글레시아스는 세상 풍경을 경쾌하고 애절하게 바꾼다. 우리의 조용필은 마음이 따뜻한 신부처럼 비련의 주인공들에게 슬픔을 대면하라고 이른다. "그대 슬픈 베아트리체…… 사랑이란 욕망의 섬, 그 기슭에 다가갈 수 있다면"(〈베아트리체〉), "기도하는 사랑의 손길로 떨리는 그대를"(〈비련〉) 안을 수 있을 거라고, 복음 같은 메시지를 전한다.

카리스마 없는 평범한 얼굴과는 달리 그의 인생은 결코 순탄치만은 않았다. 그의 여자들은 다 떠났다. 바람인 듯 다 떠났다. "한 굽이 돌아, 흐르는 세월"을 토해내다가, 느닷없이 "이국땅 삼경이면 밤마다 찬 서리"로 애간장을 태우는 〈간양록〉으로 휘돌아간다. 누가 "갈 길 잃어 서성이는" 바람에서 여인의 애환을 한 땀씩 엮어가는 피눈물을 찍어내라 했는가. 그렇게 몇 굽이를 돌았던가? 이제 환갑을 바라보는 언덕에서 조용필은 도시의 비장미를 담아낸 오페레타로 넘어가고 싶어한다. 그의 깊은 울림과 넓은 가락의 진폭을 담아내기에 대중가요라는 장르는 너무 협소하고 호흡이 짧기 때문이다. 크로스오버로 첫발을 내딛는 그를 우리는 말리지 못한다. 빗속에서 〈준에게〉를 흐느껴 부르던 그의 심정을 전달받는 순간 우리는 그가 경계를 넘어야 하는 필연적 이유를 읽어낼 수 있었다. 그는 벌써 저만치 떠나 있다. 〈태양의 눈〉으로. "어둠 속을 다시 비추며 다가오는 그대여"라고 소리치며 바람, 구름, 이별이 뒤범벅돼 진한 불꽃으로 타오를 그 태양의 도시로 건너가고 싶은 것이다. 그가 대중가요의 영역을 벗어난다고 해서, 〈돌아와요 부산항에〉에서 〈태양의 눈〉으로 진화하며 들려준 그의 노래가 부질없어지는 것은 아니다. 그는 진작부터 도달하고 싶었던 긴 호흡의 세계인 오페레타에도 안주하지 못할 것이 분명하기 때문에. 그 자신도 왜 그런지 까닭을 모를 것이다. 20세기 후반을 살아온 대한민국의 남녀노소가 제각각 마음의 길동무로 삼아온 조용필, 정작 본인은 사람들이 왜 자신의 노래를 서러움 없이 듣지 못하는지 알 수 없을 것이다. (2006년 10월)

　　아침 신문을 읽으면서 기사에 더불어 실린 내 사진. 괜한 폼을 잡고 찍은 그 사진이 조금 마음에 걸리기는 했지만 그만하면 빚은 갚은 셈이라고 나를 달랬다. 출근길에 흘러나온 노래는 아마 〈기다리는 아픔〉이었을 것이다. "아픔 속에 지워야 할 사랑이면/고개 숙인 향기마저 데려가지/눈을 떠도 감고 있는 내 그림자/그대에게 가고 있는데……" 아침에 듣기에는 조금 처량한 그 노래가 막 절정으로 치닫는 순간 휴대폰이 울렸다. 모르는 전화번호였다. 받을까 말까 망설이다가 약간 여유로워진 틈에 응답 버튼을 눌렀다.
　　"나, 조용필입니다".

아, 예, 송호근입니다, 하는데 하마터면 급정거를 할 뻔했다. 탤런트도 만나본 적이 없는 사람인데, 하물며 한국의 '☆'에게서 전화를 받는데 황망하지 않을 도리가 없었다. 뭐라고 말했는지 기억이 나지 않는다. 마치 청년 시절 첫 미팅에서 청순한 여대생을 앞에 두고 커피잔을 만지작거리며 몸 둘바를 몰랐던 순간처럼, 아니면, 짝사랑하던 사람과 느닷없이 마주친 순간처럼, 말은 경로를 잃었다. 사실, 글을 송고하면서 권기자의 질문에 이런 대답을 했던 것도 같다. "만나자면 어떡하겠어요?"라고 그가 물었던가. "짝사랑은 짝사랑으로 남을 때 더 아름다운 법"이라고 점잖게 답했던 기억이 났다. 겁이 나지 않은 것은 아니었다. 마음속에 30년 세월의 감흥으로 살아 있는 사람을 만난다는 것은 쉽지 않은 일이었다. 오십 줄에 접어들면서 아름다운 것들이 일상적으로 변해가는 그 불가피한 슬픈 과정이 삶이라는 사실을 알아챈 것도 작용했을 것이다.

짝사랑은 영원히 짝사랑이어야 한다. 꽃은 이름을 불러줘야 의미가 된다고 어느 시인이 말했지만, 의미는 삶과 함께 퇴색하고야 만다는 것을 슬프게 깨달아야 하는 그 나이에 짝사랑하던 스타를 만난다? 혹시, 만남 이후 노래가 달리 들리면 어떡할까, 노래가 만드는 낭만의 공간에 현실적 사람이 내려앉으면 그 모양은 어떨까? 나는 차를 길가에 세웠다. 무슨 말을 했는지는 기억이 나지 않는다. 다만 오늘저녁 만나자는 말이 남아 귓가에 맴돌고 있었다.

만남

만났다. 다리를 후들후들 떨면서 말이다. 술을 몇 잔 들이 켰다. 긴장이 좀 가라앉자 시야에 그가 들어왔다. 예인藝人치고는 아담하고 평범한 모습이었다. 이 사람이 정말 공연 때 3만 명 관중을 사로잡은 그 사람인가 싶었다. 2004년, 데뷔 35주년 기념 공연이 잠실에서 열렸다. 논문에 정신없던 나에게 아내가 표를 내밀었다. 끌려가듯 갔던 기억이 난다. '음반으로 들으면 족하지 공연까지……'란 불평이 목까지 올랐으나 그런 것을 입 밖에 내봐야 손해만 돌아온다는 사실을 이미 터득한 오십대에 근접한 때였다. 찬비가 내렸다. 그것도 세차게 내렸다. 조용필은 찬비쯤이야 아랑곳없다는 듯 가창에 몰입했다. 그런 모습이 관중을 더욱 열광하게 했다. 한 마당이 지나고 비가 더 세차게 내릴 무렵 〈한오백년〉이 터져나왔다. 일품이었다. 〈비련〉 같은 발라드풍 노래를 열창하고 난 뒤 저런 애절한 민요 가락을 어떻게 발성하는지 그저 감동만 할 따름이었다. 민요 가락이 한바탕 끝나고 부른 노래가 〈준에게〉였다. 2년 전 운명을 달리한 부인에게 바치는 노래였다. 관중들이 이를 악물었을까, 그도 관중의 그런 심정을 눈치챘다는 듯 이를 악물었다. 그러나 결국 끝이 흐려졌다. 비가 내렸다.

그는 말이 없었다. 오늘 글을 잘 읽었다는 후한 독후감 외에 그 흔한 호구조사 같은 것은 아예 없었다. 궤도가 다른 두 사람의 접속은 무언無言이었다. 술병이 비자 그가 말했다.

"갑시다."

아니, 어디를…… 나는 속으로 물었으나 그리 궁금하지는 않았다. 그냥 따라나서는 길이었으니까. 그가 외로운 표정이 었으므로. 우리가 간 곳은 놀랍게도 근처의 노래방이었다. 국민가수와 단둘이 노래방을? 이건 사건이었다, 아니 사고였다고 할까? 노래방 사장도 놀랐다. 마치 우연히 들른 타이거 우즈를 보고 골프장 주인이 화들짝 놀란 것처럼 말이다. 자리를 잡자 그가 말했다.

"한번 불러보세요."

아니, 국민가수 앞에서 노래를 한다? 이건 '일대 사고'임에 틀림없다. 나는 노래방 사장이 황송스러워하며 날라온 맥주를 벌컥벌컥 들이켰다. 그가 단호했으므로 빠져나갈 길은 없어 보였다. 어쩐다, 조용필 앞에서 나훈아 노래를 할 수도 없고…… 그런데 내가 누군가, 30년간 조용필 노래를 불러온 아마추어 가객 아닌가? 오기가 났다. 이런 좋은 일생일대의 기회가 생기다니. 술기운은 오지랖이 좁아지는 쫄림을 이내 오기로 바꿔놓았다. 마이크를 잡았다. 내가 엉겁결에 부른 노래는 〈추억 속의 재회〉였다. 그가 기념 공연 마지막에 부른 바로 그 곡.

"흠…… 잘 불렀어요." 그가 마치 초등학교 담임선생처럼 말했다. 나는 '잘 불렀다'는 본문보다 '흠'이란 말에 촉각을 세웠다. 무슨 뜻이 숨어 있을까? 그날 나는 국민가수가 불러젖힌 생음악을 독점할 행운을 누렸다. 술이 자꾸 들어갔다. 문 밖에서 노래방 손님들이 귀를 세우고 엿듣고 있었지만 그걸 알 도리가 없었다. 조용필과 노래 부르기는 그의 스튜디오에서 자주 열렸다. 딱히 갈 술집이 없기도 했지만 명사는 자신을 숨겨야 하는 법이었다.

나는 그를 '선생님'으로 부르기를 선호했다. 스튜디오 스태프들은 조대표라고 불렀는데 YPC 프로덕션의 대표 직함을 말한다. 예인에게 대표라고 하는 것은 어쩐지 어울리지 않았으므로 나는 '선생님'을 고집했다. 교수에게 선생님이라 불리는 것이 격에 맞지 않는다는 이유로 그는 '형님'으로 불리길 선호했다. 나보다 다섯 살 위다. 그런데 '형님'은 어쩐지 조폭 냄새를 풍겨 껄끄럽기 짝이 없는 호칭이었다. 조용필이 "동생이 이렇게 하니 좋지 뭐……"라고 말하면 내가 "조선생님이 원래 차분하잖아요"라고 받는 식이다. 어딘지 좀 어색하지만 이심전심 속에 녹는다.

작은 체구에서 터져나오는 폭발적인 가창력이 피나는 연습의 산물임을 알았다. 노래방이든 스튜디오든, 취했든 말짱하든, 마이크를 잡으면 그는 공연 자세를 취한다. 연습에 돌입하는 것이다. 실전 실력은 연습에서 나온다는 것을 몸소 보여주는 국민가수 앞에 교수는 할말이 없다. 그래서 물었다.

"3만 관중 앞에 서면 떨리지 않아요? 보는 눈이 6만 개나 되는데……"

100여 명 학생 앞에 서면 아직도 호흡이 거칠어지는 나를 슬며시 탓하면서 한 말이다. 답은 의외였다.

"몰입하지."

몰입할 수 있는 사람이 있고, 긴장 때문에 목소리가 갈라지는 사람이 있다. 그는 무대 뒤에서 입을 끊임없이 움직여준다고 했다. 그래야 음이 제대로 나온다는 것. 강의 전에 입을 끊임없이 문지르는 교수는 없다. '몰입형 인간'은 작곡할 때에도 빛을 발한다. "한 줄기 돌아 흐르는 서러움……"으로 시작하는 〈한강〉을 작곡할 당시 그는 국문학 전공자와 함께 한강 관련 서적을 수십 권 섭렵했고, 한강과 연관된 음조와 가락을 만드느라 몇 개월을 몰입했다고 했다. 이건 숫제 학술서적을 집필하는 격이다. 교수 동생이 부끄러워지는 순간이다. 공연 기획도 그가 도맡아 한다. 입체적 무대를 처음 도입한 사람이 그다. 조명은 물론, LED 라이트, 100미터를 전진하는 이동무대, 비디오 배경화면, 폭죽과 보조장치 등등이 제각각 동원되는데 모든 것이 곡의 분위기와 리듬에 맞춰 머릿속에서 펼쳐진다. 한 번 공연에 보통 33곡을 부르는데 찬조 출연하는 가수는 없다. 오직 그가 부른다. 노래방에서 두 시간 동안 33곡을 혼자 소화한다고 생각해보라. 아마 앓아눕거나 목이 터져 병원 신세를 져야 할 것이다.

그의 무대는 진화한다. 노래도 그렇고 무대장치와 연출도 그렇다. 그는 세계적 가수들의 공연을 끊임없이 관찰하고 분석한다. 빌보드 차트에 오른 곡을 스스로 불러보고 면밀히 분해하면서 세계 대중음악계의 추세를 파악한다. 현대적 추세를 모르면 팬들과 교감하지 못한다는 게 그의 지론이다. 시대에 뒤떨어진 가수로 남거나 흘러간 옛 노래를 흥얼거려야 하는 철 지난 가수로 남는 것을 그는 지극히 경계한다. 그렇게 만든 노래가 〈바운스〉와 〈헬로〉다. 예순이 훌쩍 넘은 나이에 어울리지 않게 웬 〈바운스〉? 두 노래에 조용필을 모르는 젊은 세대가 열렬하게 호응했다. 어, 그런 가수가 있었어? 하는 표정이었다.

내가 조용필 앞에서 불렀던 노래는 주로 옛 정서로 가득찬 것들이었다. 〈비련〉〈이별의 뒤안길〉〈산유화〉〈그대 발길이 머무는 곳에〉〈가랑비〉 등등. 그의 시선은 언제나 미래를 향했다. 공전의 히트를 친 〈돌아와요 부산항에〉는 이미 잊은 지 오래였다. 사회학 교수인 나의 시선은 자주 과거로 향했다. 그런 그가 내게 하는 말은 "가방끈이 짧잖아"였는데, 그러고 보면 '가방끈이 무척 긴' 나보다 훨씬 미래지향적이고 진취적인 시선을 가진 가수다. 자신을 미래로 투사하는 가수가 조용필이다. 현실을 분석하고 미래를 예견해야 할 사회학자는 정반대다. 나를 작사가로 데뷔시켜준 이 노래가 그랬다.

베이비부머가 부르는 슬픈 노래

어느 날 베이비부머의 운명 속에 내가 있다는 생각이 스쳤다. 나는 베이비부머의 맏형 격이다. 조용필이 나에게 곡을 준 다음날부터 가사를 쓰려고 곡조를 100번은 더 들었다. 그러다가 이런 글을 썼다.

　베이비부머의 막내 63년생이 올해 오십대 연령대로 진입했다. 1955~63년생 인구집단을 흔히 베이비붐 세대라고 통칭하므로 이제 한국의 오십대는 베이비부머로 가득찬 셈이다. 베이비부머 715만 명, 이들이 바로 지난 대선에서 3퍼센트 승리를 만들어낸 작전세력이다. 주식시장의 작전세력이라면 몽땅 잡아들여야 하겠지만, 대선판의 작전세력이야 집권당으로서는 고맙기 한량없는 든든한 후원자다. 정권을 뒤집고 싶어 안달했던 청장년 세대의 시선이 고울 리 없다. 한국의 부와 권위를 다 거머쥐고, 강남 고층 아파트에서 강북 달동네를 지긋이 내려다보면서, 젊은층을 스펙 전쟁에 몰아넣는 그들의 우렁찬 승전가 앞에 "아프니까 청춘이다"를 외쳐봐야 아무 메아리가 없음을 뼈저리게 깨닫고 있는 요즘이다.

　아니다. 3퍼센트 승리를 만들어낸 작전세력은 '오십대 보수 꼴통' 전체가 아니라 베이비부머 중하층에 포진한 500만 명이다. 이들은 승자가 아니라 루저, 아주 처절한 루저다. 퇴직했거나 빚투성이 루저, 거기에 부모 봉양과 자녀 부양의 짐을 잔뜩 지고 있는 평범한 가장들이다. 불투명한 앞날,

궁핍한 현실이 주는 불안심리가 급진 변혁보다 점진 개혁을 택하도록 부추겼는데 그 배경에는 박정희 시대에 대한 막연한 향수가 깔려 있었다. 못 배워도 일자리가 널려 있었다는 그 시대의 흐릿한 기억 말이다. 베이비부머 중하층 500만 명 중 300만 명은 영세 자영업자고, 200만 명은 퇴직·실직·무직자들이다. 어떻게 생겼느냐고? 근처 구멍가게에서 흔히 볼 수 있고, 평일 산에 가면 틀림없이 마주친다. 오십대들이 산으로 가는 이유는 너무 많다. 한국의 등산장비 업체들이 몇 년 사이 세계적 경쟁력을 뽐내게 된 서글픈 이유다.

이 슬픈 루저들이 '한강의 기적'을 일궈낸 일등공신이었음을 누가 알아줄까. 알아준들 무슨 소용이 있을까만, 이들이 1970~80년대 산업공단을 가득 채운 공돌이, 공순이의 원조였다. 월급 5만 원, 그래도 휴일엔 판탈롱 바지에 백구두 닦아 신고 디스코텍을 드나들었고, MJB 커피를 맛있게 날라다 주는 다방 레지와 마치코바 소사장을 꿈꿨다. 지하 다방에는 장래희망이 사장님인 별별 인사들이 붐볐다. 가끔 산업공단의 불순분자를 색출하려는 정보부원도 섞였다. 립스틱 짙게 바른 얼굴마담이 "김사장, 전화!"를 외치면 적어도 10명 정도는 돌아보던 시절이었다.

10년 뒤 이들은 진짜 소사장이 됐다. 대졸 학력의 오퍼상은 무작정 비행기를 탔고 어디선가 용케도 주문서를 낚아왔다. 증산, 수출, 건설의 함성에 청춘을 바친 세대였다. 고무신을 냇물에 띄워 놀던 소년들이 세계적 조선산업을 일궜고, 실패에 태엽을 감아 놀던 아이들이 자동차산업의 주역이 된 세대였다. 그런데 10년 뒤 느닷없이 찾아온 IMF 환란에 공장이 쓰러지는 것을 바라봐야 했고, 어림잡아 세대원 20~30퍼센트는 직장을 등져야 했다. 기어이 살아남은 사람은 10년 뒤 밀려났다. 요즘에 일어나는 일이다. 평균 퇴직연령 52.7세. 3억 원 아파트와 1억 원 현금을 손에 쥐고 고용보험과 연금도 없는 무소득의 절벽으로 무작정 떨어지는 사람들이 한국의 오십대, 그 서글픈 자화상이다. 자녀 결혼과 학비, 8년의 무소득 기간을 아파트와 퇴직금으로 충당해야 하는 이들 베이비부머는 중산층에서 급히 퇴거하고 있다. '중산층 70퍼센트' 공약에 귀가 솔깃했던 이들은 알고 있다. 자녀 분가 임무를 완수한 60세에 이르면 빈곤층으로 이주신고가 되어 있으리라는 사실을 말이다.

빈곤층 입주를 예약한 이들에게 가장 절박한 것은 일자리다. 대통령이 공약한 60세 정년 연장은 어떻게 가능할까? 일본 단카이團塊 세대의 빈곤화를 막은 건 정부가 추진했던 정년 연장과 고용 유지 전략이었다. 일본 기업과 노조는 임금피크제와 일자리 나누기에 선뜻 힘을 모았다. 고용 촉진 자금과 세제 혜택이 뒤따랐다. 벌써 퇴직했어야 할 60세 이상 원로 직원을 절반 임금으로 고용한 기업이 전체의 60퍼센트를 넘는다. 일본은 '중산층 살리기'를 그렇게 실행했다. 25년 직장인을 무작정 밀어내는 한국의 현실. 직장과 작별하고 집으로 돌아오는 베이비부머의 막막한 심정에 가로등처럼 걸린 건 '중산층 70퍼센트'라는 공약이다.

가왕 조용필씨가 필자에게 건네준 곡에 가사를 붙였다. 겨울해가 짧은 석양을 풀어내던 시각, 첫 구절이 떠올랐다. "돌아오는 길목에/외롭게 핀 하얀 꽃들." 그러곤 빛나는 기억들과 울렁이던 젊은 시절이 스쳐갔다. "내 푸른 청춘의 골짜기에는 아직 꿈이 가득해"를 쓰다가 쓴 소주를 들이켰다. 퇴직 대열에 전입신고하는 연 100만 명의 베이비부머들, 속울음 우는 사람들을 위해서 말이다. (2013년 3월)

이 곡의 제목은 〈어느 날 귀로에서〉다.

＊1절

돌아오는 길목에 외롭게 핀 하얀 꽃들

어두워진 그 길에 외롭게 선 가로등이

빛나는 기억들 울렁이던 젊음 그곳에 두고 떠나야 하네
이별에 익숙한 작은 내 가슴에 쌓이는 두려움

내 푸른 청춘의 골짜기에는 아직 꿈이 가득해 아쉬운데
귀로를 맴도는 못다 한 사랑 만날 수는 없지만
이제는 알 것 같은데

* 2절

돌아오는 길목에 기다리던 그대 모습
어두워진 그 길에 나를 맞는 그대 미소

화려했던 시간들 울고 웃던 친구들 그곳에 두고 떠나야
하네
앞만 보고 달려온 지난날의 추억을 아파하지 마라

나는 왜 귀로를 맴돌고 있나 아직 꿈이 가득해 그 자리에
나는 왜 귀로를 서성거리나 돌이킬 순 없지만

이제는 알 것 같은데

아무리 들어봐도 나의 시선은 과거에 꽂혀 있다. 아니면 현재에 서서 과거를 바라보고 있다. 사회학자가 이래도 되는지…… 그런 나에게 어느 날 가왕이 말했다.

"우리는 미래로 가야 돼!"

공유 코드가
없다

애들아, 제발 그 어둡고 추운 물속에서
엄마와 친구와 선생님을 그리며 버텨다오. 제발 버티고 버텨
'한국인답게 행동하는 것'이 무엇인지 알려다오.
치욕스런 어른들에게 너희들이 갈망하는 'Be Korean!'을 발해다오.

아침 강의실에서

2014년 가을, 서울대학교 사회과학대학 정치사회학 강의실은 세상 돌아가는 이치를 배우러 온 학생들로 가득하다. 어쨌든 미래 한국을 이끌고 갈 인재들은 컴퓨터를 앞에 세워두고 초로에 접어든 교수의 말을 경청하고 있다. 무슨 말로 시작해야 할까, 서양인들은 자신들의 근대를 이렇게 근사하게 세웠다고 열등감을 부추길까, 아니면, 너희들이 맞는 한국의 미래는 나의 청춘 시절과 달리 너무나 밝고 희망차다는 자신감을 심어줘야 할까. 열등감을 부추기기에는 한국이 걸어온 20세기는 가시밭길이었고, 자신감을 길러주기에는 한국의 21세기는 나의 학창 시절에 비해 젊은 청춘이 파고들 틈이 없다. 그대들은 어디에 위치해 있는가? 벅찬 청춘이 잠시라도 숨 돌릴 아지트를 어디에 구축하고 있는가? 아니, 한국사회는 그런 아지트를 구축할 틈을 허용하고 있는가? 교수는 잠시 머뭇거린다. 학생들은 아마 교수가 어젯밤 과음 끝에 숙취를 해소하지 못한 탓이라고 지레짐작한다.

초로의 교수는 옛일을 떠올린다. 먼 학창 시절 근대문학 강의실, 문학평론가로 이름을 날리던 어느 젊은 교수가 '근대란 무엇인가'를 질문한다. 한창 유신이 맹위를 떨치던 시절, '근대란 무엇인가'는 자칫 잘못하면 국가보안법을 위반할 결론에 도달할 수 있는 위험천만한 질문이었지만 순진무구했던 그 시절엔 그 위험성을 알 도리가 없었다. 더욱이 고등학교를 막 졸업한 신입생들이 복잡하고 미묘한 문제를 알 리 만무했다. 침묵이 흘렀다. 어디에서 설명을 시작해야 할까, 아마 그 젊은 교수는 벅찬 질문을 해놓고 후회막급이었을 것임을 이제야 조금 깨닫는다. 설명은 없었다. 대신 교수는 봄이 오기 시작한 창밖 풍경에 시선을 고정했다. 창문에는 옅은 연두색 잎사귀를 내민 버드나무가 바람에 휘날리고 있었다. 10분쯤 지났을까, 침묵으로 일관하던 그 교수는 무지에 떨고 있는 신입생들을 한번 흘겨보곤 몸을 돌려 나가버렸다. 술냄새가 풍겼던가, 우리들은 어젯밤 교수가 과음한 것임을 확신한 채 봄기운이 완연한 캠퍼스로 환호성을 지르며 달려나갔다. 근대란 무엇인가, 어떻게 왔는가, 그리고 어떻게 우리들의 삶을 결정해버렸는가?

40년이 지난 캠퍼스에 연두색 버드나무가 자줏빛 낙엽으로 수십 번 물들고 졌지만, 그 질문은 여전히 답이 모호하고 여전히 너희들의 삶을 괴롭히고 있다. 어떻게 이 사실을 알려줘야 할까? 한국의 20세기를 결정하고 나의 청춘 시절을 좌우한 '미완의 근대'가 21세기로 그대로 연장돼 여전히 너희들의 삶을 옥죄고 있다는 이 엄정한 역사적 사실에서 강의를 시작해야 하는데, 그러기에는 저 맑고 순진한 학생들의 눈빛을 그르치고 싶지 않은 아침이다. 우리의 근대는 결함투성이였다. 서양의 근대가 착실히 기획된 것이라면, 우리의 기획은 처음부터 엉켰다. 제국의 간섭과 열강의 도래, 거기에 일제의 팽창 지도에 편입되어 우리가 쌓았던 경험지층은 망가졌고 우리가 기획했던 기대지평은 차단됐다. 그것을 만회하기 위한 국민동원 전략이 1960년대 초반에서 80년대까지 펼쳐졌다. 모든 국민이 경제전선에 나선 결과 그런대로 결실을 맺었다. 세계 학자들이 '유례없는 성공'이라 칭찬을 아끼지 않을 만큼 결실을 거뒀고, 1인당 국민소득 2만 5000달러, 선진국에 성큼

다가설 국력도 키웠다. 삼성, LG, 현대 같은 글로벌 기업도 탄생했다. 그런데 삶은 나아졌는가? 나와 너희들을 옥죈 그 망가진 근대가 제대로 수리되었는가? 세계사에서 유례없는 한국의 경제성장은 그대들의 삶에 여유를 부여했는가, 아닌가?

경제성장은 풍족한 환경을 제공했음에 틀림없다. 그런데 풍족한 환경은 우리에게 더 많은 것을 요구한다. 치열해진 경쟁, 인생에서 성공이 그만큼 더 힘들어졌다는 사실이 하나의 증거다. 교수는 그 유례없는 대성공에 대가를 치르고 있다는 반성적 성찰로 강의를 시작한다. 이 청명한 가을 아침에 어울리지 않는 논조이지만 그게 엄연한 현실인 걸 어찌하랴. 1970년대 중반, 한창 개발중인 강남 지역으로 진입하는 것은 마음먹기에 달렸었다. 논밭과 진창을 뚫고 강남대로가 건설되던 시절 드문드문 모습을 드러냈던 아파트에 입주하기란 거의 식은 죽 먹기였다. 온갖 특혜를 제공해 유혹해도 가지 않던 시절이었다. 내가 결혼하고 가족을 꾸리던 1980년대, 강남 주민이 되려면 약 5년이면 족했다. 그러나 지금은 20년이 걸려도 불가능하다는 것을 나의 정치사회학 수강생들은 이미 알고 있다. 한국의 유례없는 성공이 강남 진출의 진입장벽을 거의 만리장성 수준으로 쌓은 것이다. 1980년대 중산층이 되는 길은 강남대로처럼 열려 있었다. 그러나 지금은 한국의 인재들인 나의 수강생들조차 부모님에게서 물려받는 종잣돈이 없이는 거의 20년이 걸린다. 학생들은 삼성 로고가 선명히 찍힌 컴퓨터에 '5년 대 20년'이라고 입력하면서 어떤 생각을 했을까. '망가진 근대'를 수선해야 할 역사적 과제는 여전히 세대적으로 유증된 상태에서 경제적 성공이 초래한 '경쟁사회'의 진입장벽을 뚫어야 하는 이중적 과제에 잠시 짓눌리는 느낌을 받았을 것이다. 아침 수업치고는 그리 좋은 화두는 아니다.

그런데 경쟁사회가 강제한 삶의 질에 만족하는 사람은 별로 없다. 2013년 지구촌행복지수Happy Planet Index에서 측정한 한국의 행복지수는 총 151개국 중 60위를 기록했다. 상위를 차지한 국가들이 코스타리카, 베트남, 인도네시아, 엘살바도로, 콜롬비아, 방글라데시 등 후진국이고 보면 인생철학과 직결된 듯 보이기도 하지만, 경제 수준을 감안한 세계행복보고서 World Happiness Report가 측정한 바에 따르면 덴마크, 노르웨이, 스웨덴, 핀란드 등 북유럽의 사민주의 국가군이 상위를 차지해 반드시 인생철학의 문제만은 아님을 알 수 있다. 한국은 41위였다.

무엇이 문제인가? 경쟁사회의 높은 벽을 넘으려면 숨을 돌릴 여유가 없다. 초경쟁 상태에서 살아남기 위해 온갖 스펙을 쌓아야 한다는 것은 상식이다. 스펙 쌓기는 청년들뿐 아니라 직장인도 마찬가지다. 남들과 달리 경쟁력을 뽐내려면 특단의 대책을 마련해 착실히 실력을 쌓아야 한다. 그렇지 않으면 일찍이 승진 탈락의 비운을 맛본다. 이십대 말에 대기업 취업 전선을 어렵게 뚫었더라도 실력을 인정받지 못하면 오십대 초반 퇴직예정 통고서를 받아야 한다. 불과 20년 취업을 위해 청춘을 불살라야 하는 현실. 그리고 최고 학력과 스페셜 커리어로 무장한 동료들과 경쟁하여 최후의 승자가 되기 위해 눈물겨운 투혼을 해야 하는 사십대 장년 시절은 잠깐의 재충전 혹은 변신을 향한 방법론적 이탈을 허락하지 않는다. 그렇다면 노후는 안전한가? 두루 알다시피 2014년 퇴직 평균연령은 55세인데 이른바 100세 시대를 맞아 적어도 30년은 경제적, 사회적 생활을 유지해야 한다. 보통 어려운 게 아니다. 이른바 퇴직 후 삼모작 기간에도 아름다운 변신이나 휴식은커녕 격렬한 '노후 경쟁'에 돌입해야 하는 게 한국의 현실이다. 그러니 행복하다고 할 수 있을까? 잠시 한눈팔기, 잠깐의 재충전, 또는 아름다운 이탈을 허용하지 않는 사회에서 삶은 고단할 뿐이다. 고단해진 사회에서 얼마나 고단하게 살아야 하는가를 아침부터 조근조근 설명하는 교수가 그리 반갑지 않을 터에 '망가진 근대'를 바로 세워야 하는 역사적 짐까지 얹어줬으니 아침 강의는 그야말로 죽을 맛이다. 망가진 근대의

짐이 무엇인가는 이 책의 핵심 주제이므로 천천히 얘기하기로
하자.

학생들이 슬슬 주리를 틀 즈음에서 경쟁 탈출을 위한 약간
의 환풍구를 뚫어주는 것도 좋다. 현재 육십대 말, 칠십대 초
반의 고령자들이 학창 시절을 보냈던 때의 얘기다. 김승옥이
라는 소설가가 있었다. 알고 있니? 내가 물었을 때 몇 명은 고
개를 끄덕였고 대부분은 금시초문이란 표정이었다. 모르는구
나. 그럼 신동엽은 아니? 모른다는 표정 일색. 김수영은? 들
어봤다는 학생이 몇 명 정도. 분위기가 이러하면 얘기를 시작
할 엄두가 나지 않는다. 그러나 할 수 없다. 어차피 분위기는
일그러졌는데 더 바닥으로 내려앉은들 어떠랴 싶다. 김승옥
이라는 작가가 있었다. 그가 1964년도에 「무진기행」이란 소설
을 발표했어. 주인공은 작가의 고향인 순천만으로 무작정 내
려갔고 얘기는 거기에서 시작되거든. 일종의 도피 여행이었
어. 거기서 하선생이라는 한 여자를 만났고 우연찮은 대화 끝
에 서울로 데려다준다고 불쑥 약속까지 했지. 어쨌든 얘기의
초점은 '도피 여행'이야. 처는 제약회사 회장 딸인데 회사에
약간의 분쟁이 생겨 잠시 피해 있으려던 참에 결행한 고향행
이었어. 아무튼 그에게는 '고향'이라는 탈출구가 있었다는 거
야. 전보만이 유일한 연락 수단이었던 시절, 아무도 찾을 수

없는 곳, 그에겐 옛 추억이 서린 고향이 현실도피의 은신처였던 셈이지. 소설은 이렇게 시작해.

무진에 명산물이 없는 게 아니다. 나는 그것이 무엇인지 알고 있다. 그것은 안개다. 아침에 잠자리에서 일어나서 밖으로 나오면, 밤사이에 진주해온 적군처럼 안개가 무진을 뻥 둘러싸고 있는 것이었다. 무진을 둘러싸고 있던 산들도 안개에 의하여 보이지 않는 먼 곳으로 유배당해버리고 없었다. 안개는 마치 이승에 한이 있어서 매일 밤 찾아오는 여귀가 뿜어내놓은 입김과 같았다. (중략) 손으로 잡을 수 없으면서도 그것은 뚜렷이 존재했고 사람들을 둘러쌌고 먼 곳에 있는 것으로부터 사람들을 떼어놓았다.

그래서 어떻다는 거지요? 학생들의 표정이 물었다. 아니 그렇다는 얘기지. 스펙 쌓기에 지친 자신을 감싸안아주는 안개의 고향이 있었다는 거지, 당시 사람들에게는. 탈출이 가능했던 거야, 잠시지만. 잠시의 탈출이 생존을 위한 영원한 에너지를 공급하거든. 잠시의 탈출지, 영혼의 은신처를 갖고 있는 사람들은 행복하지, 당시의 빈곤, 아마 1인당 국민소득 50달러 시대의 빈곤도 쳐들어와 망가뜨릴 수 없는 영혼의 안식처를 그렇게 품고 있었던 거야. 그래서 이탈이 가능하고, 영혼의 위로가 가능하고, 잠시의 타협도 가능했던 거야. 주인공은 상경을 재촉하는 아내의 전보를 받고 나서 망설인다. 그러곤 타협한다. "한 번만, 마지막으로 한 번만 이 무진을, 안개를, 외롭게 미쳐가는 것을, 유행가를, 술집 여자의 자살을, 배반을, 무책임을 긍정하기로 하자. 마지막으로 한 번만이다." 무책임을 긍정하기로 작정한 책임의식, 그 책임의식을 만들어내는 최소한의 양심을 살리고자 애쓰는 자신은 행복하다. 영혼의 은닉처를 갖고 있기에 그렇다. 그런데, 그런데 말이다, 그대들은 절망할 때 어디로 도피하나? 도피할 공간이 있는가? 도피처가 있는가? '도피는 낙오'라는 등식을 확고하게 성립시킨 숨가쁜 세대의 표정이 일그러졌다.

교수는 말을 이었다. 일본에도 이와 비슷한 정서의 작품이 있다. 일본 작가 중 노벨상을 수상한 가와바타 야스나리가 1930년대 말 쓴 『설국』이 그렇다. 1929년 대공황이 일본에도 엄습했을 때 청년들은 일자리를 잃었다. 다행히 많은 유산을 물려받은 주인공 시마무라는 도쿄를 벗어나 니가타 현 부근의 에치고 유자와로 자주 간다. 거기에는 게이샤 고마코가 있다. 시마무라는 고마코를 반려자로 생각하지는 않지만 가끔 나누는 사랑이 싫지는 않다. 그리움의 대상인 것이다. 반면 고마코의 사랑은 청순가련하다. 온천수가 하얀 김을 푹푹 내는 눈 덮인 마을에 시마무라를 실은 기차가 닿는다. 창가에 고마코의 모습이 어린다. 눈 내리는 마을로 동경의 백수 청년 시마무라가 며칠 묵을 요량으로 허적허적 걸어들어간다. 방황하는 그의 영혼의 안식처였던 셈이다. 유자와 온천장으로 가려면 20킬로미터가 넘는 청수淸水 터널을 통과해야 한다. 기차는 산지대를 힘겹게 가로질러 도쿄라는 현실에서 시마무라를 멀리 떼어놓는다.

국경의 긴 터널을 빠져나가자 곧 설국이었다. 밤의 바닥이 하얘졌다. 신호소에서 기차가 멈춰섰다. 건너편 좌석에서 처녀가 다가오더니 시마무라 앞의 유리창을 열었다. 눈의 차가운 기운이 흘러들어왔다.

『설국』의 첫 문장이 하도 인상적이어서 연전에 그곳에 가봤다. 눈 쌓인 에치고 유자와 마을은 밤 색깔이 실제로 하얬다. 도피처답게 은밀한 기운이 역력했다. 주인공들이 만들어내는 분위기가 무척 동화적이어서 불륜 관계를 의식할 틈이 없다. 무진의 안개도 주인공의 부도덕한 행동을 그냥 감싸안을 뿐이다. 시마무라가 도쿄로 돌아와 무슨 일을 했는지는 중요하지 않다. 부잣집 딸을 처로 맞은 「무진기행」의 주인공이 상경해서 회사의 중역이 되었는지도 중요하지 않다. 가난했던 그 당시, 경제성장의 기반을 닦았던 당시의 사람들에게는 잠시 도피할 수 있는 은신처가, 상처를 치유할 자신만의 야전병원이 어디엔가 있었다는 말이다. 방황을 허락받았다. 그런데 성장을 구가한 지금은 없다. 있더라도 안식을, 방황을 허용하지 않는다. 안식은 낙오를, 방황은 열등을 의미하기 때문이다.

그래서 어떻다는 거지요? 언짢은 기운이 역력한 표정들이 물었다. 우리 세대는 경제성장을 일궈냈다. 그렇게 방황하면서 말이다. 그런데 이제 이만큼 커진 경제와 사회를 안고 유지하려면 그보다 몇 배의 노력이 더 든다는 사실이지. 윤리와 도덕의식도 더 높은 수준을 요구하고, 그대들의 노력·시간·지식을 더 강하게 요구한다는 말이다. 더 배워야 하고, 더 머리를 짜내야 하고, 더 많은 시간을 투입해야 하는 게 현실이 되었다. 세계 최고의 학력사회, 최고의 스펙사회, 치열한 경쟁사회는 그대들에게 자식을 낳고 키울 여유를 허락하지 않잖나. 노후화된 지식도, 인력도 필요로 하지 않지, 그래서 퇴직 연령이 점점 젊어지는 거야. 사회 시스템이 선진화되어 있다면 시간·노력·지혜를 덜 필요로 하겠고, 경제성장에 바친 청춘을 노후에 보상하는 너그러움도 갖추겠지만, 우리처럼 사회와 정치 발전 수준이 경제보다 한참 뒤처져 있는 경우 치러야 할 대가는 분명하지. 우리는 그동안 사회 가꾸기를 팽개쳐왔어. 잡초밭으로 변했지. 과거에는 더러 꽃들이 피고 야생화도 자랐지만 이제는 아니야. 경제에 몽땅 바친 나머지 사회는 황폐화됐지. 그 대가를 우선 너희들이, 사십대가, 그리고 노후의 문 앞에 있는 오십대가 착실히 치르고 있어. 청춘을 산업전선에 바친 고령자 세대라고 다르겠나? 고령자 빈곤율이 40퍼센트에 육박하는 현실을 누가 만들었을까? 아무튼 이 터널이 그리 길지 않기를, 곧 빠져나올 수 있기를 바라네.

빈곤에서 탈출하는 길, 경제성장의 터널은 짧을 수 있지만, 공존과 공익을 존중하는 사회로 가는 터널은 길다. 권리투쟁과 사욕 추구에 매진한 한국이 더욱 그렇다. 경제성장이 만들어놓은 경쟁의 덫은 사회적 기획을 통해 순치된다. 그러나 한국은 어떤 사회적 기획인지에 대한 최소한의 동의도 만들지 못한 상태다.

공유 코드가 없다

1980년대 중반 나의 미국 유학 시절 얘기다. 땅이 넓은 미국은 이동이 여간 불편한 게 아니어서 자동차 없이는 꼼짝을 할 수 없다. 내연기관을 가장 먼저 발전시킬 수밖에 없는 환경이다. 자가용은 꿈도 못 꾸던 후진국 청년이 급기야 포드 중고차를 구입했다. 내 생애 최초의 자동차였다. 기숙사 차고가 만원이어서 길거리에 세워둔 어느 날 아침 등굣길, 앞 유리창에 쪽지가 있는 것을 발견했다. "당신 차를 실수로 부딪쳤어요. 수리하고 연락주세요." 그리고 전화번호가 적혀 있었다. 얼핏 보기에 뒷범퍼가 약간 찌그러졌으나 중고차란 으레 그런 것 대수롭지 않게 생각하고 견적서를 받았다. 500달러. 자동찻값의 4분의 1에 달하는 거금이었다. 경미한 접촉사고를 낸 사람은 인근에 사는 중년 여인이었는데 생각보다는 많이 나왔다는 말과 함께 수리비를 내주었다. 돈을 받는 게 조금 멋쩍기는 했지만 가난한 유학생에게 거금 500달러가 어디랴 싶었다. 그 돈은 꿈에도 그리던 오디오를 사는 데에 요긴하게 쓰였다. 하먼 카던Harman Kardon, 당시에 이름을 떨치던 명품 수신기를 구입했던 것이다. 중고차 뒷유리창에 "Kiss me"란 방을 더러 붙이고 다니는 차주의 익살을 알 수 있을 것 같았다.

내가 사고를 낸 경우도 있었다. 가족을 태우고 나들이 가는 길에 얘기에 열중하다가 그만 앞차를 추돌했다. 저속 상태였지만 순간 당황했다. 앞차가 걱정됐다. 문을 열고 내 차로 오는 노부부의 표정은 그리 험악하지 않았다. 동양식으로 예의를 갖췄다. 노부부의 첫 말은 의외였다. "당신 아이가 괜찮은가?" 뒷좌석에 앉아 있던 여섯 살 아이를 보았던 것이다. "당신 아이가 괜찮은가?" 왜 이 첫 마디가 30년이 지난 지금에도 잊히지 않을까? "괜찮으신가요? 제 실수였습니다. 죄송합니다." 그들의 배려 깊은 질문에 대한 나의 답례는 그런 것이었다. 노부부는 인자한 미소와 함께 떠났다. 내 중고차가 그 품격 있는 세단에 흠집을 냈는지는 아직 모른다. 2001년 9·11 테러가 있기 전까지 미국인의 관습은 그랬다. 지금은 사뭇 달라졌지만 아마 그 속살은 여전할 것으로 믿는다.

몇 년 전 한국, 시내 교차로에서의 일이다. 신호등이 바뀌고 약간 시차를 둔 채 차를 출발시켰다. 꼬리를 물고 코를 들이미는 차들을 수없이 봐왔기 때문이다. 그 순간 뒷부분에 뭔가 둔중한 물체가 닿는 충격을 느꼈다. 신호를 무시한 채 뒤늦게 진입한 차였다. 그 추돌사건이 어떻게 처리되었는지 독자들은 대체로 짐작할 것이다. 보험사 직원이 급히 달려와야 했다. 신호등을 무시한 사람을 가려내기가 여간 복잡한 게 아니었다. 우기는 사람이 승자였다. 사고를 낸 사람은 뒷골을 자주 어루만졌는데 3일 입원에 온갖 검진을 포함한 덤터기 씌우기의 예행연습임을 나중에 알아차렸다. 가해자와 피해자가 엇갈렸다. 사고를 낸 그 중년의 남자는 얽어매기 혹은 물귀신 작전에 대성공을 거두었다. "당신은 괜찮은가?"라는 말은 두 사람 사이에서 실종됐고, 상대방이 어떤 작전을 구사했는가를 되풀이 복기하고 내 무지를 탓하는 데에 며칠을 보내야 했다. 블랙박스! 그래, 한국에서 블랙박스가 불티나게 팔리는 이유다. 그 속에는 서울 시내에서 일어나는 온갖 일들이 고스란히 담긴다. 누군가의 사생활이 누군가의 손에 담겨 누군가의 상술로 교활하게 유용될지 모르는 공간을 허용했다. 불신사회의 풍경이다.

공유할 가치관이 매우 협소하거나 아예 사라진 사회가 불신사회다. 앞에서 말한바 경미한 접촉사고가 발생하거나 아주 사소한 분쟁이 생겼을 때 그것을 해소할 수 있는 행동규범이 형성되어 있다면 저절로 풀린다. 그런데 '그것'이 와해되었다면 문제는 복잡해진다. 작은 분쟁이 큰 갈등으로 바뀌고 일상적 문제가 송사로 발전한다. 모든 사회 성원이 이의 없이 받아들이는 행동규범이란 『사회정의론』의 저자 존 롤스의 용어로 표현하면 최초의 '사회협약'이다. 분쟁이 생기면 원점으로 돌아가 사회협약을 다시 음미하면 된다. 나의 행동이 잘못되었는지 아닌지를 판단케 해준다. 최소한의 사회협약이 형성되어 있는 사회는 불신사회에서 벗어나기 쉽다. 시대의 변화에 따라 새로운 협약을 쌓아올리면 된다. 9·11 테러 이후 조금 험악해진 미국사회를 비판적으로 바라보는 눈이 많음에도 낙관적 전망을 버릴 수 없는 이유는 바탕에 깔린 사회협약의 지층이 두텁기 때문이다. 한국은? 모든 사회 성원들이 공유하는 행동규범 즉 사회협약이 있는지 의문이다. 산업화 시대의 협약은 '귀하의 몸을 국가에 바쳐라'였고, 민주화 시대의 협약은 '귀하의 잃어버린 권리를 찾아라'였다. 산업화와 민주화가 추구한 시대적 과제에 '사회'는 없었고, '사회를 위해 귀하는 어떻게 행동할 것인가?'의 질문은 없었다. 법이 최종 판단 근거가 되는 이유, 모두 법에 호소하는 이유가 이것이다. 민사소송이 일본의 10배에 달하고, 법집행의 모든 행동과 원리를 관장할 대법관이 1년간 판결하는 소송 건수가 1800여 건에 달하는 나라가 한국이다. 법치주의가 발달한 증거가 아니냐고? 천만에, 성문법적 성격의 법조문이 발달한 것은 법전문주의가 팽배하다는 증거이지 '법의 정신'이 성숙하다는 뜻은 아니다. 관습 속에 내재된 윤리와 도덕을 코드화한 것이 법이라면, 법치주의는 관습 위에 떠서 관습의 작용을 관할하는 사령탑이다. 윤리와 도덕으로 일단 해결하기를 명하면서 그래도 안 되면 법 심리를 거치도록 만든 최종심급의 지배이념이 법치주의다. 법치주의에는 법 존중의식이 자연스럽게 내장된다.

1980년대 중반 유학 시절 하버드 대학에서 학생 시위가 일어났다. 대학 당국이 발전기금을 남아프리카에 투자하고 있었는데 인종차별 국가에 투자하는 것이 반윤리적이라는 주장이었다. "투자를 철회하라!"가 시위의 슬로건이었다. 흥미로운 구경거리였다. 각목싸움이 시작되겠구나, 최루탄이 터질까? 전두환정권하의 캠퍼스를 익히 경험한 터라 이런 흥미로운 상상이 자극되기에 충분했다. 그런데 시위 풍경은 아주 딴 판이었다. 우선 학생 수가 적었다. 한 100명 남짓 될까. 그들이 모인 둘레에 폴리스라인이 쳐졌다. 100여 명의 시위대는 결코 그 선을 넘지 않았다. 아니 넘지 못했다. 왜냐하면 서부영화에서나 볼 수 있는 우람한 근육질 군마를 탄 기마경찰이 주변을 슬슬 돌고 있었기 때문이었다. 폴리스라인을 넘는 성질 급한 학생의 운명은 금시 뒤바뀐다. 경찰로 연행되고야 만다는 것이다. 학생들은 기가 죽었으며, 가끔 외치는 구호도 석양이 지자 사그라졌다. 기마경찰은 심심해서 죽겠다는 듯 하품을 했다. 1960년대 말 반전운동 이후 실로 10여 년 만에 등장한 학생 시위대의 행렬은 그렇게 막을 내렸다. 대학 당국이 투자를 철회했는지는 모르겠다. 자유국가 미국에서 법은 엄정했고, 법집행은 무서웠다. 이거, 경찰국가 아니야? 한국 유학생들은 미국의 본질을 논하며 싱겁게 끝난 시위대를 비웃었다. 최종 판결에 불만을 품는 사람이 더 많고 급기야는 법정의 권위 자체가 부정되기 일쑤인 송사의 나라 한국이 겹쳤다. 2014년 서초동 법원 앞, 법정 판결에 불만을 품은 다양한 무리의 사람들이 매일 집회를 연다. 주장도 각양각색이다. 담당판사의 이름을 적은 플래카드가 걸리고 꽹과리와 북이 동원된다. 친북단체와 종북단체는 거리 양편을 각각 분점하여 대치한다. 경찰의 역할은 싸움이 일어나지 않도록 방벽을 만들어 양편을 갈라 세우는 일이다. 폴리스라인은 없다. 그걸 첬 다간 화난 시위대가 경찰을 덮칠 수도 있다. 법과 경찰은 후 술하듯 불신도가 지극히 높다. 불신사회에서 판검사와 경찰 은 업무수행에 애를 먹는다. 그래도 힘센 기관임에는 틀림없 다. 일반적 불신이 팽배한 한국사회, 그 결과는 심각하다. 나 와 가족 외에 믿을 수 있는 타인과 이웃은 없다. 물론 사회조 직이나 국가기구에 대한 극단적 불신을 포함해서 말이다.

서울대 사회발전연구소가 측정한 신뢰도의 추이는 불신사 회의 현실을 단적으로 드러낸다. 1996~2007년 국가와 사회 의 중요 기관에 대한 신뢰도는 무참하게 하락했다.

단 군대만 제외하고 말이다. 1994년 하나회 척결 이후 군대 는 비권력기관, 비특권기관으로 추락했으며 동시에 국민의 신뢰를 회복했다. 한국에서 권력과 신뢰는 견원지간이다. 정

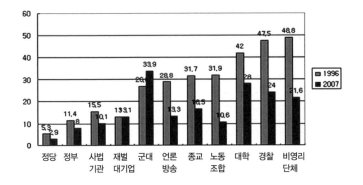

당, 정부, 검찰과 법원, 재벌 대기업이 '신뢰 최저'인 반면, 민간 영역에 존재하는 기관들—노동조합, 대학, 언론방송, 종교, 비영리단체—의 신뢰도는 상대적으로 높았다. 물론 민주화의 기치를 높이 올렸던 1990년대 중반의 일이다. 그런데 외환위기라는 어두운 터널을 지나면서 모든 기관들의 신뢰도는 동시에 추락했다. 외환위기와 구조조정에서 겪었던 국민적 감정과 고통이 예외 없는 '동반 추락'을 초래했을 것이다. 여기에 가장 사랑을 받았던 기관들이 가장 큰 폭의 낙차를 보이는 현상은 '시민사회의 실패'를 말해주기에 너무도 심각하다. "왜 국가를 불신하는가?"라는 조지프 나이의 질문처럼 국가 불신은 세계적 경향이어서 그렇다 치더라도 '왜 시민사회까지를 불신하게 되었는가?'라는 대목에서는 뼈아픈 성찰을 요한다. 영국과 독일, 프랑스의 경우 국가 불신은 오히려 시민사회 신뢰 증가로 바뀐다. 신뢰의 총량은 비슷하다. 그런데 한국은 국가와 사회 모두 불신의 대상이다. 듬직했던 노동조합, 정신의 안식처였던 종교, 혼탁한 세상을 정련하던 대학, 불만과 희망의 대변기구인 시민단체들, 공익을 대변하던 언론방송, 이들 사회적 공적 기구에 대해 한국인은 신뢰를 접었다. 동반 추락은 한국인들에게 공공 영역에서 사적 영역으로 전격 후퇴하기를 명했다. 가족 내부로, 자신에게로 돌아온 것이다.

가족과 나 외에는 믿고 의지할 곳이 없다. 사회성원들과 공유할 가치가 지극히 협소해졌다. 극도의 불신사회가 만들어진 배경이다.

한국을 불신사회로 명명한 것은 몇 년 전 타계한 박경리 선생이었다. 선생은 사소한 의료사고로 아들을 잃고 고통을 겪으며 소설을 썼는데 「불신시대」(1957)가 그것이다. 이웃의 밀고로 가족을 잃고 친구의 배신으로 남편을 잃은 불신의 공포가 페스트처럼 퍼졌던 전후 1950년대 후반, 작가는 극도로 예민해진 사회적 분위기를 그렇게 묘사했다. 이런 상황이 지금 얼마나 바뀌었을까? 이웃 일본은 어떨까? 아베 수상이 극우로 치닫는 정치권의 풍경은 우려를 자아내기에 족하지만 시민들의 기본적 행동양식과 사회적 관습은 그와는 사뭇 다른 모습을 하고 있을 것이다. 일본 동북해안 쓰나미로 가족은 물론 생활 터전을 잃은 일본인들의 행동을 찬찬히 음미해볼 필요가 있다. 전기와 가스가 끊어졌고 식량과 물이 바닥났는데도 난민들은 인근 수용시설에 모여 조용히 재난이 끝나기를 기원하고 있었다. 누구 하나 구호품 전달이 왜 늦는지, 왜 정부는 복구 작업에 곧장 나서지 않는지를 원망하지 않았다. 엄청난 자연재해 앞에 국가와 정부를 탓하지 않았다. 훗날 국가의 재난 구호 시스템이 그리 효율적으로 작동하지 않았음이 드러났는데, 당시 구호품이 전달되지 않아 굶거나 다치고, 심지어 생명을 잃은 사람조차도 국가에 배상을 요구했다는 소리는 들리지 않았다. 후쿠시마 원전사고로 소개된 마을에 최종 남아 있던 피해자의 인터뷰는 인상적이었다. 남편과 가족을 모두 잃은 가정주부였는데, 그녀는 방송사에서 인터뷰를 요청하자 잠시 시간을 달라고 하고는 옷매무새를 고쳐 입고 나왔다. 공공 영역과 접촉하는 순간에는 사적 감정이나 사적 형상을 드러내지 않는 것이 일본의 오랜 관습이다. 그녀는 가족을 몽땅 삼킨 그 순간을 회고하면서 눈물을 참으려 애쓰는 모습이 역력했다. 슬픔은 나의 것이지만 타인에게 강요해서는 안 된다는 사회적 통념, 혹은 사회협약이 읽혔다. 사실 그 모습이 더 눈물을 자아내게 만들기는 했다. 어린 시절부터 부모에게서 수천 번 들어왔던 공동체적 교훈인 메이와쿠迷惑, '남에게 폐를 끼치지 말라'는 가르침이 그 최악의 슬픈 시간대에도 작동하고 있었던 거다. 메이와쿠가 극단적으로 발현되면 자신의 은신처에 콕 처박혀 고유의 취미에만 몰두하는 오타쿠御宅 문화를 만들어내기도 한다. 그렇다고 국가와 사회에 대한 신뢰를 저버리는 것은 아니다. 폐를 끼치는 행위는 수치恥다. 이 메이와쿠와 수치가 일본인 행동양식의 원규原規, mores다.

이로부터 기무義務와 기리義理라는 공동체적 행동양식 즉 사회협약이 발전한다. 『국화와 칼』의 저자 루스 베네딕트의 서술에 따르면, 천황·국가·부모에게 받은 은혜는 아무리 갚아도 갚을 수 없는 천은天恩이며 운명과 같은 것, '기무'다. '기리'는 인생에서 인연을 맺고 자신을 돌봐준 주체들에 대한 보은의식인데 기업이 전형적이다. 기리는 인연에 대한 예의와 '의리'를 지키는 것을 뜻한다. 이는 직장에 대한 헌신과 같이 긍정적 행위로 나타나기도 하고, 야쿠자가 강조하는 맹목적 충성처럼 부정적으로 발현되기도 한다. 아무튼 천은과 인연에 대한 보은의식이 일본사회를 움직이는 기본적 사회협약이다. 1972년 미국령 괌에서 원시인이 발견됐다. 일본군 병사 요코이 쇼이치였는데 귀국 명령을 수령하지 못한 그는 여전히 관할구역을 지키고 있다가 관광객에게 발견됐다. 동료들은 이미 죽은 후였다. 정글 속 생활에서 생존한 비결은 그의 전직이 재단사였던 까닭이었다. 하네다 공항에 도착한 요코이가 무려 27년 만에 내뱉은 최초의 말은 이러했다. "혼자 살아 돌아와 폐를 끼쳤습니다." 보은을 다하지 못해 수치스럽다는 말이다. 수치는 메이와쿠였다. 이런 의식이 약화된 형태로라도 여전히 일본인의 심성 깊은 곳에 흐르고 있다. 장단점을 갖고 있기는 하지만 공유 가치, 공유 코드가 있다는 뜻이다.

다시 한국은? 위급한 상황이 닥쳤을 때 한국인의 행동을 규제할 공유 코드는 존재하는가? 우리는 이 질문에 답하기가 매우 궁색하다는 사실을 지난 세월호 참사에서 생생하게 깨달아야 했다. 위급 상황에서 토론을 거치지 않고도 누구나 일사불란하게 실행하는 최소한의 약속이 없다. 세월호 선장 이준석은 침몰하는 배에서 뛰쳐나와 제일 먼저 구출됐다. 하기야 얼마 전 일어난 이탈리아 호화 유람선 선장도 그러했으니 한국인이라고 달라야 하는가? 중요한 점은 그런 창피한 일은 선진국 후진국을 가리지 않고 좀처럼 일어나기 어렵다는 사실이다. 이탈리아도 그런데……가 아니라, 좀처럼 일어나기 어려운 부끄러운 일이 한국에서 일어났다는 점을 반성해야 한다. 모든 한국인들이 이준석 선장의 파렴치한 행동에 치를 떨었지만 기실 따지고보면 우리 모두 이준석 선장과 다른 점이 별로 없다는 각성에 이르러서는 망연자실했을 것이다. 필자도 예외는 아니었다. 어린 생명들이 결국 수장된 것으로 판명된 2014년 4월 21일, 필자는 비통한 심정으로 이렇게 써야 했다.

눈물을 삼키려 이를 악물어야 했다. 안쓰러워 잠이 안 왔다. 수치스럽고 민망해 오금이 저렸다. 지난 주말을 그렇게 보냈다. 나뿐이겠는가? 자식 키우는 대한민국의 부모라면 "어떡해 엄마, 사랑해"라는 지상에서의 마지막 발신에 가슴이 미어지지 않을 장사가 어디 있겠나? 망망대해에서 집채만한 파도에 침몰했다면 단념할 수도 있겠다. 그런데 이건 조류가 조금 센 다도해 바다 한복판, 어선 수십 척과 연락선이 떠 있는 근해에서 뒤집힌 여객선을 두 시간 넘게 방치한 것도 납득이 안 되는 터에, 눈망울 초롱초롱한 아이들 수백 명을 아랑곳 않고 선장과 승무원이 황급히 탈출한 이 야생 참사를 어찌 이해하라는 말인가.

1912년 4월, 타이타닉호 침몰 당시 에드워드 존 스미스 선장은 승객 1700여 명을 구하고 배와 함께 가라앉았다. 승무원이라고 왜 생명 애착과 공포가 없었겠는가? "영국인답게 행동하라!Be British!" 이 한마디에 승무원들은 구조대로 변했다. "한국인답게 행동하라!Be Korean!" 이 말이 있었다면, 정녕 있었다면, 이게 뭘까?

뾰족한 선수마저 가라앉은 세월호는 적자 부실기업의 위태로운 생명을 잇는 노쇠한 말馬이었다. 경영진의 눈에는 적자가 기입된 숫자만 보였을 터, 화물칸과 선실을 불법 증축하고 과적을 독려했을 것이다. 선장과 승무원의 최대 관심은 돈이었다. 안개와 폭우를 뚫고라도 승객과 화물을 짐짝처럼 능숙하게 부리는 선장일수록 업무 수당을 두둑이 챙겼을 것이다. 승객의 생명선인 구명조끼, 구명보트가 눈에 띌

리 없고, 직무 매뉴얼은 들춰본 지 오래다. 험하기로 소문난 맹골수도를 통과하면서 2등 항해사, 선장이 유독 지킨 매뉴얼이 있다. 8시부터는 조타실을 맡겨도 좋다는 규정 말이다. 한국인다웠다.

아침 8시 48분, 노쇠한 배가 옆으로 드러누웠다. 침실에서 황망히 뛰어온 선장은 30여 분 후 승무원의 탈출을 명령했다. 그들이 생명을 건지는 그 순간, 476명의 학생과 승객의 생명은 위태로워졌다. 조난 신호를 받은 인근 관제센터들은 어떤 비상조치를 취했을까? 세월호는 87분 동안 누운 상태로 버티면서 탈출 기회를 줬건만 어린 학생들은 선내 방송을 철석같이 믿고 선실에 대기했다. 헬기가 뜨고 어선이 몰려왔는데도 탈출 명령은 발령되지 않았다. 해양경비정, 구조선, 어선, 연락선이 불과 30여 미터 수심에 가라앉은 선박 주변을 마치 오리떼처럼 동동 떠다녔다. 세월호가 침몰하는 60분의 숨가쁜 광경이 전국에 생중계됐을 뿐이다. 정녕 한국적 풍경이었다.

중앙재난안전대책본부(중대본부)는 아마추어였다. 수중 에어포켓으로 연명했을 생명들을 구출할 첨단 입체작전은 아예 생각지도 못했다. 물살이 세다는 구차한 변명이 유가족과 국민의 마음을 시커멓게 태웠다. 80여 시간이 지나서야

객실에 진입했을 정도다. IT산업 최강국은 수중水中 최후진
국이었다. 구조관련기관과 구조원이 한데 엉킨 현장은 거의
장바닥 수준이었고 승선객 명단은 물론, 구조 인원·사망
자·실종자 숫자가 엇갈렸다. 구조 작전의 기획·명령 하달·
결과 보고·다음 작전 진입, 이런 일련의 과정이 어떻게 추
진되는지 알 길은 없었다. 객실에 처음 당도한 것도 민간 잠
수부원들이었다. 국민 안전을 그토록 강조했던 국가는 세계
만방에 허망한 속을 드러냈다. 한국이었다.

유가족들이 울부짖었다. 구조 상황을 실시간으로 알려주
지 않으니 울부짖을 수밖에. 살아 있을 생명을 두고 허둥대
니 울부짖을 수밖에. 오죽했으면 대통령이 달려갔을까. 침
몰 직전 세월호 내부가 방송 하나로 통제된 것과는 달리, 중
대본부 현장 지휘소가 차려진 팽목항은 몰려든 기자, 유가
족, 구조대, 어부, 경찰, 정치인들로 북적였다. 시초를 다투
는 생명을 두고 북적거린 나라, 한국이었다.

이 땅의 어른들이 연출한 저 비루한 초상들이 자신들과
겹치는 순간 한없는 죄책감과 끝없는 절망감에 고개를 들
수 없다. 모든 어른들은 고개를 처박고 다니라고 명령해도
감수할 터이니, 정녕 그러할 터이니, 그러니 얘들아, 제발
그 어둡고 추운 물속에서 엄마와 친구와 선생님을 그리며

버텨다오. 끈질긴 생명을 보여다오. 너희들 아니라도 그 험한 맹골수도는 이 땅을 지키려 왜군과 싸우다 수장된 조상들의 넋으로 이미 비좁은 곳이다. 너희들이 아주 먼 훗날 묻힐 땅은 유채꽃 흐드러진 한라에서 진달래 움트는 백두까지 천지에 널려 있단다. 그러니 얘들아, 제발 버티고 버텨 '한국인답게 행동하는 것'이 무엇인지 알려다오. 우리에게, 치욕스런 어른들에게 너희들이 갈망하는 'Be Korean!'을 발해다오. (2014년 4월)

이준석 선장이 설사 "한국인답게 행동하라!"고 했다면 그게 과연 뭘까를 궁리해봤으나 답이 없었다. 예컨대 이런 것들. 승무원들은 제자리에서 각자 맡은 바 임무를 다한다, 중장년 남자 승객들은 승무원을 도와 여성과 노약자, 어린이들을 보호한다, 그리고 구명복을 착용시켜 먼저 배 밖으로 내보내야 한다, 침몰이 임박한 시점에는 승무원들이 남자 승객들이 탈출하도록 돕는다…… 아무리 생각해도 이건 상식이 아닐까? 그런데 비상식적 행동, 비정상적 풍경이 벌어졌던 거다. 더러 상식적 행동을 했던 승무원들이 있었고, 탈출을 도운 성인 남자들이 있었다. 그러나 비상식적 행동의 실타래 속에 300여 명의 학생과 일반인은 수장되었다. 헬기가 떠 있었고 해경 구

조선이 한 대 주변을 맴돌았으며 수장되는 순간순간의 모습이
전국에 실시간 중계방송됐다. 불신사회에서 'Be Korean!'의
사회협약이 텅 빈 대가치곤 너무 참혹했다.

격차사회에 닥쳐온 차이나 쇼크

차이나 임팩트가 한국을 강타하고 있다. 가장 눈에 띄는 건 한국을 먹여 살린 스마트폰 업종이다. 중국 업체가 20만 원짜리 샤오미 폰을 들고 나오자 시장이 발칵 뒤집혔는데 마침 2014년 삼성전자의 3분기 실적이 4조 원대로 떨어졌다. 오비이락이 아니라 몇 년 전부터 예감했던 공포가 현실로 닥쳐온 것이다. 어느 신문은 중저가품인 화웨이 스마트폰의 성능이 삼성 갤럭시 폰에 비해 전혀 손색이 없다고 단언했다. 이를 계기로, 시중 주요 언론방송사들은 중국의 약진이 일으킨 한국 경제의 충격을 탐색 보도하기 시작했다. 중국이 제조업 분야뿐 아니라 정보통신 분야에서도 한국과 벌어진 격차를 거의 따라잡았다고 결론지었다. 중국은 선진국 제품을 주문 생산하는 세계의 공장이 아니라 최고의 수출품을 자체 생산하는 기지로 바뀌었다. 2012년 세계 수출시장에서 1위를 기록한 중국산 상품은 1485개로 독일(703개), 미국(603개), 일본(231개)을 이미 제쳤으며, 한국은 64개로 빠르게 밀려나고 있다. 한국의 주력산업이 주로 중국의 경쟁력 있는 산업과 중첩된다는 사실은 바로 한국이 차이나 임팩트에 집중포화를 맞는 국가임을 알려준다.

지난 20년 동안 중국은 한국경제에 숨통을 틔워준 환풍구 역할을 했다. 중부의 산업도시 청두에만 6000여 개의 한국 기업이 진출했고 상품을 팔았다. 지금은 겨우 2000여 개가 남아 가쁜 숨을 몰아쉬고 있는 형편이다. 철수할 기회를 엿보면서 말이다. 예상 못한 바는 아니지만, 준비할 겨를이 없이 너무 갑작스럽게 현실로 다가왔다는 점이 우려를 자아낸다. 하기야 상품 사이클이 지극히 짧아진 첨단정보기술 시대에 그것을 대비하지 못한 것은 우리의 실수임에 틀림없다. 지난 20년 동안 도움을 받았으니 이젠 대가를 치러야 한다고 마음을 다지면 그만이다. 사실 중국이 우리에게 긴장 요인으로 작용했던 것은 어제오늘의 일이 아니다. 식민지 시기였던 1925년에도 동아일보는 조선 공업화의 전망을 논하면서 중국을 언급한 바 있다. 그 기사를 소개하면 이렇다.

> 임금이 저렴한 중국 노동자를 인접하고, 일방으로는 공장 공업이 발달한 일본 물품과 하등의 보호가 없이 경쟁을 하지 않으면 안 되는 것이 조선인의 산업 상태이니……•

문명 개화한 국가 일본은 앞선 기술이 있고, 미개 상태의 중국은 값싼 노동력이 풍부하므로 조선공업화는 양국의 협공을 벗어나야 하는데 애로가 많다는 점을 지적했다. 사실 이 기사는 당시 노동운동이 일어나는 것을 부정적으로 바라본 근거로 쓰였다. 1990년대 용어로 샌드위치 함정론이 90년간 변하지 않고 지속된 것이다. 이 놀라운 지속성에도 한국의 산업화가 일단 성공한 것을 고려하면 요즘 닥친 곤경도 분명 어딘가 탈출구가 있다고 생각할 수 있다. 그러나 중국이 예전의 중국이 아니고 더욱이 몇 년 전, 달 탐사 인공위성을 쏘아올릴 정도로 기술 강국 반열에 등극했음을 고려하면 문제는 심

• '평양양말 파업에 대하야―조선인 산업계의 특수상', 동아일보, 1925년 4월 14일자. 박찬승, 『민족주의의 시대: 일제하의 한국 민족주의』, 경인문화사, 2007, 295쪽에서 재인용.

각해진다. 위기론은 언제나 존재하지만 오늘날의 위기는 그 성격과 심도가 다르다. 2008년 베이징올림픽이 개최되었을 당시 필자는 '대중화大中華 시대의 개막'을 알리는 저 팡파르가 한국을 협공할 날이 멀지 않았음을 지적한 바 있다. 두려움을 느꼈던 것이다. 그게 현실이 됐다. 비단 한국만이 아니라 가까운 일본은 물론 미국과 독일도 두려움을 느끼긴 마찬가지다. 이렇게 썼다.

영화 〈적벽대전〉을 제작한 우위썬 감독은 이렇게 말했다. 약한 자들이 모여 강한 자를 제압하는 역사를 영화로 만들고 싶었다고. 그래서 우위썬은 『삼국지』의 앵글을 조조와 유비에서 주유와 제갈량으로 바꿔 적벽전투를 현대적으로 해석하고자 했다. 우위썬 감독이 숨겨둔 코드, 이른바 '대중화의 개막'이라는 중국의 오기가 확연하게 느껴진다. 고대 도시국가 전투인 '트로이', 유럽 지도를 넓힌 '알렉산더대왕', 스페인 무적함대, 나폴레옹 군대가 몰살된 '워털루전투' 등을 '적벽대전'이라는 웅장한 스토리의 한낱 에피소드로 활용한 이유가 그것이다. 그런 영화들을 슬쩍슬쩍 모사한 흔적이 많지만, 〈적벽대전〉이 노리는 메시지에 비하면 문제가 되지 않는다. 서양의 중대 사건들을 다 모아놓아도 중국사의 거대한 흐름을 감당할 수 없다는 것, 특히, '약자들의 대동大同,' 그 한복판에 '대중화'가 탄생했다는 사실이 그것이다. 이렇게 읽으면, 영화 〈적벽대전〉은 서양 연합 함대와 한판 붙겠다는 거대 중국의 21세기 도전장이다. 바야흐로 '대중화의 세기'가 열리고 있는 것이다.

　베이징올림픽에 대한 중국인들의 열기가 하늘을 찌르는 것도 이런 까닭이다. 9500만이 거주하는 거대도시 베이징을 최첨단 시설로 분장하고, 정신무장을 통해 13억 인구를 올림픽 전사로 나서게 했다. 1990년대만 해도 연탄재가 나뒹굴고 누추한 가옥들이 즐비했던 2급 도시 북경은 중동의 야심작 두바이를 몇 개 포개도 모자랄 만큼 화려한 도시로 변했다. 이곳으로 세계의 모든 문명이 깃들게 하고, 이곳에서 새로운 '대중화 시대'를 부화하겠다는 것이다. 그래서 주경기장 이름이 새 둥지(냐오차오鳥巢), 공식 마스코트는 중국 우주관의 5대 요소(물·숲·불·땅·하늘)를 상징하는 푸와福娃다. 냐오차오에 부시를 비롯한 90여 개국 세계정상이 찾아올 예정이다. 올림픽 사상 가장 많은 국빈들이 임석해 '대중화의 개막'을 알리는 예포 소리를 듣는다. 세계 최고의 노동력, 구매력, 생산력을 소유한 중국의 탄생을 공식화하는 21세기의 제배祭拜, 서양의 주도권을 대중화로 귀소시킨다는 문명사적

'적벽대전'의 팡파르에 세계가 긴장하지 않을 수 없다.

1972년, 닉슨 대통령이 마오 주석을 방문했을 때는 '죽의 장막'을 한 겹 벗겨낸다는 심정이었다. 1976년, 덩샤오핑이 개방을 선언했을 때 서양은 자본주의의 화력火力을 강화할 괜찮은 파트너 정도로 여겼을 것이다. 당시에는 일본의 정교한 문화에 매료되어 중국의 잠재력을 제대로 가늠하지 못했다. 그로부터 30년, 샤오캉小康(먹고사는 문제)을 넘어 '약자들의 제국'으로 행군하는 중국을 누구도 막지 못한다. 열강 침략의 고난과 문화혁명의 후유증을 깊이 앓았던 중국은 아시아, 아프리카 빈곤국들에게 마음을 열어준 유일한 강대국이었다. 티베트 탄압, 소수민족 문제, 사회주의적 통치 등의 내부 쟁점에도 불구하고, 수십 명이 넘는 빈곤국 수반들이 냐오차오로 몰려드는 것에는 '약소국의 친구'라는 중국의 국제적 행보 때문이다.

더욱 거세진 자본주의 물결에 속수무책으로 노출된 약소국들에겐 중국 역사에 내장된 '상상력의 힘'과 '규모의 문화'가 커다란 위안이 될 터이다. '항우가 산을 뽑고力拔山' '우공이 산을 옮기고愚公移山' '하루 9만 리를 나는 대붕大鵬' — 빈곤국들은 이런 초월적 상상력에서 의욕을 다지고, 그것이 만리장성, 천안문, 자금성처럼 거대한 역사役事로 실체화될 수 있다는 사실에서 희망을 확인한다. 일본혼과 동양적 창조를 앞세웠던 일본의 이기적 매혹이 서양의 두터운 벽을 넘지 못하고 사라진 자리에 침탈과 내전, 궁핍과 성장의 상처를 고스란히 안은 채 '상상력과 규모의 문화'로 무장한 중국이 '대중화의 세기'를 선언하는 '적벽대전', 또는 비장한 축제가 곧 베이징올림픽의 문명사적 의미일 것이다.

중국과 일본의 틈에서 언제나 풍전등화처럼 생존해온 한국은 저 엄청난 괴력으로 일어서는 중국의 조소鳥巢에 한 마리 소조小鳥처럼 깃들 것인가, 아니면, 오늘, 중국 가는 길에 잠시 들르는 미국 대통령의 그늘에 숨어 대중화의 거센 폭풍을 헤쳐나갈 것인가? 적벽에 결집한 조조의 100만 군사의 허를 탐지할 한국의 제갈량들은 지금 분주하게 움직이고는 있는가? (2008년 8월)

"조조의 100만 군사의 허를 탐지할 한국의 제갈량들을 지금 분주하게 움직이고는 있는가?" 이 질문을 하고자 했다. 분주하게 움직였지만 역부족이라 철수했고 또 앞으로 더 빠르게 철수할 예정이다.

한국경제는 생동력을 회복할 수 있을 것인가, 중국의 협공에서 탈출구를 뚫을 수 있을 것인가? 우리의 운명을 가를 최대의 쟁점인 이 질문에 속시원한 답은 아직 없다. 궁색하다. 그러나 이럴 때일수록 원점으로 돌아가 본질에 충실하는 것이 바람직하다. 그게 뭘까? 우리가 소홀히 했던 것, 다급해서 손을 대지 않았던 것, 그냥 지나쳐버렸던 것을 메꾸는 작업이다. 버려두었던 것이 바로 사회개혁이다. 왜 경제성장에 사회개혁이 중요한가? 한국경제는 이미 '경제동력의 사회적 생산지대'로 깊숙이 진입했기 때문이다. 경제동력을 경제적 자원으로 생산하는 시대는 지났다. 1인당 국민소득 2만 5000불 지대란 선진국 경제에 거의 들어왔다는 뜻인데, 선진국들은 경제동력을 사회적으로 생산하는 제도적 기반을 1인당 국민소득 1만 달러 수준에서 두루 갖췄다는 사실을 뼈아프게 반성할 시점이다.*

선진국들은 국민소득 1만 달러 시점인 1980~90년대에 분배구조와 복지개혁에 주력했고, 노사협력 제도를 창안해 정착시켰다. 사회적 투명성, 합리성을 증진하는 제도는 물론 상호신뢰를 높이는 각종 제도를 도입했다. 당시 유럽과 미국에서 카리스마적인 정치지도자들이 출현해 어려운 사회개혁을

---

* 이에 대해서는 필자의 논문 「경제동력의 사회적 생산」(조흥식 외, 『한국의 지속가능한 발전전략과 정책 대안』, 서울대학교출판문화원, 2014)과 필자의 책 『이분법 사회를 넘어서』(다산북스, 2012)에서 상세히 논의했다.

성사시켰다는 점이 흥미롭다. 기술관료적 성격을 갖는 정치인이라면 불가능했을 사회혁신을 특유의 정치력으로 밀어붙인 것이다. 프랑스의 미테랑 대통령, 독일의 콜 수상, 영국의 대처 수상, 미국의 레이건 대통령이 그들이다. 신자유주의를 도입한 영국과 미국은 개혁의 방향이 조금 다르지만, 유럽 각국은 상호협력과 공생이라는 국가적 목표를 설정하고 분배, 복지, 협력제도 정착에 주력했던 것이다. 경제가 앞서면 사회와 정치가 따라가야 한다. 각 영역 간 발전 수준이 다르면 부정합이 발생해 갈등이 싹튼다. 대체로 1인당 국민소득 5000~1만 달러 사이가 각종 사회적 갈등이 빈발하는 경제지대다. 사회개혁을 통해 이 지대를 잘 넘어가면 경제성장은 순탄한 대로를 걷게 되지만, 그렇지 않으면 비틀거린다. 기술 수준이 아무리 뛰어난들 인센티브 시스템이 제대로 정비되지 않으면 기술혁신이 잘 이뤄지지 않는다. 예전 산업혁명 당시 독일과 영국이 그러했다. 역사학자들은 18세기 후반 독일의 기술 수준이 영국보다 우수했는데 왜 산업혁명이 영국에서 일어났는지를 묻는다. 답은 영국의 사회제도였다. 이윤 추구 행위를 받쳐주는 보상제도와 금융제도가 뛰어났고, 자본투자를 촉진하는 시장제도들이 독일에 비해 훨씬 앞섰다는 것이다.[*] 산업혁명의 사회적 기원이라고 할 이런 논리가 지금도 유효하고 한국의 경우 차이나 임팩트를 벗어나는 최적의 대안임을 지적하고 싶다.

사회를 구성하는 각 영역 간 발전 속도가 다른 사회를 격차사회라고 한다면, 한국은 격차사회의 전형이다. 그것도 경제, 사회, 정치 간 발전 수준이 너무나 달라 국내외적 위협이 발생할 때마다 큰 폭으로 휘청거리는 사회다. 1인당 국민소득 1만 달러 시점에서 민주화가 시작되었고 이미 청산했어야 할 낡은 사회제도들이 민주화 기간에도 여전히 맹위를 떨쳤다. 이른바 '성공의 위기'였다. 청산 대상인 제도들을 과감히 물리치지 못했던 것은 그 제도들이 선사했던 성공의 기억 때문이었다. 농민들의 태도가 이러하다. 농민들은 한번 농사에 실패하면 1년을 굶어야 한다. 그러기에 좀처럼 재배 작물을 교체하지 않는다. 감자 심은 데에 감자 심고, 콩 심은 데에 콩 심는다. 안전 전략이라고 할까, 리스크를 감수하지 않는다. 평균 0.5도가 상승한 지구온난화가 작물 지형에 막대한 영향을 미쳤다는 사실을 인지하지만 다른 작물을 선택하는 데에는 실패의 쓰라림을 통과해야 한다. 이런 것을 '성공의 위기'라고

• Eric J. Hobsbawm, *Industry and Empire: The Birth of the Industrial Revolution*, rev. ed. New York: New Press, 1999.

한다면, 한국경제는 성공의 위기에 깊이 함몰되어 있었다. 경제동력을 더욱 선진화하려면 이젠 사회제도를 바꿔야 하는 단계로 접어들었음을 애서 무시해버린 것이다. 성공을 둘러싼 기억은 과거 집착형이다. 그 결과 경제는 선진국형이고, 사회는 저 멀리 후진국형이며, 민주주의 모범국으로 칭송되기는 하지만 정치 수준은 아예 신생국 수준이다.* 각 부문의 운영원리와 발전 속도가 크게 다르다면 움직일 때마다 파열음이 발생한다. 한국의 경우, 기업이 시속 100킬로미터로 달린다고 가정하면 문화예술은 80킬로미터, 시민사회 단체 50킬로미터, 노동조합 30킬로미터, 정부 10킬로미터, 학교 5킬로미터, 정치와 법은 가장 늦게 3킬로미터 정도로 달린다. 뒤처진 행위자들인 노동조합, 정부, 학교, 정치, 법이 모두 '성공의 기억'에 매달린 주체들이다. 선진(경제), 후진(사회), 신생(정치)이 동시에 존재하는 비동시성의 동시성, 현 정권의 용어로 지극히 비정상적인 사회다. '비정상의 정상화'를 외치는 현 정권은 가장 뒤떨어진 정치개혁을 우선 단행해야 하고, 그다음

---

* 2013년 프리덤 하우스와 영국 이코노미스트지에서 발표한 민주주의 발전 순위에서 한국은 30위에 올라 일본보다 높고 아시아에서 최상위를 기록했다. 그리 기분 나쁘지 않은 소식인데, 실제적 퍼포먼스에서 한국정치가 그렇게 높게 평가되는 데에 동의할 한국인은 그리 많지 않다.

이 사회개혁이어야 사리에 맞다. 그런데 요즘 정치권은 사회로부터 빗장을 지르고 담장을 둘러친 느낌이다. 아무튼 격차사회는 왜 좋지 않은가? 매사에 삐걱거리기 때문이다. 소모적 갈등을 양산하고 불안정을 낳기 때문이다. 앞선 것을 발목잡기 때문이다. 경제성장을 가로막는 것이 바로 사회와 정치다.

미국의 경제학자 댄 로드닉은 '경제동력의 사회적 생산'을 다음의 방정식으로 정리했다.

Y(경제성장)=f(외부 충격, 문화, 사회 갈등 요인, 위기관리 제도)

말하자면 경제성장은 사회제도의 함수다. 수시로 발생하는 외부 충격을 제대로 흡수할 수 있는가, 아니면 사회 시스템이 망가질 정도로 타격을 받는가의 여부, 즉 수용 능력이 관건이다. 충격 흡수력은 무엇보다 정부의 대응 능력과 정책 능력에 달렸으나 이것도 사회제도의 발전 수준과 직결된다. 불평등, 사회 분절, 불신과 같은 '사회 갈등 요인'이 크면 클수록 성장 잠재력은 떨어진다. 대신 민주주의와 통치구조의 안정성, 공공 지출, 복지 수준 등 '위기관리 제도'는 경제성장을 촉진한다. 창조적 정신과 창의적 인재를 배양하는 문화는 경제성장의 필수 요건임은 물론이다. 뭐 그리 새삼스러운 것은 아니다. 사회 갈등을 줄이고, 위기관리 제도를 업그레이드 하는 것이 외부 충격의 완화와 성장 잠재력을 높이는 첩경인데 말처럼 쉽지 않다. 미국의 정치학자 조지프 나이의 용어로 '소프트 파워'를 높여야 경제성장이 촉진된다는 뜻인데 이 소프트 파워는 곧 제도적 요소의 발전 수준을 반영한다. 사회의 질 Social Quality을 연구하는 서울대 사회발전연구소는 국제경쟁력을 구성하는 제도적 요소의 발전 수준을 비교한 측정치를 내놨다.* 결과는 충격적이다.

한국의 제도적 수준은 법치, 외국인 투자, 국가 이미지와 브랜드, 삶 만족도, 윤리경영, 기업법, 투명성 등에서 OECD 선진 10개국 평균치에 크게 미달하고, 공중 보건과 인프라에서 겨우 격차를 좁힌다. 삶을 구성하는 다른 요소들을 총체적으로 나열하면 실상은 더욱 참담할 것이다. 한국이 앞선 분야는 과학기술 인프라뿐이다. 과학기술 분야에서 우위를 유지하려면 뛰어난 인재들을 영입하는 인센티브 시스템이 개발되어야 하고, 그들을 양성하는 교육 및 훈련제도가 선진화되어

• 이재열, 「사회 발전과 사회적 갈등 해소 능력」, 김광억 외, 『한국 기업과 사회의 경쟁력』, 서울대학교출판문화원, 2010.

야 한다. 그런데 과학 인재들이 공학계열을 기피하고 주로 의과대학에 몰리는 현상을 아직 해결하지 못했다. 이공대가 우수 인재 기근에 시달린 지 오래인데 그 결과가 과학기술 분야의 경쟁력 저하로 서서히 나타날 것이다. 최초의 우주인으로 각광을 받았던 이소연씨가 국민적 기대를 버리고 MBA 과정으로 이직한 것이 단적인 예다. 자신의 소중한 꿈을 유지할 인센티브가 없었던 것이다.

제도적 결핍이 꿈을 망쳐버린 경우다. 이런 사례는 우리 주변에 널려 있다. 보육비와 양육비가 급증한 결과 세계 최고의 인구 감소국이 됐다. 인구 감소는 경제 침체의 주요 원인이다. 더불어 고령화 속도는 가장 빨라졌고, 고령자 빈곤율이 최고조로 달했다. 집값이 급등해 청년들의 사회적 진입장벽이 높아졌다. 청년들이 자신의 적성을 키울 동력을 잃었다. 강력한 노조들이 높은 임금을 더 높이 올린다. 업종별, 기업별 격차는 물론, 비정규직과의 임금격차는 더욱 커졌다. 비정규직 노동자의 자살이 크게 증가했다. 자살률뿐 아니라, 교통사고 사망률이 세계 최고다. 법질서를 지키지 않는 탓이고, 법을 존중하는 마인드가 정착되지 않은 결과다. 우울증 환자가 급증했다. 삶의 여건이 그리 개선되지 않은 탓이다. 최근 들어 사십대 후반~오십대 초반 범죄율이 가장 빠른 속도로 증가했다. 모두 경제적 압박 때문인데 공공복지가 취약해서 건강, 교육, 주택에 지출하는 가계 부담이 소득을 앞지른 결과다. 최근 한국은행 통계에 따르면 한국의 가계부채는 거의 1000조 원에 근접해서 세계은행과 국제통화기금에서 경고장을 날릴 정도다. 자영업자의 폐업은 상식이 됐다. 2011년 창업한 99만 4000명 중 85퍼센트(84만 5000명)가 폐업 절차를 밟았다는 얘기도 들린다. 국민연금을 당장 받을 수 없는 베이비부머 퇴직자들이 손쉽게 시작하는 것이 요식·숙박업이다. 그런데 2년 내에 사업을 접는 비율은 거의 80퍼센트에 달한다. 창업 지원, 교육, 보호와 관련된 제도적 기반이 갖춰져 있지 않기 때문이다.

사회적 낙후성이 낳은 이 슬픈 사례는 끝이 없다. 뒤처진 사회를 어떻게 끌어올릴 것인가? 경제와 격차를 어떻게 메울 것인가? '격차사회'를 어떻게 '균형사회'로 바꿀 것인가? 이 질문이 차이나 쇼크에 대처하는 출발점이다. 사회를 바꿔야 경제가 산다. 그런데 사회개혁은 시간이 걸린다는 점에서 경제와 다르다. 사회개혁에는 주체가 분명하지 않기 때문이다. 사회개혁을 누가 주도하는가를 분명하게 확정하기가 매우 어렵다. 정치지도자, 시민운동가, 사회 명망가들을 꼽을 수 있겠으나 그 영향력이 사회 전체로 파급되려면 더 많은 시간과 노력이 든다. 모든 사회 성원이 그렇다고 인정할 수 있는 '사회적 합의'가 형성되어야 특정한 방향의 개혁을 추진할 수 있다. 1980~90년대 유럽에서 제도개혁이 가능했던 것은 그들이 쌓아온 사회적 저력 덕분이었다. 산업혁명과 근대가 시작된 18세기 말 이후 200여 년 동안 시민사회를 운영하는 지혜를 축적하고 위기대처 능력을 키웠다. 계급 이익으로 갈라지기도 하고 급기야는 내전과 가까운 극단적 위기도 겪으면서 '타협!'과 '양보!'가 사회 운영의 최선의 원리라는 점을 터득했다. 성장의 열매를 공헌도에 따라 공평하게 나누는 것, 타고난 '획득적 지위'의 불평등을 완화하는 제도를 도입해 기회 불평등을 줄이는 것을 '사회정의'로 설정했다. 무엇이 사회정의인가에 대한 공감 영역이 확장되어야 그 방향으로 사회개혁을 추진할 수 있다. 그렇지 않으면 새로운 갈등이 터져나온다.

새삼스럽게 묻는다면, 산업화나 민주화 기간 동안 우리에게 이런 공공 담론이 형성되었는가? 산업화와 민주화가 성공했다는 자찬의 말은 사회개혁의 관점에서 보면 허황된 것이다. 산업화 세대나 민주화 세대가 내세우는 자신의 업적에는 경제와 정치가 있을 뿐 '사회'는 없다. 산업화와 민주화의 성공은 사회를 딛고 일어선 모래탑일 수 있다. 사회의 관습과 습속이 민주화되지 않은 정치민주화는 사상누각이다. 프랑스의 사회학자 알렉시 토크빌이 청년 시절 미국 여행에서 깨달은 교훈이 그것이다. '민주주의는 사회적 습속에서 나온다'. 어떤 습속인가? 공동체와 이웃을 중시하는 '도덕적 담론'이 바로 미국인의 '제1의 언어'라는 발견이다. 1830년대 미국인들은 촌락에 발생한 사건을 해결할 때에 결사체를 우선 결성했다. 결사체에서 만들어내는 방안은 특정인의 이익보다는 공동체의 이익, 즉 공익에 초점을 뒀다. 사익을 억제하는 사회적 습속이 바로 민주주의를 생성하는 유전자다. 우리가 가장 취약한 '사회정의'는 바로 공익을 우선시하는 도덕적 담론의 결과물이다. 언론방송에서 쏟아내는 담론 외에 우리가 스스로 조직하고 생산하고 실행하는 사회적 담론이 있는가? 멀리 갈 것도 없이 우리가 사는 마을이나 아파트 단지에서 공공 담론을 만들어본 적이 있는가? 원자화된 사회에서 불만과 불평은 개별적으로 터져나온다. 해소할 창구가 없는 경우 그것은 개인 간 분쟁으로 진화한다. 민주주의가 발전되었다고 하는 나라에서 소소한 일을 두고 개인 분쟁이 끊이지 않는 이유다. 개인 간 도덕적 이해로 쉽게 해결될 일도 법정에 제소하고야 마는 한국에서 민사소송은 일본의 10배에 가까울 만큼 늘어났다. 도덕적 담론에는 아랑곳 않고 산업화와 민주화를 추진한 결과다. 차이나 쇼크를 극복하는 원점이 바로 사회개혁인데 사회개혁은 시간이 걸린다는 사실을 지적했다. 공동체를 중시하는 공익정신, 도덕적 담론을 만들어내는 사회적 관습을 쌓아야 갈등을 줄이는 사회개혁이 출발한다. 경제성장의 모범국이 당도한 '격차사회'가 경제적 기반을 망가뜨리기 전에 일대 수술을 행한 사회개혁을 시작해야 할 시점이다.

불평등 세습사회
─ 토마 피케티와 나눈 대화

　그러니 어쩌란 말이냐? 대책이 있어야 할 것 아닌가? 독자들의 항의가 들리는 것도 같다. 대책은 잠시 미뤄두자. 우리들의 누추한 초상에 대해 스스로 확인해야 할 모습이 더 있다. 얼룩진 우리들의 초상을 거칠게나마 보여주기에는 아직 멀었다. 윤곽을 그리기 시작했을 뿐이다. 사회학자인 필자가 잘났다고 화내지 마시라, 나도 그런 평균적인 한국인의 한 사람일 뿐이다. 확인하고 가자는 것, 그래야 어디서부터 고쳐가야 하는지를 알게 된다. 자성의 공감대를 넓히는 것이 중요하다. 세월호 참사가 그러기를 명령하고 있다.

불평등 악화

　토마 피케티가 한국에 왔다. 최근 그가 쓴 『21세기 자본』이 세계적 관심을 받고 있는데, 그 이유는 이렇다. 첫째, 경제적 불평등이 커지고 있다는 사실은 여러 학자들이 입증해 새삼스러운 발견은 아닌데, 가용한 소득 데이터를 수집해서 1700년부터 지금까지 약 3세기에 걸친 동향을 분석했다는 점이 그를 일약 세계적 학자 반열에 올렸다. 그게 힘든가? 힘들다. 자본과 소득에 관한 체계적인 역사자료가 있어야 한다. 그는 수치에 집착하는 미국 경제학이 싫다고 솔직하게 털어놨다. 단기적 추세를 측정하는 것도 기질에 맞지 않는다고 했다. 잘 알려진 쿠즈네츠 곡선은 그의 장기파동에 대입하면 틀린 것으로 드러난다. 쿠즈네츠는 19세기 중반 몇 십 년간의 소득 데이터로 미국의 소득불평등이 완화되는 현상을 밝혀냈으며, 이를 토대로 경제성장이 지속되면 불평등은 당분간 증가하다가 정점을 찍고 하강 국면에 접어든다고 주장했다. '경제성장은 불평등을 완화한다' 이 얼마나 멋진 명제인가? 그런데 이를 피케티의 장기추세 속에 넣으면 순간 현상일 뿐 불평등은 성장과 함께 증가일로에 있음이 드러난다. 자본주의가 그리 선하지 않다는 것이다. 그러자 시장 옹호론자들의 반박이 잇따랐다. 시장은 불평등을 순치시킨다는 신자유주의자들의 신념에 물을 끼얹는 피케티의 반론을 방관하고만 있을 수 없었던 거다. '자본주의는 전쟁과 혁명 기간에만 불평등을 완화하는 경향이 있다.' 전쟁기에는 물려줄 자본·유산이 파괴되고, 혁명기에는 추징세·징벌세 등 조세 인상 조치가 단행되기 때문이다.

둘째, 17세기 이후 자본수익률은 언제나 경제성장률보다 컸다. 이런 명제는 저성장기, 인구 하강기에 더욱 심화되는데 바로 21세기가 그렇다. 그는 원래 책 제목을 『21세기 여명기의 자본』이라 붙이려 했다고 고백했다. 소득을 먹어치우는 자본의 법칙을 어떤 방식으로든 수정해서 '21세기 여명기'를 새롭게 열고 싶었던 거다. "자본수익률과 성장률의 미세한 차이가 장기적으로 사회 불평등 구조와 동학에 강력하고도 불안정한 영향을 미칠 수 있다"는 사실을 확인시켜주고, 21세기 자본주의를 그 오랜 트랩에서 빠져나오게 해주는 방안을 찾아보려는 희망이 책을 집필한 동력이었다고 서문에서 밝혔다. 실제로 그의 역사 데이터는 자본수익률이 성장률보다 항상 앞질렀음을 보여주었고, 모든 국가에서 그 편차가 21세기에 들어더욱 커지고 있음을 확인시켰다. 일종의 수렴 현상인데, 유럽과 미국, 동아시아 할 것 없이 자본에 내재된 불평등 동학에

굴복하고 있다는 뜻이다.*

마침 피케티 교수의 방한에 맞춰 불평등 악화 현상이 한국에서 특히 두드러진다는 사실을 최근 장하성 교수가 책으로 펴냈다. 제목은 『한국 자본주의』다. 지난 수십 년간 한국의 불평등 추이 분석을 통해 한국 자본주의가 잘못된 길로 접어들었음을 밝히려는 게 목적이다. 1부의 글 제목들도 '고장난 한국 자본주의'(1장)고 '뒤죽박죽 한국 시장경제'(2장)다. 여기서 불평등 악화가 자본주의가 고장났음을 알리는 신호다. 그가 강조하는 불평등의 현실은 이렇다.

• 가처분소득 최상위 10퍼센트 소득은 최하위 10퍼센트 소득보다 4.8배 높고 OECD 회원국 중 여덟번째다. 최상위 소득 20퍼센트는 최하위 소득 20퍼센트보다 5.7배 높고 아홉번째다.

• 상용근로자 소득분포에서 최상위 10퍼센트가 최하위

---

* 국내 몇몇 경제학자와 저널리스트들이 그의 데이터 출처가 불명확하며 그가 지적한 인터넷 주소로 들어가 확인해봐도 몇 개를 제외하고는 입증할 데이터를 보여주지 않는다고 불평했다. 사정이 그러하지만 연구자가 힘들게 수집하고 가공한 데이터를 순순히 공짜로 모두 공표할 수는 없는 노릇이다. 데이터의 유무, 정확성, 조작 가능성을 검증하는 일은 학계의 고유 업무다. "데이터를 내놔봐라, 내가 반증해 보이겠다!"고 공언하기 전에, 자신만의 고유한 데이터를 만들 일이다.

10퍼센트의 4.8배로 OECD 회원국 중 세번째로 격차가 크다. 저임금 노동자가 전체의 25.2퍼센트로 미국과 함께 OECD 회원국 중 가장 높다.

- 2000~2010년간 중간소득계층이 5.8퍼센트포인트 감소했는데 이는 중산층이 11퍼센트 감소했음을 뜻한다. 탈락자 중 62퍼센트는 저소득계층으로 하락, 38퍼센트는 고소득계층으로 이동했다. 결과는 양극화 심화다.
- 노동소득분배율은 1975년 이후 가장 낮은 수준에 도달했다. 1998년에는 80.4퍼센트였다가 2012년에는 68.1퍼센트로 떨어졌다. 역으로 자본소득은 그만큼 늘어났다.*

장하성 교수는 피케티 명제가 한국경제에는 맞지 않는다고 반박한다. 한국은 경제성장률이 자본수익률을 웃돌았다는 것인데, 그럼에도 불평등이 악화된 것은 기업소득이 가계소득을 앞지른 데서 비롯되었다고 말한다. 물론, 불평등을 어떻게 극복할 것인가에 대해서도 피케티와 다른 방안을 내놓고 있다. 아무튼, 불평등 악화 현상을 어떻게 막을지는 한국에 당

---

* 장하성이 쓴 『한국 자본주의』(헤이북스, 2014) 1장에 나온 불평등 지표들을 요약해 정리했다.

면한 절박한 과제다. 경제학자에게만 맡겨놓을 수 없다. 사회과학자들이 다 함께 달려들어 한국경제의 일대 수술 작업에 유용한 지혜를 짜내야 한다.

일단, 피케티 교수의 육성을 들어보는 것이 한국 상황을 판단하는 데에 유용할 것이다. 2014년 9월의 어느 토요일 오후, 피케티와 대담이 마련되었다. 필자는 그와 대담을 하기 위해 일주일간 그의 책을 독파했다. 훤칠한 키에 잘생긴 용모, 거기에 친근한 미소까지 갖춘 토마 피케티 교수는 필자의 사회과학적 질문과 반론에 열심히 응했다. 800여 명이 운집한 연세대 강연을 막 끝내고 돌아온 길이었지만 피곤한 기색은 없었다. 젊은 열정이 풍겼다. 나는 그에 대한 인상을 이렇게 썼다.

카를 마르크스의 『자본론』이 독일적이라면, 그의 『21세기 자본』은 프랑스적이다. 마르크스는 자본 비대화의 내부 메커니즘을 잉여가치로 풀었다. 피케티는 원인 규명을 하지 않았다. 다만 17세기 이후 300년 동안 자본소득의 변동추이를 실증 자료를 통해 밝혔을 뿐이다. 그런데 그게 '세기적 발견'이었다. 자본수익률이 경제성장률을 항상 앞질렀다는 것, 소수에 집중된 자본소득을 제어하지 않으면 불평등이 참을 수 없이 커지고 '세습자본주의'에 갇힌다는 사실과 경고가 그것이다. '자본에 대한 민주적 통제'가 그의 해법이었다. 민간자본의 시대에 글로벌 자본세, 누진적 소득세를 도입하지 않으면 극한 불평등이 만연했던 '과거의 질서가 미래를 먹어치운다'고 했다. 이른바 '사회적 국가'다. 새삼스러운 얘기는 아니다. 민주주의와 불평등의 변화무쌍한 관계는 이미 사회학, 정치학 연구로 밝혀진 바다. 그의 처방은 여기서 그쳤는데, 불평등에 속수무책으로 노출된 한국은 조세 인상이 불가피하다고 일침을 놨다. 유럽적 발상이다. 불평등의 가장 중대한 주범인 저성장과 인구 감소가 만연된 한국, 어찌해야 할까?"

토마 피케티와 나눈 대담°

한국에 오신 걸 환영한다. 첫 방한인데 인상이 어떤지.

세계에서 중요한 경제성장 성공 스토리를 갖고 있는 한국에

°이 대담은 중앙일보에 '직격 인터뷰—송호근 묻고 피케티 답하다'라는 제목의 기사로 실렸다. 중앙일보 전수진 기자가 통역을 담당했고 영어로 된 녹취 파일을 우리말로 풀었다. 전수진 기자는 영어, 프랑스어, 일어에 능통한 보기 드문 인재다. 이 자리를 빌려 전수진 기자에게 고마움을 표한다.

오게 되어 기쁘다. 한국에선 최근 (내 책의 화두인) 불평등 관련 우려가 커지고 있다고 알고 있어서 개인적으로도 의미가 크다. 한 국가의 성장능력은 영구히 지속될 수는 없는데, 한국에 와서 이 문제에 대해 한국인들과 직접 토론해보고 싶었다. 그런데 아시아 국가 중 내 책의 자국어 번역본이 출간된 첫번째 나라가 바로 한국이다. 제일 빨리 번역본을 내준 한국 출판사에 감사한다(웃음).

한국이 얼리어답터라는 이미지가 있긴 하다.

맞다. 진짜 빠른 것 같다.

상당히 어린 나이에 박사학위를 받고 미국 매사추세츠공대MIT에 교수로 임용됐다. 천재라고 해도 무방하지 않나(웃음).

천재라니, 그렇지 않다. 내가 한 건 데이터를 취합한 것뿐이다. 경제학자들에겐 너무 역사학적 접근이고 역사학자들에겐 너무 경제학적 접근이어서 예전엔 시도되지 않았던 것뿐이다.

프랑스로 돌아와 역사경제학을 공부하겠다고 마음먹은 계기가 있었나. 책에서 언급한 미국 주류 경제학에 대한 비판도 작용하지 않았을까. 지금도 같은 비판적 생각을 갖고 있으신가.

미국 경제학계에도 좋은 친구들이 많고 그들을 비판하고 싶지 않다. 문제는 미국 주류 경제학자들이 너무 자신만만하고 자기중심적이어서 역사학·사회학·언론학 등 사회과학의 다른 분야들이 자신들처럼 과학적이지 못하다고 생각한다는 데 있다. 나는 이 점이 상당히 미성숙하다고 본다. 경제학자들은 좀 더 겸손해져야 한다. 경제 현안들에 대해 자신들이 아는 것이 많지 않음을 알아야 한다. 데이터를 수집해 연구하면서 경제 현안들에 대해 깊게 생각해야만 조금씩이나마 진보할 수 있다는 점을 자각해야 한다.

본격적으로 책에 대해 질문을 드리겠다.『21세기 자본』이 세계적 관심을 끌고 있는데, 저자로서 왜 그렇다고 보나.

불평등에 대한 우려가 세계적으로 높아지고 있는데 이 책이 그런 경향과 맞물렸기 때문이라고 본다. 또 내가 쉽게 읽히고 접근이 용이한 책을 쓰려고 노력한 것도 성공 요인 중 하나가 아닐까 싶다. 소득이나 금융 문제가 기술적이고 전문적인 경제학적 문제가 아니라 모든 이들에게 중요하다는 생각으로 책을 썼고, 그래서 돈과 사회계급과 통계에 관련한 많은 스토리를 녹이려고 했다. 독자들도 그 점을 알아준 것 같아 매우 기쁘다.

바로 그런 의도로 소설을 많이 인용을 했는데, 평소에도 소설을 많이 읽나. 발자크가 리얼리즘 작가로서 19세기의 현상을 상세히, 심지어 월급 수준까지 그려냈기 때문에 충분한 자료가 되지 않을까 생각한다. 이 책에서 전반적으로 보면 앞으로 21세기의 자본주의에 대해 비관적 전망을 내리는 듯한데, 왜 그런가.

사실 난 낙관적 전망을 갖고 있다. 내 책을 읽고 비관주의적 전망을 갖게 된다면 슬픈 일이다(웃음). 책을 쓰며 알게 된 것은 경제성장률이 5퍼센트 수준으로 영구히 지속되지 않으며, 1퍼센트대로 떨어질 경우 과거에 축적한 부가 더 큰 힘을 갖게 되고 결국엔 세습자본주의가 새로운 규범으로 도래한다는 것이다. 세습자본주의 자체가 나쁘다기보다는 우리가 직면한 새로운 도전 과제로서 부의 재분배에 대한 올바른 정책을 설계해야 한다. 자본의 축적 자체는 부정적인 게 아니고, 비관적일 이유가 없다.

자본을 정치가 통제했던 20세기 후반엔 성장률은 오르고 불평등이 떨어졌지만 21세기엔 그렇지 않을 거라는 점에서 비관적이다. 시장의 힘에 모든 걸 맡기면 자본소득이 계속 증가하고 결국 불행한 결과를 낳지 않을까 하는 우려가 있다.

시장의 힘에만 맡기면 과도한 불평등이 초래될 수 있다. 불평등은 어느 정도 수준까지는 성장에 긍정적 영향을 준다. 그러나 과도한 불평등은 성장에도 악영향을 주며 과도한 부의 집중은 민주주의에도 부정적 영향을 준다. 그래서 강력한 민주주의, 투명한 소득과 부의 동학으로서 시장자본주의를 모두에게 득이 되는 공공이익의 관점으로 제어할 필요가 있다는 게 내 주장의 핵심이다.

책에서는 1700년대부터 약 300년간의 데이터를 분석했다. 그런데 책 제목에도 영향을 준 고전인 카를 마르크스의 『자본론』은 자본 내부의 동학을 분석한 반면 피케티 교수의 책은 그렇지 않은데. 예를 들면 마르크스는 자본 내부에 잠재된 잉여가치로 본질을 규명했는데, 피케티 교수는 단지 수익률, 성장률 추이에 중점을 두었다. 현상적 접근이다. 마르크스의 미래 전망이 맞았다는 것은 아니지만 계급·국가 등 자본주의의 동학을 파고들었다. 그러나 피케티 교수는 자본 수익률의 증감에 영향을 미치는 요소로 전쟁과 소득세에 집중했기에 그런 생각이 들었다.

자본수익률과 성장률은 모두 복합적인 사회적 경제적 요인에 따라 결정된다. r(자본수익률)>g(성장률)는 이 책에서 내가 다루려고 했던 많은 복합적 역사적 과정의 산물이다. 수익률은 단순한 숫자가 아니다. 그 이면에는 노동자들의 계급투쟁이나 한 국가의 식민지화, 외국 투자자본의 흐름 등 다양한 정치적 갈등이 있다.

자본에 대한 민주적 통제를 이 책에서 주장하셨는데, 사실 자본주의와 민주주의 간의 충돌은 사회과학의 오랜 논쟁거리였다. 피케티 교수 본인께서는 이것이 실제로 가능하다고 보나.

가능하다고 생각한다. 강력한 민주적 금융기관과 강력한 교육기관, 그리고 소득과 부의 투명성을 갖춘다면 가능하다. 그를 위한 소득세와 부유세의 누진세는 단순한 조세가 아니라 소득과 부에 대한 투명성을 담보하는 의미가 있다는 점을 강조하고 싶다. 한국과 같은 나라에서 부유세를 누진세로 부과한다면, 낮은 세율이라고 하더라도, 저소득층부터 중산층, 그리고 부유층까지 포함한 모든 사회계급이 어떻게 살아가고 있는지에 대한 민주적 정보를 얻을 수 있다고 생각하고, 이를 통해 모든 사회계급이 이득을 얻게 조세균형 정책을 변화시킬 지혜를 얻을 수 있다.

하지만 역사적으로 자본에 대한 민주적 통제가 성공한 경우는 유럽의 몇몇 사례를 제외하고는 없다. 프랑수아 올랑드 대통령 역시 기업세 75퍼센트를 공약으로 내걸었지만 철회했다. 프랑스에서도 상황이 이런데 다른 나라에서는 현실적으로 더 어렵지 않을까.

올랑드 대통령의 실패는 유럽식 민주주의의 실패다. 유로존, 특히 프랑스는 단일통화를 도입했으면서도 금융 및 예산 정책을 통제할 수 있는 강력한 민주적 장치를 하지 않았기 때문에 실패했다. 단일통화 정책은 단일조세 정책을 펴는 정부가 없이는 불가능하다. 유럽중앙은행에 이 문제를 해결하도록 요청하고 있지만 쉽지 않은 일이다. 지금 유럽 상황은 아주 엉망이다.

정치사회학에선 평등한 사회에서 민주주의가 지속될 가능성이 높다고 본다. 거꾸로 민주사회가 불평등을 제어할 힘은 상대적으로 약하다. 즉, 불평등이 독립변수이고, 민주주의가 종속변수다. 그런데 자본에 대한 민주적 통제를 내세웠다. 어떻게 보는지.

불평등이 민주주의의 기능을 더 어렵게 할 수 있다는 점에 동의한다. 책에도 제1차세계대전(1914~18) 이전의 유럽 국가 사례를 다뤘는데, 당시 유럽의 민주주의가 제대로 기능하지 못했던 이유 중 하나가 극도로 높은 수준의 불평등 때문이었다. 프랑스에서도 제1차세계대전이 터졌기 때문에 엘리트층과 부유층이 소득세를 걷는 데 동의했고 1918년 여름에 소득세가 도입됐다. 그 전에 도입이 되어 교육제도 개선 등에 사용됐다면 상황이 달라졌을 거다. (전쟁이라는) 큰 위기를 겪은 후에야 소득세가 도입이 된 셈이다.

독자를 위해 피케티 교수의 주장을 간단히 요약하자면 이렇다. 300여 년의 데이터를 분석하니 자본수익률(r)이 경제성장률(g)보다 높다는 것이고 자본소득이 제1·2차세계대전 시기를 제외하고는 증대되어 왔으며 현재 최고치에 달했다는 것이다. 데이터를 분석하며 r＞g라는 발견을 해냈을 때 기분이 어땠나.

굉장히 기뻤다. 데이터 분석은 지난한 작업이지만 새로운 발견을 하는 것은 보람차다. 새로운 분석 방식이었기 때문에 연구 결과를 공식화하는 데는 시간이 걸렸다.

한국의 경우 인구성장률이 최저 수준이고, 앞으로 극한 저성장 시대로 진입할 텐데, 피케티 교수의 논리에 따르면 자본소득이 증가할 것이고 불평등은 심화하게 된다.

인구증가 침체율이 상속세에 매우 큰 영향을 주며 따라서 불평등도 심화될 거라고 믿는다. 따라서 한국뿐 아니라 일본·유럽의 낮은 인구성장률은 발자크의 19세기 때보다 앞으로 더 큰 문제를 야기하게 될 것이다.

프랑스의 경우는 어떤가.

인구가 감소세를 보이고 있는 독일·스페인·이탈리아 등과는 달리 프랑스의 인구는 상대적으로 조금씩이지만 늘고 있다. 하지만 프랑스에도 상속으로 인한 수익이 노동 수익을 이미 앞섰다. 1960~70년대에 파리에서 아파트를 소유하기 위해서는 노동 수익만으로도 가능했다. 하지만 이젠 상속받은 부가 없다면 매우 어렵다.

한국은 그런 터널로 이미 진입했다. 프랑스가 좀 낫다면 이민·출산율 관련 국가 정책도 좋은 영향을 줬을 듯한데.

이민은 유럽 기타 국가에도 있고, 중요한 건 출산율이다. 프랑스 출산율은 여성 1인당 2.0명 정도인데 독일 등의 경우는 1.5명 이하로 한국(1.19명)과 비슷하다. 출산이라는 것은 각 개인별로 복잡한 결정이다. 성평등 정책을 펴는 것, 특히 여성을 위한 일과 가정의 양립 정책을 펴는 것이 열쇠다. 만약 여성이 아이를 기르기 위해 집에 있어야 한다고 압박을 받는다면 여성들은 아이를 낳지 않는 쪽을 선택하게 된다.

경제성장률이 20세기 후반 2.5퍼센트 수준에서 21세기에는 더 떨어질 것이고 이런 저성장이 지속되면 불평등이 심화될 거라는 것이

골자인데, 저성장 진입의 이유와 배경에 대해서는 설명이 없다.

크게 두 가지 요인이 있다. 첫째는 인구성장 침체다. 지난 300년간 데이터를 분석해볼 때 역사적으로 GDP 성장은 인구 성장과 연동했다. 전 세계적으로 인구가 이 기간 동안 약 10배 성장했고 GDP도 이에 따라 증가했다. 그러나 유엔 등의 자료에 기반해볼 때 앞으로 300년간 이런 식의 인구증가는 없을 거라 예측한다. 21세기에는 인구성장률이 0퍼센트에 가까울 것이다. 두번째 요인은 1인당 국민소득 증가와 생산성 증가다. 세계대전 이후 독일·프랑스·일본 등의 성장률은 1950~70년대 5퍼센트 이상을 기록했는데 이는 전쟁 당시 낮은 성장률을 만회해야 했기 때문이다. 한국과 같은 개발도상국 역시 1960년대부터 경제가 급성장했고 중국이 그뒤를 이었다. 한국·중국의 이런 성장세는 앞으로 당분간 지속될 것이고 생산성도 당분간은 높아질 거라고 본다.

한국의 경우를 말씀하셨는데 전 세계 경제성장률 1.5퍼센트보다 높은 약 3.5퍼센트 수준이었다. 최근 한국 일부 경제학자들은 한국의 경우는 경제성장이 자본수익률보다 높기 때문에 피케티 교수의 주장을 한국에 적용하기는 어렵다고 비판한다. 이런 한국의 실정에 대해 어떻게 생각하나.

한국은 경제성장 성공 스토리를 갖고 있지만 그 수준의 경제성장률이 영구히 지속되리라고 볼 수는 없다. 이미 한국은 꽤 부를 축적했고 일본과 서유럽의 75퍼센트 수준이라 볼 수 있는데 앞으로 5~10년만 지나면 한국은 일본·서유럽 GDP 수준을 따라잡을 것이고, 경제성장률은 낮아져 앞으로 한국에도 자본수익률이 더 중요한 요소가 될 것이다. 또한 한국·중국처럼 급성장하는 국가에서도 불평등 문제를 민주적이고 투명한 장치와 정책으로 제어하는 것은 중요하다는 점을 강조하고 싶다. 필요하다면 한국도 조세 정책을 바꿀 필요가 있다.

한국에서 경제성장률은 비교적 높지만 기업소득이 가계소득을 앞지르면서 불평등이 심화하고 있다. 자본소득과 국민소득 비율인 베타의 수준이 미국 정도 수준까지 올라가고 있는데, 한국은 소득세가 20퍼센트이고 기업세가 28퍼센트가량 된다. 그러나 증세에 대한 국민적 저항감이 상당히 큰데.

우선 책에 한국에 대한 데이터가 충분치 않다는 점에 대해 사과의 뜻을 전하고 싶다. 그러나 최근 한국 사회의 불평등에 대한 매우 흥미로운 연구 결과들이 나와 있는데 이를 보면 불평등 측정 문제에 대해 한국사회도 더 주목해야 하지 않을까

한다. 한국의 총 세수를 GDP로 나누어보면 30퍼센트 이하로, 이는 선진국에 비해서도 낮은 수준이다. 스웨덴·덴마크의 경우는 50퍼센트이고 이 국가들은 생산성 역시 최고 수준이다. 한국도 바로 50퍼센트로 높여야 한다는 건 아니고 국가의 조세 정책이란 건 복합적 판단을 요한다. 하지만, 한국이 만약 세수를 효율적으로 사용한다면, 예를 들어 공교육에 투자한다면, 한국처럼 사교육 지출이 가장 높은 나라에선 장기적 성장에 큰 도움이 될 것이다.

결국 복지에 투자해야 한다는 것인데, 한국에서는 일부 복지학자들의 주장과는 달리 복지가 성장에 도움이 되지 않을 거라는 인식이 있다. 어떻게 보나.

돈을 어디에 쓰는지에 달려 있다. 교육·복지에 투자를 어떻게 하는지에 달려 있다. 한국이 경제성장 기적을 이룰 수 있었던 배경 중 하나는 평등주의에 입각한 토지 분배 덕분 아닌가 한다. 21세기에는 누구나 양질의 교육을 원하고 그에 대한 투자를 해야 할 때다.

한국의 강점인 정보통신기술에 집중하는 게 경제성장을 위한 자연스러운 방향이라는데 동의하는지.

한국의 개발 정책에 대해 내가 왈가왈부할 수는 없다. 내 딸도 삼성 핸드폰을 사용하고 한국의 강점이 정보통신기술이라는데 의문의 여지는 없다. 그러나 한 분야에만 집중하기보다는 포트폴리오를 다양화하는 게 필요하다.

시장에 대한 불신이 있으신데, 케인스주의자인가.

꼭 그렇지는 않다. 케인스를 존경하지만 내 생각은 좀 다르다. 난 사실 시장과 사적재산의 기능을 믿는다. 시장의 힘과 경쟁을 문제삼는 게 아니다. 단지 이런 시장의 힘이 민주적 장치를 통해 제어되어 모두에게 이익이 되어야 한다는 생각을 하는 것이다.

피케티 교수는 '보호주의'가 맞다고 했다. 신자유주의 시대에 보호주의는 시대의 흐름에 역행하는 거 아닌가.

난 사실 자유무역 신봉자다. 난 보호주의를 그다지 좋아하지 않는다. 대개 보호주의는 높은 성장률을 가져오지 않는다. 단 아무런 규제 없는 자유무역은 제대로 기능할 수 없다.

세습자본주의가 영향력을 확대하면 청년 세대에게 미래는 없다. 당신은 이를 발자크 소설의 주인공 이름을 따서 '라스티냐크 딜레마'

로 논하는데, 한국의 현재 청년실업과 고령 빈곤층과도 맞닿아 있는 문제다. 해결책은 무엇일까.

발자크 시대보다는 소득수준이나 계급 간 이동의 용이성에 있어서 상황이 개선됐다고 본다. 그러나 과거 고성장 시대와는 달리 부의 집중 현상이 심화되는 지금 조세 정책을 펴야 할 때가 도래했다. 노동소득 세율을 축적된 부에 대한 세율보다 낮추는 조치를 취해야 할 때다.

한국은 세습사회로 진입했다

이 기사에 대한 페이스북 공유가 800여 건이나 되었다. 피케티의 인기를 실감나게 한다. 한 건 공유에 100여 명이라고 친다면 약 8만 명이 이 기사를 본 셈이다. 대담을 찬찬히 살펴보면 느끼겠지만 필자의 즉답을 피한 사례가 자주 있었다. 마르크스는 자본소득의 원천이 되는 내부 메커니즘을 규명했는데, 피케티에게는 그것이 없고 대신 데이터만 있다는 비판에 대해 그는 옆으로 샜다. 국가의 규제가 필요하다는 그의 주장에 만약 비도덕적 국가라면 어떻게 하겠는가, 그리고 그것이 20세기에 보다 더 일반적 현상이었다는 나의 지적에 그는 원론을 고집했다. 자본에 대한 민주적 통제? 글쎄, 그건 원론이고 실제로는 국가의 자본종속성이 더욱 큰 것이 현실이다. 정치사회학자들은 그의 원론보다는 일탈이 더욱 보편적인 현실 세계를 주목한다. 왜 일탈이 보편적인가? 자본에 대한 민주적 통제가 효과를 거둔 나라는 전 세계에 20퍼센트도 안 된다. 80퍼센트 정도는 운명을 시장에 맡기고 살아간다. 자본종속성이라는 거대한 울타리에 갇혀 있는 것이다. 한국 역시 마찬가지다. 심각하다. 지난 대선 당시 경제민주화가 각광을 받았던 이유인데, 정권이 출범하자 완전히 실종됐다. 필자는 지난 저서에서 경제민주화와 사회민주화의 동시적 실행 방안에 대해 깊게 논한 바 있다.* 장하성 교수의 저서 역시 '경제민주화를 넘어 정의의 경제로'라는 근사한 부제를 달았는데 희망사항으로 끝날까?

아무튼, 필자는 피케티 교수와 나눈 대담 끝에 여운이 남아 한국이 세습사회가 되어가는 현실에 대해 논했다. 취업이 닥쳐온 3, 4학년 학생들의 표정이 점차 어둡게 변하는 현실, 취업 재수생이 누적되어 거의 50만 명을 돌파하고 있는 현실은 세습자본의 비중을 더욱 높이는 요인으로 작용한다. 필자에

• 송호근, 『이분법 사회를 넘어서』, 다산북스, 2012 참조.

게는 과년한 두 딸이 있다. 세습자본을 기어이 투하해야 할까, 아니면 원론적으로 모르는 척할 것인가? 이건 필자에게 닥쳐온 현실적 고민이다. 세습자본이라고 별게 있는 것이 아니다. 어렵게 마련한 아파트, 그것을 쪼개 소농사회처럼 나눠주라는 압력이 더욱 거세지는 사회현실을 외면하기 어렵다. 그런 시간이 다가오고 있다. 없는 사람은 어찌할까? 바닥에서 시작해야 한다. 옛날 베이비부머 세대가 그랬듯이 사글셋방에서 신접살림을 시작하면 된다. 옛날에는 낭만이라도 있었지만 지금은 절망이 있을 뿐인데, 대학 졸업자를 그런 늪에 밀어넣고 싶지 않은 것이 부모된 심정이다. 그래서 이렇게 썼다.

벼가 익어가는 노란 가을 들녘은 쓸쓸하고 고즈넉하다. 땡볕 아래 농부의 땀방울이 알곡으로 결집된 한 폭의 추상화는 그러나 눈물겨운 정치경제학을 숨기고 있다. 평균 3000여 평의 토지에 투하한 평균 50여 년의 노동으로 생계유지, 자식교육과 분가를 완료한다. 웬만한 농민들은 도시로 분가하는 자식들에게 종잣돈을 대고 아무 일 없었다는 듯 다시 논밭으로 나간다. 허리에 엄습하는 통증을 내색하지 않는 게 농부들의 자존심이다. 농부가 임무를 다하면 그 작은 논밭뙈기는 자식들에게 세습될 것이다.

세습은 도시에서 더 큰 규모로 일어난다. 대도시를 수놓은 빌딩, 아파트, 단독주택의 파노라마는 차세대에게는 유산 목록이다. 적색과 청색이 바쁘게 교차하는 주식시장 활황시세 역시 세습될 자본 규모를 분 단위로 알려준다. 부동산, 주식, 채권, 저축—자본의 구성요소 중 어느 하나라도 물려받은 자녀들은 계층 상향이동의 교두보를 갖춘 셈이다. 백수로 출발하는 사람들은 교두보까지 진격하는 데에 진땀을 흘려야 한다. 산업화 시대에는 자신의 능력과 노력으로 일군 '성취적 지위'가 빛을 발했다면, 이제는 타고난 '귀속적 지위'가 인생을 결정하는 시대로 변했다. 유산遺産이 유산자有産者로 되는 시대, 즉 중세적 세습사회가 창조경제를 외치는 21세기에 귀환했다는 것이 요즘 각광을 받고 있는 프랑스 경제학자 피케티의 경고다.

불평등 악화의 주범인 세습자본은 저성장 경제, 인구하강 국면에서 더욱 위력을 발한다. 취업이 힘들고 소득자원이 위축된 자녀 세대를 결국 부모가 안아야 한다. 자본이 투하되는 것이다. 결과는 세습자본이 있는 자와 없는 자의 격차, 즉 불평등이다. 저성장, 인구 침체의 협곡에 진입한 한국이 바로 이런 상황이다. 한국 경제학자들은 우리의 불평등이 벌써 미국 수준으로 치솟았다고 말한다. 부와 불평등의 대명사인 미국은 이미 역사상 가장 불평등이 높았던 제1차 세계대전 직전의 상황을 회복했다. 글로벌 소득불평등은 20세기 초 높은 봉우리에서 빠르게 하강하다가 1950년대부터 상승하기 시작, 21세기 초 다시 정상에 다다랐다. 한국은 불명예스럽게도 미국과 함께 꼭대기 국가군에 끼었다. 불평등은 의욕과 정의감을 망가뜨리고 결국 사회 기반을 갉아먹는다. 보통 심각한 게 아니다.

현실이 이러니 한국의 청년들도 피케티가 '라스티냐크 딜레마'라고 부른 늪에 빠졌다. 라스티냐크는 발자크 소설 『고리오 영감』에 나오는 주인공. 법률가가 꿈인 가난한 귀족 출신의 그는 산전수전 다 겪은 보트랭의 교활한 설득에 승복한다. 법률가 평생소득과 상속 여인을 유혹해 벼락부자가 되는 것 중 어느 선택이 크고 현명한가? 말할 것도 없이 후자다. 고리오 영감의 장례식에서 돌아선 라스티냐크는 드디어 외친다. "그래 이제부터다." 피케티는 간단히 덧붙인다. "그의 감상주의와 사회 학습은 끝이 났다."

올해 삼성, LG, 현대 등 글로벌 기업이 채용 규모를 확 줄였다. 판매부진, 노사분규, 통상임금 인상, 정규직 전환이 이유다. 졸업 예정자와 취업 재수생 합쳐 95만 명이 취업시장에 쏟아지는데, 10대 대기업에 뽑힐 사람은 3만 명 안팎.

청년백수가 넘치고, 세습자본이 투하될 수밖에. 차이나 쇼크에 강타당하는 한국은 이런 지경에 더 깊이 빠질 것이다. 100 대 1 경쟁을 뚫은 취업자도 살림집 마련에 지방은 7~8년, 서울은 두 배가 걸린다. 베이비부머인 필자도 그러했지만 그것도 잠시, 앞의 농부처럼 자식들에게 종잣돈을 주고야 만다면 집을 조각내고 다시 주변부로 리턴해야 한다. 연금이 있기에 재산을 몽땅 딸들에게 주고 궁핍하게 죽은 고리오 영감은 안 될 테지만 노후 불안은 떼놓은 당상이다. 국제노인인권단체가 측정한 2014년 한국의 노인복지 지수는 중국, 베트남보다 낮은 50위였다.

세습자본은 마치 화학비료가 땅기운을 망가뜨리듯 건강한 사회적 토양을 파괴한다. 미래가 없다. 21세기 자본주의, 특히 한국이 당면한 이 현실을 피케티는 "과거가 미래를 먹어치운다"고 서늘하게 표현했다. 헝그리 정신이 일군 국부國富가 앵그리 정신을 양산한다는 어느 저널리스트의 표현은 적확하다. 그렇다고 글로벌 자본과 세습자본에 고율의 징벌세를 부과해야 한다는 피케티의 주장에는 동의하지 않는다. 고소득세, 고자본세는 일자리 창출을 막아 악순환 고리를 만들 위험이 있다.

분배혁신, 복지개혁, 그리고 '함께 살자'는 공동체정신의 회복이 대안이다. 이 절박한 대안에 대한 사회적 담론과 총체적 처방은 대선 국면에 살짝 떠올랐다가 실종되는 게 한국이다. 정권이 즐겨 내놓는 '-노믹스'는 5년 개업 편의점의 한시적 메뉴, 그러니 시민 공론 대형마트를 지어 자주 바뀌는 정권 편의점을 입주시키는 수밖에 다른 도리가 없다. (2014년 7월)

라스티냐크 딜레마, 내 정치사회학 수강생들도 점점 그런 유혹에 빠지는 것은 아닐지.

격돌사회, 그 이념의 뿌리

이념투쟁

왜 한국에서는 이념투쟁이 일상적으로 발생하는가? 민주화 이후 내내, 그리고 2013년은 특히 이념공방이 정치권을 마비시켰다. 시민들은 지긋지긋해했지만 정치권은 끈질겼다. 왜 이럴까? 앞으로도 그럴 거라면 그 배경과 원인에 대해 곰곰 생각해볼 필요가 있다. 이 질문에 답하려면 한국이 놓인 세계적 위치, 지정학적 위치와 지경학적 위치를 우선 점검해야 한다.

먼저, **지정학적 관점**에서 한국이 미·중·일·소라는 4대 강국에 둘러싸인 것은 1876년 최초의 개방 이후 지금껏 변함이 없을 뿐 아니라 그때에 비하여 훨씬 더 민감하고 첨예한 관계망 속에 놓여 있다. 청 말기, 주일 중국공사 황준헌이 제안한 '친親 중국, 결結 일본, 연聯 미국'에서 친, 결, 연의 대상국이 바뀌었고, 그 각각의 강도와 밀도는 세계적 정세의 변화에 따라 시시각각 변경을 요청받고 있는 것이 한국의 실정이다. 여기에 북한의 존재가 부가된다. 냉전의 유일한 최후 지역으로 남아 있는 한국이 이념적 관용의 수준을 확장할 수 있는 여지는 지극히 좁으며, 그것도 중국·러시아·미국 간의 관계 변화가 이념적 관용의 수문을 개폐하는 상황에서 한국에게 주어진 이념적 자율성은 다른 나라에 비하여 여전히 제한적이다. 공식적으로 허용된 이데올로기의 영역이 좁을 경우 그것을 넘고자 하는 도전세력이 제도권 외부에서 발생하고 정치권에 심각한 저항을 일으킨다. 특히 민주화 이후 자유주의와 급진주의, 보수주의와 진보주의의 전면 충돌은 경제성장의 물질적 기반이 풍요로워짐과 동시에 이데올로기적 관용의 스펙트럼을 확장하고자 하는 다양한 사회세력의 도전의 결과라고 할 수 있다. 그러나 이념적 관용의 경계를 확장하는 것은 이런 지정학적 위치에서 그리 쉬운 일은 아니었다.

지경학적 관점은 내부정치의 혁신과 관련하여 더욱 시급한 문제를 야기한다. 다름 아닌 '세계화'다. 한국은 이미 세계화의 전진기지가 될 만큼 개방경제로 전환했다. 세계 10위권의 무역 대국이자 경제 대국으로 도약한 한국의 대외의존도는 세계 최고에 속하고 세계 자본주의의 변화에 직접적인 영향을 받는 위치에 놓여 있다.[*] 대외의존도가 높고 내수시장이 작을수록 자국 경제는 세계시장의 변동에 취약하다. 독일·일본·중국은 내수시장이 커서 충격파를 흡수할 여력이 있는 데 비해, 한국은 무역의존도가 80퍼센트에 달하고 내수시장이 작기에 더욱 그러하다. 1998년, 2009년에 휘청거렸던 한국경제를 생각해보면 금시 이해가 갈 것이다. 한국경제의 운명은 이미 외부자의 손에 맡겨진 지 오래다. 우리가 아무리 많이 생산해도 세계시장이 결빙되면 재고가 쌓인다. 세계시장의 주문이 끊기면 생산라인은 중단된다. 2009년 금융위기 당시 선박 주문은 40퍼센트가 줄었고, 가전제품 판매량은 20퍼센트, 자동차 판매량도 10퍼센트 줄었다. 주식시장은 물론, 실물경

• 한국의 무역의존도는 세계적이다. 2008년 당시 미국은 21퍼센트, 일본 24퍼센트, 인도 29퍼센트, 호주 33퍼센트, 영국 38퍼센트, 스페인 42퍼센트, 프랑스 43퍼센트, 러시아 49퍼센트, 중국 62퍼센트, 독일 63퍼센트, 한국은 80퍼센트였다. 무역의존도가 클수록 세계경제로부터 받는 충격에 약하다.

제지수 대부분이 곤두박질쳤고 지금껏 회복하는 데에 경제력을 쏟고 있다.

문제는 '세계화'와 인과관계에 놓인 국내의 '양극화'다. 양극화는 경제적·사회적 영역에서 동시에 진행되었는데, 전자는 재벌 대기업의 비대화를, 후자는 삶의 기회에서 계층적 격차를 초래했다는 점이 문제다. 앞서 언급한 경제학자 댄 로드닉이 주장한 바와 같이, 세계화는 국내 영역에서 양극화를 필연적으로 촉발한다. '세계화'는 '시장개방'을 촉진하고, '시장개방'은 '양극화'를 낳으며, 양극화는 분배구조의 악화를 초래한다. 따라서 세계화의 중단기적, 부정적 영향력을 각국 정부가 어떻게 상쇄할 것인가는 국내정치에 달려 있다. 이것을 신자유주의의 방정식이라고 한다면, 이 시대 방정식은 세계 공통이다. 세계적 개방경제인 한국의 경우는 그 효과가 증폭되기 마련이다. 외환위기와 금융위기를 극복하는 과정에서 세계화에 적응력을 높였고 이후 40여 개국과 체결한 자유무역협정에서 드러난 바와 같이 시장개방 정책에 드라이브를 걸었던 반면, 그것의 국내적 결과인 양극화를 축소하는 정책적 혁신은 매우 소극적 차원에 처해 있다는 점에서 그렇다. 세계화의 영향력이 여과장치 없이 그대로 국내에 틈입, 적용된다는 점에서 이 시대 방정식은 한국에서 더 심각하다. 이념투쟁, 사회 갈등이 증폭되는 이유이다.

그런데 양자가 충돌하는 게 문제다. **지정학적 위치**가 부가하는 이념적 제약은 한국사회의 저변을 형성하는 사고양식으로서 자유주의, 그것도 보수적으로 해석된 '협소한 자유주의'를 강요했다. 그것은 매우 단단한 역사적 유산이었다. 민주화 이후에도 이 협소한 자유주의가 지속될 수 있는 여건은 여전히 강하게 잔존했다. 민주화 이행양식이 단절적이 아니라 연속적이었다는 점, 그래서 권위주의체제의 권력 엘리트들이 민주화의 진행 과정을 관할하는 데에 개입했다는 사실이 그렇고, 1990년대 초반 이후 전개된 탈냉전 시대에 냉전이데올로기가 여전히 유효할 수밖에 없었던 한국의 분단 상황이 그러했다. 1990년대 유럽에서 자유주의 이념이 급진적 이념에 대한 관용 수준을 높여, 예를 들면 탈물질주의적 가치관을 적극 수용해나간 것과는 대조적으로, 한국에서는 고학력 중산층 전문가집단들이 대거 양산되었음에도 불구하고 자유주의 이념의 질적 발전을 제어하는 요인들은 항시 재생산되었다. 그런데, 이와는 반대로 이념적 스펙트럼의 확장을 요하는 **지경학적 요인**들은 오히려 그 절박함을 더해갔던 것이 민주화 이후 진행된 이데올로기적 변동의 지형이었다. 분배투쟁이 격화되고, 권위주의체제의 청산 과정에서 사회세력들의 집단화와 조직화가 일어나고, 국가운영의 기본 원리에 대한 도전이 발생했다. 자유주의로는 도저히 수용할 수 없는 새로운 요구들이 진보이념을 내세워 그 정당성과 합리성을 주장했다. 1990년대는 '보수적 민주화'가 바탕을 이룬 가운데 진보이념이 설득력과 호소력을 강화해가던 시기였고, 급기야 외환위기를 계기로 10년간의 진보정권이 개막됐다. 이념투쟁이 격화됐다.

이념투쟁은 어느 나라든지 발생하는 보편적 정치 현상이다. 그러나 이념투쟁으로 치러야 하는 총체적 비용의 규모는 정치적 발전의 수준에 따라 다르다. 한국은 이념투쟁이 계급타협이나 정파 간 타협으로 전환되지 않는 나라이고, 따라서 고비용을 치를 수밖에 없는 나라이다. 한국정치는 이데올로기 투쟁에 취약한 나라의 전형이다. 왜 그럴까? 지정학적 위치의 작동 방향과 지경학적 위상의 요구가 서로 엇갈리고 상치되는 상황에 놓여 있기 때문이다. '협소한 자유주의'를 가둬두려는 힘과 경계 확장을 꾀하려는 힘이 엇갈리는 교차점에 놓여 있다는 냉철한 현상 인식을 전제로 해야, 우리가 겪었고 앞으로 겪을 이념 충돌에 정책적 해결책을 찾아낼 수 있을 것이다. 이념 충돌은 결국 이익 갈등을 수반하기 때문에 그것의 타협적 대안 모색은 민주주의의 발전을 좌우할 가장 중대한 통로가 된다. "그런데 한국의 민주주의는 발전했는가?"라는 질문에 '만약 이념투쟁의 타협 방식을 창안했다면 한국은 훨씬 나은 민주주의가 되었을 것'이라 답할 수밖에 없는 이유이다.

구조화된 신념

우리가 겪는 이념투쟁의 풍경들은 언제든지 재현될 소지를 안고 있다. 그것이 좌우투쟁이든, 진보-보수 투쟁이든 이데올로기 분쟁을 촉발하는 이념적 자원은 매우 폭넓게 산재해 있지만, 민주화 이후 촉발된 이념투쟁의 양상을 분석해보면 그것의 가장 중대한 요인은 대략 네 가지로 수렴된다는 사실을 확인할 수 있다. 성장·분배, 대북·대미관계가 그것이다. 물론 그 밖의 가치관들, 특히 탈물질적 가치를 둘러싼 분쟁들이 신세대의 출현과 더불어 격화되기도 했지만 이념 분쟁의 핵심적 요소는 네 가지로 수렴된다는 사실에는 변함이 없다. 흥미로운 것은 이 네 가지 핵심 요인들이 지경학적, 지정학적 위상과 겹친다는 사실이다. 대북·대미관계는 지정학적 위상과, 성장·분배는 지경학적 위상과 각각 직결되고, 때로는 양자가 중첩되어 나타나기도 한다. 1980년대와 90년대는 이 양자의 역할 분담이 비교적 뚜렷해서 전자는 NL 성향 세력이, 후자는 PD세력이 분할 점령한 모양새를 갖췄다. 그런데 외환위기를 겪고 재벌의존적 경제가 점차 심화됨에 따라 분배연합의 균열과 약화 현상이 진행되면서 진보진영의 주력이 전자로 이동하는 양상이 나타났다. 진보운동에서 종북세력이 약진하게 된 주요 원인이다. 여기에는 대기업 노동조합의 독점세력화와 분배연합에서의 탈퇴가 주요한 요인으로 작용했는데, 이명박 정권에서 분배연합의 급격한 쇠락이 일어나고 정권 차원의 뚜렷한 성과가 없었음에도 불구하고 보수정권의 연장이 현실화된 것도 이와 무관하지 않다. 최근 부각된 '진보의 위기'는 이러한 배경하에서 일어났다.

아무튼, 네 가지 핵심 요인을 제외하고 한국정치에서 이념투쟁을 촉발하는 요인들을 둘러싼 좌우, 진보-보수진영의 이념적 거리는 그리 멀지 않다는 사실을 상기시키고 싶다. 달리 말하면 타협의 가능성이 크다는 뜻이다. 새누리당과 민주당의 이념적 거리는 다른 국가들, 특히 유럽의 다당제 국가들보다 그리 멀지 않고, 한국에 가해지는 외부적 제약 내지 앞에서 '운명적 구조'라고 했던 환경적 요인들을 고려하면 언제든지 타협점을 찾아낼 수 있을 만큼 근본적 차이에 입각한 것은 아님을 지적하고 싶다. 지난 대선에서 복지와 경제민주화를 두고 벌였던 양 진영의 공방전에서 그 거리가 비교적 짧다는 것을 확인했다. 미국의 경제학자 폴 크루그먼은 정치학자들의 연구를 빌려 정치적 파당성이 크면 클수록 경제적 불평등이 더불어 커졌다고 미국의 20세기 역사를 분석한 결과를 내놓았다. 이는 정치인들이 시민들의 정치적 관심사 내지 평균적 생각과는 무관하게 자신들의 정치적 지향을 과도하게 이념화한 결과일 수도 있다.

이데올로기 발화 요인은 인종, 종교적 갈등, 역사적 경험, 기존 정치체제의 유산, 국가의 경제구조, 사회적 규범과 가치관, 국제관계적 위치, 근대화의 궤적, 엘리트집단의 성향, 일반 시민의 교육 정도 등등 매우 다양하다. 이런 다양한 요인들이 특정 이데올로기로 발화하려면 흔히 (i) 한 국가가 인근 국가나 강대국에 과도하게 차별을 받거나 부당한 압력을 받아 오랫동안 비합리적인 핍박 상태에 방치되어 있었거나, (ii) 경제성장이 심각하게 지체되어 사회적, 정치적 문제가 누적된 경우여야 한다. 인종·종교·경제적 낙후·근대화의 실패가 특정 이데올로기를 낳는 일반적 이념 요소들인데, 하이델베르크 대학 갈등연구소의 통계에 따르면 1990년대 이후 현재에 이르기까지 내란·정치적 혼란·국가 간 전쟁이 이런 요인들에서 가장 자주 유발되었다는 것이다.

한국은 (i)에 해당되는 반면, 인종·종교·경제적 낙후·근대
화의 실패 등 다른 나라들이 겪고 있는 이념적 분쟁의 양상에
서는 벗어나는 사례이다. 전자는 내전으로 비화되어 철저한
반공이념과 냉전이념의 마지막 보루가 되었으며, 그 외 요인
들의 결핍은 오히려 '성공의 위기'라고 할 흥미로운 병증을 낳
았다. 그래서 특정 이데올로기를 발화시킬 가능성이 있는 요
인은 첫째, '남북관계와 그것을 둘러싼 강대국의 대치 상황'
(앞에서 얘기한 지정학적 요인), 둘째, 권위주의 유산이라고 할
압축성장 및 압축적 근대화의 파행적 영향을 꼽을 수 있다(지
경학적 요인). 전자를 민족 문제, 후자를 분배 문제로 대변하
면, 결국 이데올로기 투쟁의 핵심 자원은 '민족/분배'로 집약
된다. 다른 요인들은 민족/분배적 쟁점을 핵으로 주변을 돌고
있는 위성과도 같다. 이 위성들은 쟁점의 성격과 정국 방향에
따라 핵심문제와 연결되기도 하고, 독자적 분리 상태를 유지
하기도 한다. 핵심과 연결된 쟁점들은 폭발성과 지속성이 커
서 정권의 향방에 지대한 영향을 미쳤던 반면, 독자적으로 작
동하는 쟁점들은 정치사회에 출현했다가 곧 사라지기도 했
다. 핵심 요인에 대한 대중의 가치판단을 '구조화된 신념
structured belief'으로 개념화할 수 있을 것이다. 구조화된 신념이
란 대립적 이념을 생산하는 원소를 지칭한다. 민주화 이후에

도 변하지 않은 이 원소들이 서로 얽혀 이념 갈등을 촉발했는데 이는 '협소한 자유주의'와 '더 나은 민주주의적 가치'가 만나는 접점 지역에서 발생했다는 점은 분명하다. 어떻게 해결해야 하나?

시민정치와 시민 민주주의

타협 없는 이념 충돌의 결과는 유해하고 파괴적이다. 이념 투쟁의 실상과 그 폐단에 대해 두 가지만 지적하고 싶다. 첫째, 과거에 집착한 보수와 진보는 현재의 변화와 불확실한 미래를 담아내지 못한다. 보수는 지난 시대의 업적과 성공에 기대어 그 통치 프레임을 현재와 미래로 연장하고자 하고, 진보는 성공의 그늘에 내쳐진 가치관을 들고 보수의 단단한 장벽을 깨뜨리고자 한다. 보수와 진보가 자신들의 진지에서 꼼짝도 않는 동안 한국의 자본주의는 이념적 열정만으로는 도저히 바꿀 수 없을 정도로 공고화됐고, 어떻게 보면 보수·진보 모두 신자유주의의 거센 물결에 휩쓸려 현실 타개의 잠재력을 상실할 위기에 처했다. 최근 들어 '진보의 위기' '보수의 위기'가 부쩍 많이 거론되는 배경이다. 보수는 재벌중심적 자본주

의의 성곽을 어찌할 수 없이 방관하고 있으며, 넘쳐흐를 파급
효과를 기대하라고 말한다. 진보는 한국현대사의 굴곡과 주
름 속에 숨겨진 상처를 치유한다는 비장한 각성들을 되살리려
고 안간힘을 쓰고 있다.

　돌이켜보면, 보수 주류의 행진에 대책 없이 달려들었던 비
주류의 모험은 진보의 힘이었다. 한국정치의 역동성을 살린
에너지가 진보에서 나왔음은 부인할 수 없다. 과거와의 혁명
적 단절을 표명한 이념적 전사들을 그렇게 많이 배출한 시대
도 없을 것이다. 또한 동종同種에 대한 무조건적 사랑과 이교
도에 대한 증오를 정신의 양식으로 삼았던 세대도 없을 것이
다. 분배·복지·평화·인권같이 오랫동안 억압된 단어들을 복
원하고, 혐오스러운 고정관념들을 뒤집었다. 지배집단의 오
만한 성곽을 무너뜨릴 때 시민들은 환호했고, 각종 불균형에
정의로운 처방을 내릴 때 감격하기도 했다. 그러나 이념투쟁
의 한국적 양식이 그렇듯이 전위적 방식이 문제였다. 적과 아
군을 구분하는 호명 방식이 문제였다. 민주전사를 자처한 그
배타적 근본주의가 문제였다. '교조적 진보'라는 비난 속에 한
국 최초의 진보권력은 위태롭게 항해했고, 결국 보수 역풍에
좌초되었다. 진보정치의 두 주역은 사라졌고, 의기충천했던
전사들도 천지사방으로 흩어져 소멸의 길을 가고 있다. 이것

이 진보의 위기다. 그렇다고 진보의 미래전선을 담당할 억척스런 청년 세대가 태어날 것 같지도 않다. 풍요의 시대에 자라나 멋과 개성에 골몰하는 젊은 세대에게 시대의 아픔은 먼 나라의 스토리가 되었다. 격화된 경쟁을 달구는 신자유주의의 코드에 자신의 스펙을 맞추기에도 바쁜 그들의 일상에 '저항과 전복'은 한가한 자의 구호처럼 들릴 뿐이다. 개발독재의 해독제였던 노동조합은 스스로 독이 되는 길을 걷고 있으며, 신선한 각성제였던 시민단체는 오랜 관변화를 겪으며 화려한 과거를 잊지 못해 구슬픈 노래를 읊는 중이다. 그들이 다시 살아날까? 진보의 에너지가 소진될수록 보수는 더욱더 성공의 위기에 빠져들기 마련이다. 21세기 자본주의의 구조가 보수와 친화성을 더해갈수록 보수는 미래 변화의 대응력을 외부에서 구하려 한다. 그들이 대변하는 지배층을 내세워 주변 계층을 포섭하기를 바란다. 강한 국가의 전통과 사회질서를 내세워 시민참여의 기회를 최소화하고, 시민단체들이 국정 파트너가 아니라 국정 방관자로서 환호의 갈채를 보내줄 것을 바란다. 거버넌스에 시민의 자리는 없다. 보수, 진보 공통적으로 시민을 명분으로 한 명망가 위원회가 있을 뿐이다.

둘째, 그렇기에 이념집단과 시민단체들이 그들의 요구를 표현할 정치적 방식이 거리시위로 수렴될 수밖에 없다. 거리

집회와 시위는 민주화 이후 요구와 주장을 표출하는 주요 수단이었다. 일반 시민들이나 이익단체, 시민단체의 요구와 불만이 제도정치를 통해 해소되면 거리시위는 일어나지 않는다. 제도정치와 거리정치는 서로 대척점에 놓여 있으면서도 상호보완적이다. 거리정치가 제도정치로 수렴되고 제도정치의 불만이 거리시위로 표출된다. 거리투쟁이 늘어났다고 이들의 주장이 곧바로 수용되는 것은 아니다. 오히려 수용되지 않았기에 목소리를 내는 것이고 수용될 가능성이 희박하다는 판단에서 가투라는 극단적 방식을 취하는 것으로 보는 편이 옳다. 그러므로 가투의 급증은 국회 역할의 축소를 의미한다. 제도권 정치의 위상이 하락하고 정치 불신이 급증한다. 가투의 급증은 결국 약화된 거버넌스의 상징이며, 민주주의의 쇠퇴를 초래한다.

이는 곧 민주정치의 가장 중요한 지표인 '대변'과 '책임' 기능이 제대로 작동하지 않는다는 뜻이다. '민주주의의 쇠퇴'는 불가피한 결과다.[*] 다시 보수정권이 들어선 이 시점에서 민주

---

[*] 미국에서도 2000년대에 미국 민주주의의 쇠퇴 여부를 두고 논쟁이 벌어졌다. 퍼트넘과 스카치폴의 논쟁 참조. 로버트 퍼트넘 지음, 『사회적 자본과 민주주의』, 안청시 옮김, 박영사, 2000; 테다 스카치폴 지음, 『민주주의의 쇠퇴』, 강승훈 옮김, 한울, 2010.

정치의 가장 중요한 활력인 시민정치에 생동력을 불어넣을 수 있는 것, 그리고 그 생동력이 거리투쟁으로 번지지 않고 제도권 정치와 접목시키는 방식을 어디에서 구해야 할 것인가가 숙제로 남는다. 민주주의 성격의 관점에서, 노무현정권은 시민운동의 전위부대가 정권에 배타적으로 참여한 이른바 '행동가 민주주의activist-led democracy'로, 이명박정권은 시민참여의 문을 닫아버리고 시민을 직장인처럼 인지했던 이른바 '종업원 민주주의'(또는 '고용주 민주주의Employer-mind democracy')로 표현할 수 있겠다. 양자 모두 엘리트주의였다. 시민정치의 욕구는 증가했지만 정치에 투입은 제한적이었거나 차단되었다. 박근혜정부에서 역시 사정은 변하지 않았다. 시민참여가 민주주의의 가장 중요한 생명이라고 한다면, 한국 민주주의는 '쇠퇴했다'. 정권의 이념적 성향에 따라 시민정치는 좌우파가 번갈아 억제 호르몬을 주입한 것처럼 부침을 거듭했다. '부상rise'은 주로 정치화의 경로를 거쳐야 했고 결국 관변화의 운명을 맞았다. '침체fall'는 아예 해체와 소멸의 길을 거쳤다. 행동가들은 선별적으로 정치권에 영입되었지만(개별적 정치화) 그들이 이끌었던 시민운동은 자율성과 비판성을 상실해야 했다. 운동가의 개별적 정치화를 통한 시민운동의 매수가 그렇게 일어났다. 시민정치는 다시 좌우 이데올로기의 논리적 체계를 수

습해서 쟁점 정치의 전선으로 나섰고 이 악순환이 반복된 것이다. 그렇다고 시민운동이 항상 이념적으로 균형 잡혔다고 말하려는 것은 아니다. 시민운동은 그 자체 이데올로기적이며, 특히 한국은 중앙집권적·명망가적 편파성을 띠고 있다. 그럼에도 시민운동과 시민정치를 활성화해야 할 필요성이 낮아지는 것은 아니다. 정치참여의 수원지가 그곳이기 때문이다. 시민 민주주의는 공익에 기여하는 시민정치가 활성화될 때 가능하다. 시민과 같이 통치하는 것ruling with, 시민을 위해 통치하는 것ruling for이 결합해야 시민 민주주의가 정착한다. 이념 갈등은 시민 민주주의를 정착시키기 위한 기회비용이지만, 기회비용이 너무 큰 상태를 지속하면 오히려 민주주의의 훼손을 감수해야 한다. 우리는 지금 민주주의가 훼손될 위험이 도처에 잠재된 정치 지대를 통과하고 있다. 격돌사회, 타협을 찾지 못하는 충돌사회가 치를 비용은 우리 세대에서 끝내야 한다.

봉합된 위험사회, 잊힌 세월호

  세월호 참사와 그것을 추스르는 과정에서 한국사회는 너무나 많은 문제를 드러냈다. 국가도 시민사회도 참사 앞에서 망연자실할 따름이었지, 그 상처를 어떻게 치유하고 재발을 방지할 것인지 슬기롭게 대처하지 못했다. 정상국가正常國家는 부재했다. 한국이 세월호 사태에 막혀 침몰 위기에 놓인 것은 국가의 관리 기능과 서비스 기능이 아프리카 난민국 수준이었던 까닭이다. '위험사회'의 민낯을 드러내기 위해 세월호 참사 관련 글을 싣는다.

삼학제의를 제안함

외환위기 때도 이렇지는 않았다. 국가 파산의 주범이 누구인지 분명했던 그때엔 분노를 집중시킬 수 있었고 치죄가 명백했다. 지금은 공범이 사방에 깔려 동시다발적 처벌을 해도 모자랄 판이다. 처벌은 재기를 위한 국민적 다짐이다. 청해진해운과 항만 비리를 엄단해도 어린 생명들을 수장시켰다는 공범의식은 가시지 않는다. 한 달 동안 그저 눈물바람이었던 까닭은 무고한 아이들이 수장된 바다 위로 우리들의 초라한 몰골이 떠올랐기 때문이다.

재난은 항상 사회의 가장 약한 고리를 뚫고 나온다. 넉넉잖은 가정의 자녀들이 설레며 나섰던 수학여행은 부패한 해운자본에 맡겨졌고, 위험천만한 과적의 뱃길은 매수·묵인·기만·유착으로 악취가 진동하는 검은 늪이었다. 민생과 안전을 높이 외쳤던 국가가 거기 있었다. 구난 기관들이 제각각 허둥대는 공허한 활극도 목격했다. 아직 돌아오지 않은 아이를 부르며 팽목항에 몸져누운 유족들이 있고, 홀연 잠적한 유족도 있다. 젊은 엄마는 자살을 기도했고, 아빠는 바다에 뛰어들었다. 관상민官商民이 합작한 공모살인이자 허술한 한국사회가 낳은 예정된 재앙이었다. 장례는 각각 치러졌지만, 국민 모두가 죄인이자 상주인 국민 초상이다.

그렇기에 시민 장례를 치르지 않고서는 망자를 보낼 수 없다. 탄생보다 죽음을 더 각별하게 생각해온 한국의 관습도 그렇거니와 우리 모두가 사죄해야 할 '사회적 죽임'이라 그렇다. 범시민적 의례를 통해 젊은 원혼들을 달래야 한다. 무너진 유족들을 어쨌든 부축해야 한다. 참사백서와 국가개조 제안서가 시민의 손으로 만들어져야 한다. 비탄과 고통의 강물에 떠밀려온 지 한 달, 이제 강 건너로 발을 옮길 때가 되었다. 일종의 시민장 형식으로 삼학제의三學祭儀, 즉 인류학·사회학·정치학적 제의를 한 달 간격으로 실행해갈 것을 제안한다.

예부터 한민족은 안녕을 빌거나 망자의 영혼을 달랠 다양한 제의를 발전시켰다. 횡사, 객사한 사람의 초상은 구슬펐다. 혼을 불러 위무하고 극락왕생하기를 슬픈 장단과 춤사위에 실어 기원했다. 유족들은 물론 우리 모두가 저 아이들의 원혼을 보내려면 그런 집단 의례가 필요하다. 5월 하순경 광화문광장에 범시민단체가 주관하는 초혼, 진혼제를 개최하고 '결코 너희들을 잊지 않을 것임'을 다짐하는 장엄한 위령제를 거행하는 것 말이다. 이런 '인류학적 제의'를 통해 슬픔을 접고 무너진 연대감을 수선하는 것은 비단 원시 부족인들에 국한되는 것은 아니다. 단, 이념 개입은 사절이다.

'사회학적 제의'는 참사 원인과 구난 과정의 문제들을 낱낱이 파헤치고, 관상 유착과 정부의 책임 방기를 냉철하게 고발하는 범시민적 감사행위를 말한다. 인류학적 제의에 권력이 낄 자리가 없듯이, 사회학적 제의에서 정부와 공권력은 감사의 대상이다. 관피아 징벌과 책임자 엄벌 약속을 이행할 당사자는 관료집단이 아니라 외부 전문가와 언론, 종교, 학계, 법조계, 노동계 등 시민연합체여야 한다. 시민권력이 죽어 있었기에 '국민행복'의 주체는 관료였고 시민은 관료가 만든 행복기획에 배치의 대상이었다. 시민사회에 도덕적 긴장이 증발한 것, 유족들이 청와대로 직접 가야 하는 소통 형태는 모두 국가 중심적 통치구조의 적폐에서 비롯한다. 시민견제가 없는 곳에 또다른 세월호가 어디엔가 정박중일 것이다.

'정치학적 제의'에서 비로소 정부의 자리가 존재한다. '대책을 갖고 사과하겠다'는 대통령의 발언은 여전히 정부 중심적 대응을 암시하는데, 총리실·수석실이 주도하거나 정부 내 위원회 설치로 일관한다면 이번에는 '청와대 침몰'을 불러올 것이다. 대통령은 범시민 대책기구 결성에 방패막이가 돼야 하고 광범하고 공정한 조사, 감사활동을 벌이도록 권력을 위임해야 한다. 관료는 보조자다. 여기서 정권 전복, 대통령 퇴진을 염두에 둔 단체도 배제다. 정치학적 제의를 통해 만들어진 조사, 감사보고서는 처벌과 척결, 그리고 재난 안전망의 총체적 재정비를 위한 가이드라인이다. 벌써 민변이 제출한 17가지 개혁안이 나오지 않았는가. 시민결의안을 정부가 채택하는 발상 전환적 결단과 시민의사를 결집하는 '수용의 정치'를 선보여야 한다. 50여 명으로 구성된 '시민국회'를 한시적으로 운영한다고 생각하면 족하다. 진도에 위령탑을 세워 시민 각성의 원점으로 삼는 것, 4월 16일을 재난희생자 추모일로 지정하는 제안 등이 속출할 것이다.

이제 멍멍했던 정신을 조금 수습할 때가 되었다. 아직 시신이라도 돌아오기를 고대하는 애달픈 절규가 가슴을 때리고 아이들이 남긴 마지막 교신들이 비수처럼 찌르기는 하지만, 국민적 상실감을 갈무리하고 재난안전 강국으로 행군해야 할 숙제가 산적해 있다. (2014년 5월)

누가 시민을 두려워하랴

국민담화를 발표하던 대통령의 목소리는 매서웠다. 그럴 거라고 예상은 했다. 33일을 참다 쏟아낸 통치자의 분노가 극에 달했다는 것을. 국민의 비난을 한몸에 받은 해경은 순식간에 해체됐다. 국민생활을 책임진 관료들은 그들의 수장 입에서 범죄조직의 대명사인 마피아로 불렸다. 대통령이 통치의 구성원들을 '관피아'로 발음하는 순간 대통령 자신도 그 음험한 뉘앙스에 휩싸일 위험을 무릅쓰고 말이다. 현대 한국의 지배 엘리트를 생산하던 행정고시는 중단 위기에 처했다. 대통령은 '국가'안전처와 부패방지법을 내세워 '국가'개조를 약속했다. 그러곤 눈물을 삼켰다. 제자들을 찾아 물속으로 스러진 선생님들의 이름을 부르며.

처음 접한 대통령의 눈물은 숙연했다. 그런데 그 숙연한 감동이 흩어지는 데에는 그리 오랜 시간이 걸리지 않았다. 그게 뭘까, 이 어긋남은. 국가개조의 우렁찬 확약이 국민의 깊은 울림을 자아내지 못하는 이유는 뭘까. 이런 느낌은 비단 나의 까칠한 감각 탓만은 아니었다. 대통령의 절절한 담화에도 불구하고 집권여당의 하락세가 반등하지 않는 결과가 그것을 말해준다. 국민들의 가슴은 비통하지만 판단의 칼날은 그 어느 때보다 날카롭다.

국민들이 대통령 담화에 기대했던 바는 세월호 사후 처리도 그렇거니와 이후에 닥쳐온 '2차 충격'을 어떻게 치유할지에 있었다. 적나라하게 드러난 국가의 무능, 혹은 그나마 의지해 왔던 공공의 실체가 허망한 것이라는 자조와 허탈감을 어떤 방식으로 수리할 것인지를 예의 주시했던 거다. 국민들은 어렴풋이 느꼈을 것이다. 붕괴된 공公개념을 재건할 주체는 공公의 최고관리자인 '국가'가 아니라 공의 발원지인 시민과 시민사회라는 것을. 그런데 대통령 담화에서 시민과 시민사회는 여전히 구경꾼이다. 공개념의 재건에 다시 주역으로 나선 국가의 채널에는 유족들에 대한 철저한 보호의지와 상처받은 대중심리의 치유 문제가 잡음 섞인 주파수처럼 명료하게 잡히지 않았다.

무너진 공개념 재건에는 무엇보다 유족들에 대한 사후 관리가 제1항이어야 했다. 집단 초상을 치른 단원고 인근 마을과 일반인 희생자 가정의 경제생활은 쑥대밭이 됐거나 회생 불가능한 정도로 파괴됐을 것이다. 거기에 악몽처럼 따라붙은 정신적 고통의 늪을 적어도 10여 년 통과해야 한다는 점이 환기돼야 했다. 경제적 회생과 정신적 치유의 공적 지원을 향후 몇 년간 약속하는 것이 '공의 복원'을 위한 필수 요건이다. 유족들이 전해받고 싶은 것은 유병언 일가의 악덕 상행위를 징벌하고 보상금을 최대한 확보하겠다는 국가의 결기보다 국가가 그 자신들의 버팀목이 되겠다는 든든한 책무 이행서다.

그래야 국민들의 다친 상처도 치유된다. 국민들은 대통령이 내놓은 27가지 국가개조 항목이 과연 적합한 대안인지 헤아리지 못할 뿐 아니라 개조의 주역이 여전히 국가라는 점을 석연찮게 생각한다. 정치가 정치를 개혁하고, 청백리가 탐관오리를 몰아낸다는 그 발상은 건국 후 지금까지 들어왔던 오랜 소문이자 쭉정이 벼를 추수하는 허망한 농심을 선사했다는 사실을 반복된 경험으로 너무나 잘 알고 있다. 왜 가슴이 무너진 시민에게 묻지 못하는가, 왜 국가 불신에 전전긍긍하는 시민사회에 신뢰 회복의 답변을 구하지 않는가? '순수 유족'이 불순한 집단과 조우할까 경찰은 망을 봐야 했을까? 분노한 시위대를 연행한다고 누그러질까? 분위기 반전을 위해 방송 협조를 은밀히 요청했는가? 혹시, 월드컵이 열리기를 고대하고 있는가?

무능국가의 뒤엉킨 어망을 국가만이 수선할 수 있다고 믿는 정치권의 확고한 국가주의는 아무래도 낡은 발상이다. 2013년 한 해 동안 이익투쟁과 오작동으로 허송세월한 국회가 세월호 국정감사를 만방에 의연히 선포하고 나선 저 파렴치한 망각 증세도 낯설다. 국회가 청와대를 두고 국정감사에 포함할지를 갑론을박한 정도로, 시민사회는 국회를 소환해 감사할 것인지를 따져 물어야 한다. 일방적 지시로 일관해온 통치자와 받아쓰는 각료들을 어찌할 수 없이 바라만 봤던 여당, 장외투쟁이 전공인 야당, 친북이념으로 틈새 전략을 구사한 소수정당이 선거를 앞두고 국가개조라는 돌파구에 환호하는 모습은 야합과 다름없다. '눈물은 늦었고 대책은 일렀다'는 야당대표의 화려한 레토릭은 집권여당의 여린 행보마저 저지하는 대책 없는 거부권임을 시민들은 알고 있다. 국회도 시민감사의 대상이다.

그러나 국민들은 율사를 또 다른 율사로 바꾸고 장군을 또 다른 장군으로 교체할 저 도저한 국가주의에 더 막막할지 모른다. 비통했던 지난 한 달 동안 시민의식은 정치권보다 훨씬 성숙해 있음을 보여주었지만, 유효기간이 지난 국가주의가 맹위를 떨치는 시대에 누가 시민을 두려워하랴. 세월호 참사의 주범은 '시민 없는 민주정치'였다. (2014년 5월)

권력을 옭아맨 동아줄

어느 날 새벽, 구원파 본산 금수원에 대규모 경찰 병력이 투입되는 광경은 놀라움 그 자체였다. 금수원이 아무리 넓고 오묘하기로 1만 명 병력을 동원해야 대통령의 분노를 가라앉힐 수 있다는 뜻인가. 그날 경찰과 검찰은 우연히 마주친 구원파 신도 몇 명을 연행했고 주인이 사라진 호화 아지트를 대중에게 공개했을 뿐이다. 압수 수색이자 견학이었다. 구원파의 정보력과 치밀한 계산은 검찰을 능가한 듯 보였다. 감쪽같이 사라진 유병언을 쫓느라 군 병력까지 투입된 다급한 상황에서 구원파는 포상금을 걸고 세월호 진상규명 경진대회를 열겠다고 진지하게 제안했다. 국가에 대한 냉소가 이렇게 드라마틱한 적은 일찍이 없었다.

보수정권이 사수해야 할 것은 국가에 대한 국민의 자존심이다. 구원파의 냉소로 국민의 자존심은 땅에 처박혔다. 국정원 선거 개입과 간첩조작사건이 정국을 헛돌게 할 때에도 지지를 철회하지 않았던 이유는 정상국가를 향한 국민적 기대 때문이다. 정상국가라고 기상이 드높은 유별난 존재가 아니다. 그저 상식을 공익 판단의 기준으로 삼는 국가를 말한다. 정상국가가 유지되는 한 정권이 좀 잘못한다고 민심이 흉흉해지지는 않는다. 이런 국민 정서를 알아차렸다는 듯 현 정권은 '비정상의 정상화'라는 산뜻한 조어로 혁파를 다짐했다.

불법이 판치는 80여 개의 과제가 선정되고 정상화 시동이 걸렸다. 그런데 현 정권의 의지를 시험하려는 듯 세월호 참사가 터졌다. '비정상의 총체적 집하장'이었던 세월호는 '부실국가!'를 외치며 가라앉았다. 대통령은 '국가개조'를 비장한 표정으로 약속했다. 이후 두 달여가 흘렀건만 국민들은 새로 짜인 내각을 두고 비정상적 난타정국으로 진입해야 했다. 더욱이 터널의 끝이 보이지 않는다. 왜 이럴까.

설령 책임총리라고 해도 제왕적 대통령제로 불리는 한국정치에서 그리 중대한 위상을 점하는 것은 아니다. 내각의 정책행보를 부드럽게 조정하기만 한다면 쉽게 칭찬을 듣는 자리가 총리직이다. 화합과 겸손 모드면 족하다. 총리 후보군을 여럿 두고 정권 초기부터 체계적으로 검증을 해왔다면 교회 신앙고백 영상이 촉발한 갑론을박을 피할 수 있었을 것이다. '하느님의 뜻'으로 독해한 그의 역사관을 독실한 신심의 표현으로 필자는 이해한다. 다만 정국의 흐름에 비춰 문창극 총리지명자처럼 피아彼我의식에 투철한 강성 보수인사가 국가개조를 지휘할 팀장으로 적합한 것인가는 따져봐야 할 일이다.

역으로, 정통 보수인사를 총리후보로 지명한 데서 박대통령의 국가개조 구상이 어떤 것인지를 짐작할 수 있다. 부정·위법·비리를 '추상같이' 발본색원한다는 것, 친미-반공-극일로 연결된 단단한 고리를 다잡겠다는 결기가 그것이다. 내각도 비슷하다. 신임 장관들이 합세할 새 내각이 세월호 참사이전과 얼마나 다른가는 잘 드러나지 않지만 교육 부문만은 뚜렷하다. 전교조가 장악한 교육계를 대적할 수장에 박대통령은 역시 강성 보수 인물을 내세웠다. 전교조에 대립각을 세울 사람, 진보진영의 드센 공세에 방호벽을 칠 사람을 고른 것이다. 전교조와 진보교육 면면을 옹호한다는 뜻은 아니다. 이들이 청문회 문턱을 넘을지는 미지수지만, 불행히 결사응 전을 불사할 보수진영의 용감한 호위무사인 것만은 분명하다. '반듯한 국가'를 향한 청와대의 방식이 추상같은 강공술로 표출되는 한, 국민들은 자주 피곤한 논쟁의 골짜기로 몰린다. 지자체도 연정을 모색하는 이때 호위무사로 둘러싼 두문불출형 정치가 정상국가의 길을 닦을 수 있을까.

권력 내부에 비정상적인 것들이 없는 게 아니다. 국가개조를 청와대가 독점하는 것은 비정상이다. 국가개조를 이끌 내각 인사를 핵심세력이 성급히 천거해 혼란을 더하는 것, 아까운 인물들을 만신창이로 만들어놓는 것은 비정상이다. 세월호 참사로 인한 국민적 상심을 두 달여 방치해두는 것도 비정상이고, 그 와중에 약진한 진보를 강경 보수로 제압하려는 것도 비정상이다.

현 정권의 초상화에 이런 얼룩이 번지면 정상국가로 가는 길은 멀다. 불법과 반칙에 싸움을 걸었던 노무현정권도 그랬다. 필자가 '적의敵意의 정치'라 명명했던 그 정치양식은 오히려 적을 양산했고 정치전선을 확대했다. 너무나 소란했지만 결실이 적었던 정치과잉의 시대였다. 지금은 정치결핍의 시대, 정치실종의 시대다. '은밀한 적의'가 은밀하게 조직되는 시대다. 누가 어디서 무엇을 기획하는지 모른 채 결과만 통보받는 시대다. 정치가 통치로 변질되는 위험을 간파한 국민들이 민주정치를 찾아 헤매기 전에 먼저 권력을 옥죈 비정상의 동아줄을 끊어야 한다. (2014년 6월)

골든타임은 또 유실되는가

빨리빨리 하기로 세계적으로 소문난 한국인이 유독 사태 수습에는 암울할 만큼 느림보 걸음이라는 것을 이해하기는 힘들다. 납기일에 맞춰 주문 상품을 제조하거나 대형 아파트 단지를 순식간에 건설하도록 독려하는 이 '빨리빨리' 유전자는 그러나 대형 참사에 대한 진단과 처방에는 그 유별난 끼를 발휘하지 못한다. 세월호가 침몰한 지 98일째, 실종자 10명은 아직 어두운 바닷속에 잠겨 있고 300여 명 어린 생명이 수장된 원인은 제대로 밝혀지지 않았다. 시민들은 언론방송이 제각각 건져올린 크고 작은 요인들을 서로 잇대 붙이는 방식으로 궁금증을 풀어왔을 뿐이다.

〈JTBC 뉴스9〉이 지난 두 달에 걸쳐 지속적으로 제기한

'왜?'라는 질문과 심층 취재는 해운 관리와 해상구조의 난맥상을 비춰준 내시경이었다. 속은 부정과 비리로 썩어 있었다. 국가의 공적 책무가 작동해야 할 영역에 이익결사체가 번식하는 추악한 모습은 국가안전처를 신설한다거나 재난안전 업무를 이리저리 떼어 옮긴다고 해서 해결될 일이 아님을 알려주었다. 그럼에도 정부와 국회가 진상규명을 향해 첫걸음이라도 떼었다면 이렇게 답답하지는 않았을 것이다. 지방선거와 월드컵에 잠시 한눈을 팔기는 했지만 대통령이 단호하게 발령한 국가혁신에 대한 기대를 접은 것은 아니었다. 첨단 장비를 총동원해도 잡히지 않는 유병언이 설령 제 발로 걸어나온들 참사의 1퍼센트도 해명되지 않을 것임을 다 알고 있는 마당에, 특별법 제정을 두고 옥신각신하는 국회와 '국가혁신 특별내각'에 함량미달 인사들을 앉힌 정부의 경박한 행태에 결국 긴 한숨을 뱉게 된다.

오죽했으면 애들이 나섰을까. 저렇게 나서는 것 외에 자신을 달랠 길이 없는 단원고 생존 학생들의 도보행진은 무능정치에 대한 어린 학생들의 질타이자 무책임사회에 던지는 미래세대의 비난이었다. 학생들은 자다가도 벌떡 일어나 식은땀을 흘렸을 것이다. 거듭되는 악몽 속에서 보고 싶은 친구들과 거듭 작별했을 것이다. "이렇게라도 안 하면 친구들에게 할 수 있는 일이 아무것도 없어요." 죄의식의 바다에서 허우적대며 겨우 들고 선 피켓에는 이렇게 쓰여 있다. "억울한 죽음, 진실을 밝혀주세요"라고. 객관적 설명을 갈구하는 상처받은 영혼의 절규가 아닌가.

이 정도 소망을 못 들어주는 국가는 국가가 아니다. 어린 학생들의 외상 후유증이 어떻게 그들의 꿈과 일상을 갉아먹는지 신경을 쓰지 못하는 사회는 후진사회다. 학생 외에도 일반인 희생자들이 있다. 세월호 화물칸에 선적한 배송품을 한꺼번에 잃고 나락으로 떨어진 업자들, 트럭과 장비가 수장되고 빚쟁이로 전락한 소기업 사장들의 재기를 돕지 못하는 정부는 정부가 아니다. 그런데 이런 일이 실제로 일어나고 있는 것이 한국이고 그게 지난 석 달 만천하에 드러난 우리들의 자화상임을 인정해야 한다.

최장집 교수는 필자와 한 인터뷰에서 세월호 참사를 낳은 메커니즘을 세 가지로 지적했다(중앙일보 2014년 7월 9일자). 첫째는 국가 업무의 외주화와 역으로 확산되는 공적 책임의 희석화다. 예컨대 언딘이나 한국해양구조협회로 재난구조와 관리업무가 외주화될수록 이윤 추구의 연쇄 고리가 강해지고 책임소재는 오히려 약화되는 것. 둘째, 위험사회의 '위험'이 불특정다수에 적용되는 선진사회와는 달리 재난위험이 사회적 약자에게 집중되는 한국의 현실. 셋째, 도덕적 의무감의 내면화와 실행의지를 꺾는 비정규직의 양산. 이 세 가지 바탕 인식에서 출발해야 '뼈를 깎는 대오각성' 내지 '안전 선진국'에 부응하는 국가혁신을 이룰 수 있다. 그것은 세계적으로 유별난 효율성, 이윤, 시장 경쟁에 매몰된 사회를 형평성, 상호호혜, 공동체정신이 살아나는 공간으로 이전시키는 범국민적 자각이어야 한다.

"저는 법을 몰라요, 이렇게라도 나서야 했습니다." 국회를 향해 걷던 생존학생이 조심스레 내뱉은 말의 의미가 이것이다. 이보다 더 날카로운 비수가 어디 있을까. 법, 사회, 역사를 알고 있는 어른들이 좀 어떻게 해달라는 호소다. 친구들이 왜 주검으로 돌아왔는지, 살아난 나는 어떻게 해야 하는지를 차근차근 설명해주고, 이런 일이 다시 안 일어나게 단단한 대비책을 만들어달라는 뜻이다.

이런 호소를 듣지 못하는 정권은 정권이 아니다. 마치 세월호 침몰 직후 '구조 골든타임'을 놓친 그 치명적 실수처럼, 진상규명과 구조개혁에 머리를 맞대야 할 '혁신 골든타임'에 청문회, 내각구성, 기타 소소한 정치 일정에 넋이 나간 정권이 우려스러워 하는 말이다. 그러던 지난주 수색 지원을 나섰던 소방 헬기가 도심에 추락했다. 베테랑 기장은 땅에 충돌하는

그 순간까지 조종간을 놓지 않았다. 시민은 이러한데 정권은
조종간을 놓고 있는가. (2014년 7월)

교황 떠나시고 맞는 아침은

교황이 우리 곁에 머무신 요 며칠은 행복했다. 아늑했다.
마치 아기가 어머니 품에 안겨 험한 세상을 바라보듯 해맑고
안온했다. 마음의 의탁이란 이런 것인가. 이성의 촛대만 붙들
고 있는 식자나 신은 만들어진 것이라 애써 믿는 무신론자는
초월적 존재에게 마음을 의탁한 기억이 없다. 그러니 자신을
책망하고 이성의 결핍을 탓한다. 하루가 멀게 터지는 새로운
사건에 넋이 나가고 온갖 일들이 서로 엉켜 지독한 분쟁에 휘
말리는 우리들 한국인의 삶이기에 더욱 그렇다. 굳이 무신론
자를 자처하는 필자에게도 프란치스코 교황은 달랐다.
빈자의 대부, 힘들고 아픈 사람에게 우선 다가서는 그분은
본질과 멀어진 이 시대에 그 잊힌 고향으로 귀환하는 성자였
다. 세상과 등진 채 나 홀로 수양하는 여느 종교인들과는 달
리 세상사의 한복판에서 소탈한 행보와 온화한 미소를 잃지
않았고 자본주의의 탐욕에 거침없이 일침을 가하는 일상적 현

인賢人이었다. 사회적 주변인들에게서 예언자적 증거를 찾는 그분의 영성에 역사와 정치를 가르는 경계가 속절없이 무너졌다. 세계 12억 교도들을 은총의 약속으로 이끄는 성자의 자세와 동선은 지극히 소박했다. 그 동선을 따라 인간 중심의 신천지로 진입했던 요 며칠은 행복하지 않을 수 없었다. 마음의 우환을 그분이 대리한 탓이다.

오늘 밝아온 아침이 어제와 다를 리 없건만 그분이 떠난 빈자리가 유독 큰 것은 이제 남은 자의 의무가 절박하게 다가왔기 때문이다. '나의 벗들이여, 이제 혼자 가시오!'라고 말하는 듯하다. 세월호 유족들, 강정마을 주민, 쌍용차 해고 노동자, 밀양 송전탑 주민, 위안부 할머니들은 물론, 삶의 무게를 버거워하는 모든 사람들이 받은 위안과 감동의 메시지에 보답할 아주 각별한 각오를 다질 시간인 것이다. 박해, 전쟁, 시련으로 얼룩진 한반도의 어둠이 '불멸의 희망을 품고 있는 아침의 고요함에 자리를 내주었듯' 이제 두려운 고통의 통로에서 서로를 지켜나갈 불멸의 등불을 켜라는 교황의 준엄한 훈령을 새기는 아침이다.

교황은 '고요한 아침의 나라'에 배인 풍요로운 문화와 비장한 미학에 관한 찬사로 방문기를 시작했지만 한국이 더이상 고요한 나라가 아님을 안다. 로마교황청에서 가장 멀리 떨어진 극동의 작은 나라를 첫 방문지로 내딛은 것은 한반도가 품고 있는 역사적 경험의 보편적 의미 때문이다. 지난 150년 동안 인류 역사를 들끓게 한 이종異種의 격류들이 한데 모여 소용돌이친 곳, 많은 사람들이 그 와류를 헤쳐나갈 용기와 마음의 안식처를 천주에게서 구했다는 사실은 한반도가 갖고 있는 각별한 위상일 것이다.

조선은 유례없는 '박해의 땅'이었다. 2만 명 신자가 참수됐다. 조선은 '고난의 땅'이었다. 제국통치에 36년을 신음했다. 한국은 '분단의 땅'이다. 200만 명의 사상자를 내고도 민족은 갈라섰다. 한국은 '기적의 땅'이다. 잿더미에서 최고의 경제 기적을 일궜다. 박해, 고난, 분단, 기적의 격류를 모조리 겪은 나라가 지구상에 어디 있는가. 19세기 말, 고요했던 아침의 나라가 세계 현대사를 수놓은 모든 종류의 격변을 통렬하게 겪을 줄 누가 짐작이라도 했을까.

그런 땅에서 수백 년 살아온 한국의 선남선녀들에게 희망을 가지라고 말한 사람은 여럿 있었지만, 이역만리에서 찾아온 교황이 발한 단어들이 더 가슴 깊숙이 와 박히는 것은 어쩐 일인가. 말이 향기롭고 글이 아름다운 것은 위대한 문학 이상이었다. 절망의 해독제는 교황 자신이었고 교황의 손짓, 표정, 걸음, 그리고 온화한 미소 그것이었다. 세월호 유족들의 울음이 교황의 품 안에서 비로소 승화됐다. 실업자, 미취업 청년, 노약자, 병자와 장애인의 아픔이 그의 손길로 소리 없이 스러졌다. 고통받는 모든 이들의 현존을 성모께 의탁하는 그 순간 교황과 서민들은 은총의 세계에서 얼싸안았다. 축복이 따로 없었다. 축복의 화신이 우리 곁에 계셨던 요 며칠은 그래서 행복했고 아늑했다.

그런데, 꼭 이랬어야 했는가. 이역만리에서 찾아온 분에게 우리 내부 문제까지 의탁하며 눈물을 흘려야 했는가. 꼭 그의 말과 품을 빌려 우리의 분노를 잠재워야 했는가. 사회를 끌어가는 정치인, 종교인, 명망가, 지성인들에게는 기대할 수 없는 말을 그에게서 듣고 싶어할 만큼 우리의 정신세계는 빈곤했나. 그는 분단의 땅, 갈등하는 현실에 평화와 화해의 메시지를 남기고 떠났다. 세계화로 조각난 분열의 상처를 연대의 실천으로 치유하라는 전언을 남기고 떠났다. 영원한 치유는 우리의 것으로 남는다. 요 며칠 교황께 의탁했던 마음을 되돌려받는 아침, 무엇을 할 것인가를 내게 묻는다. 불명확했던 그 숙제가 이제 조금 형체를 드러내는 것도 같다. (2014년 8월)

그 여름의 끝

그 여름에 필자는 금융기관발 통지서를 받았는데 이렇게 적혀 있었다. "조세탈루 혐의, 2000년부터 2013년까지 모든 계좌를 정밀 조사했음을 통지함." 그 아래 열람된 계좌번호가 열 개 정도 나열되어 있었다. 대출통장이나 폐통장들이었다. 어, 내가 세금을 탈루했다고? 세금통지서를 받으면 인터넷으로 즉시 송금해버리는 나의 습관이 순간 무색해졌다. "세금포탈 혐의로 체포합니다"는 통지가 곧 도착할지도 몰랐다. 순간 불안해졌다. 며칠 후 '당황하지 않고' 국세청 담당자에게 전화를 걸었다. 답은 너무 담담했다. "예, 그 사건, 종결된 겁니다." 아니, 사건이라니? 급당황했다. 며칠을 전전긍긍하다 다시 용기를 냈다. 다른 담당자가 설명했다. "모 기업 비자금 관련 혐의입니다."

비자금? 그런 거 있다면 대박인데! 마이너스로 점철된 나의 모든 통장을 누가 뒤진 것도 언짢은데 일시 범죄자 취급을 받았다는 불쾌함이 여름 내 괴롭혔다. 국가가 무서웠다. 성실 납세자에게 탈세 혐의를 뒤집어씌울 관리권은 인정하지만 무고한 기업과 시민에게 '두려운 문구'를 거침없이 남발하는 국가의 난폭한 행태는 비난받고도 남는다. 국가란 무엇인가? 국가는 시민 주권을 위임받은 최고의 권력체다. 시민과 기업의 책무 이행을 감시하는 대신 각종 위험과 재난에서 보호하고 공적 서비스를 제공한다. 책무 감시와 권리보장이 두 축이다. 현 정권 출범 이후 모든 대기업에 강도 높은 세무조사가 실행됐다. 모자란 곳간을 어지간히 채웠을 것이다. 그런데 그 강력한 징세에 답하는 응당한 서비스가 제공됐는지는 의문이다. 감시와 보호 간 격차가 크면 불만이 일고 정권 지지율이 급락한다.

세월호 사태가 꼭 이렇다. 세금행정처럼 국가권한 행사는 너무 치밀한데 권리보장과 희생자 보호엔 직무유기 수준이다. 국민들은 극도로 피로하다. 애달픈 마음이 한여름 대추 익듯 작은 결실을 맺으면 한시름 놓으련만 거친 설전에 변질되고 정치권 난장에 짓이겨졌다. 유가족들의 양보를 요청하는 목소리도 높아졌다. 10명의 실종자는 오리무중, 추석 전엔 끝내고 싶은데 유품 하나 없이 발길을 돌릴 순 없다. '국가는 어디 있는가?'라는 애원조의 탄식에도 불구하고 풍랑과 싸우는 구조대 외에 '보호 국가'는 부재했다. 그 구조대는 그리 계통이 서진 않았고, 진상규명도 어느 방송사의 끈질긴 추적보도로 조금 드러났을 뿐이다.

여름을 달궜던 유병언 생포와 금수원 수색은 진상규명의 1퍼센트도 못된다. 유병언 사망으로 미스터리 드라마가 허무하게 끝나자 시청자들은 그게 본질이 아님을 곧 알아차렸다. 애 틋했던 해양수산부 장관의 현장 사수는 관리 초소였을 뿐 총 체적 관리 사령탑은 잘 보이지 않았다. 애초에 청와대 수석진 혹은 특별팀이 나섰어야 한다. 유가족들과 항시적 핫라인을 개설해서 각종 제안과 민원을 즉시 처리해왔다면 그들이 청와 대 부근에서 집단 노숙을 왜 했겠는가. 관리 기능은 엉망이었 다. 공적 서비스는 제대로 작동했는가. 긴급 생활자금, 외상 후유증 치료와 상담, 휴직 문제, 향후 대책 의견 수렴 등등을 세심하게 추진해왔다면, 유가족들 고통은 조금 덜어졌을 것 이고 저토록 드세지는 않았을 것이다. 수사권과 기소권을 두 고 사생결단까지 갈 필요도 없었다.

정상국가는 부재했다. 대통령이 든든한 보호자로 여겨졌다 면 구태여 만나자고 생떼를 썼겠는가. 손놓고 있다 불쑥 읽는 총리 담화문이 곧이들릴까. 근거 없이 조세탈루 혐의를 통보 하는 국가에도 의구심이 솟는데, 꽃망울 같은 자식을 수장한 그 생지옥을 규명해달라는 애원을 국회로 미뤄두고 남 탓하는 국가를 어찌 달갑게 여기겠는가. 어찌 유가족들에게 시민의 식을 회복하라고 타이를 수 있겠는가.

여름은 우울했다. 주말부터 시작될 귀성 행렬이 계절의 바 뀜을 알릴 것인데 영정을 끌어안고 오열하는 유가족들이 광화문광장에 지쳐 있는 한, 아직 그 여름은 끝나지 않았다. 추석 달빛이 초가을밤을 환하게 물들인다 해도. (2014년 9월)

공유 코드가 없다

아직도
국민시대

'국가개조'로 수직적 그물망을 다시 꿰맬 수 있겠지만
실밥이 아예 터져 있던 수평적 그물망, 그 허약한 시민성은
어찌할 것인가? 우리는 아직 국민의 시대를 살고 있다.

그믐날 노시인과

    눈발이 흩날리기 시작한 세모의 거리는 어두운 기억을 떨치려는 듯 인파로 넘실거렸다. 궁핍했던 시절보다 사람들의 표정은 더 무거웠고 일상의 갈피마다 묻어나는 조바심을 애써 감추고 있었다. 설원을 달려온 기차처럼 흰 연기 푹푹 뿜으며 길게 눕고 싶은 세모의 오후, 노老시인은 레스토랑 구석에 홀로 앉아 있었다. 모 시사 주간지에서 마련한 대담 자리, 주제는 아랑곳 않고 역사는 자연이라고 뜬금없이 그가 말했다. 역사를 춘추春秋로 불렀던 동양의 관습과 팔순의 시 연륜이 융합하자 우주의 사투리가 그냥 흘러나와 낮술잔을 적셨다. 모골이 송연해진 사회학자는 1년 내내 정신을 산란하게 만들었던 이념투쟁, 국정원 선거 개입 사건, 철도 파업 사태 같은 지구 어느 구석에서의 싸움이 한갓 에피소드처럼 소실하는 것에 환호했다.

사회학자가 보는 세상은 긴장과 대립의 연속이고 불화를 싹틔우는 씨앗들에 분석적 시선을 꽂기 마련이다. 술잔을 단숨에 비운 그가 냅킨 위에 취할 '흥興' 자를 길쭉하게 쓰면서 말했다. '興' 자 가운데 '一' 자가 아래위를 지평선처럼 갈랐다. "대지는 꿈틀대니까 밟아줘야 하거든, 그걸 밟으면 대지 위의 인간은 어깨가 굼실거리지, 그게 흥이고, 대지의 무도舞蹈야." 노시인의 말은 그냥 시였다. 춘하추동으로 흘러가는 세월 속에서 한국사회의 아귀다툼은 언젠가 '무도회의 취흥'이 될 거라고 흘려 말했다. 희망사고가 아닐까 하는 사회학자의 의구심은 문명의 야만을 탈주하는 그의 시어에 흥겹게 유실됐다.

안드로메다와 교신한 듯한 그의 『무제 시편』에는 이런 시가 있다. "정사는 단조로운 질서이다/야사는 불온한 일탈이다// 야사와 정사는 서로 만나기를 저어한다//(중략)//유럽 여행 지겹다/(중략)//어서 떠나/남태평양의 오래된 해류 위에 맞지 않는 예언으로 떠 있으리라"(「무제 시편 86」) "맞지 않는 예언" 으로 춤출 수 있는 세상은 정사 속에서는 불가능한 것임을 청년 시절 통영 미륵산 토굴에서 일찍이 깨쳤거늘 '삼국유사' 같은 설화의 세계에 호적을 두고 환속한 그에게 끊임없이 시를 쓰게 하는 영혼의 시그널은 어디에서 발원한 것일까. 사회학자는 맞지 않는 예언으로 춤출 수 있는 특권이 없다. 나는 그의 유혹을 뿌리치고 정사 쪽으로, '국민행복 정치'와 '철도 파업' 쪽으로 그를 끌어냈는데, 그는 금세 어린 학생처럼 지루해했다.

한국은 왜 이렇게 소란할까요? 소란 끝에 이윽고 고독이 찾아올까요? 사람들을 첨예한 이해관계로 몰아내는 자본주의에서 고독은 실존의식이 깃드는 아지트다. 고독을 겪은 사람만이 사람 관계의 소중함을 알아차릴 수 있다. 고독!에서 노시인의 눈빛은 다시 반짝였다. 노시인이 말했다. 한국은 고독할 새가 없던 사회였다. 식민지 시대와 전쟁의 상처를 치유하려면 고독 속으로 침잠했어야 했는데 원한과 적개심이라는 원초적 감정을 부추긴 냉전이데올로기가 고독과 화해의 가능성을 틀어막았다. 화해란 오랜 대결 끝에 갈망하는 춤사위라면 우리는 아직 소란스러운 투쟁지대를 건너고 있는 중이다. 그럼, 서로 다른 '국민편익'을 앞세운 저 투박한 격투기, 철도 민영

* 고은, 『무제 시편』, 창비, 2013.

화와 공영화 중 무엇이 정의인지 모른 채 분출하는 격투는 내년에도 다른 형태로 재현되겠지요? "압축성장에서 겪지 못한 결핍 때문에 그렇지"라고 그가 말했다. 압축성장은 가능했지만 이렇게 거친 사유로는 이해 분쟁의 해소가 어렵다. 민주화가 시작된 이래 더 거친 이념논쟁이 개막된 이유도 결핍증 아닐까. 노시인은 문학에 빗대 말을 이었다. "산문이 시로 진화하는 길목이 무너졌어."

그래서인가, 평생을 짓누른 전쟁의 적개심을 잊어서는 안 된다고 절규하는 전쟁 세대의 모습과, 그것의 연장선에 놓인 '안보정치'가 대지의 취흥을 얼어붙게 만드는 한반도의 문명이 을씨년스럽게 다가왔다. "아사달과 아사녀를 춤추게 하는 시적 예언으로도 우리의 결핍증을 메울 수 없는 이때!"라고 내가 말하는 순간 노시인의 어깨가 들썩였다. 이데올로기를 시 세계로 끌어들이려는 듯 노시인은 시어를 쏟아냈다. "팔순 세월이 이념에 짓눌려/야사로 가자, 유럽의 우람한 정사를 물리치듯/(중략)/좌우 이데올로기는 저 변두리에서 풀이나 뜯으라."

"대지의 무도를 망치는 좌우 이데올로기는 변방에서 풀이나 뜯으라." 팔순의 노시인이 남긴 이 말은 산문으로 무장한 사회학자에게 준 화두였고, 피곤에 지친 시민들에게 던진 신년 메시지였다. 대담을 마친 우리는 레스토랑을 나왔다. 밖에는 눈발이 제법 굵어졌다. 재회를 언약하는 노시인의 손은 따뜻했다. 인파 속으로 사라지는 노시인의 좁은 어깨에 눈이 몇 점 떨어졌다. 시인 고은, 그와 보낸 세모의 몇 시간은 행복했다. 내가 팔순이 될 때 이 시간을 어떻게 기억하게 될까. (2013년 12월)

멀어진 문학을 다시 부르며

10년 전쯤, 미국 서부 해안에 위치한 살리나스라는 작은 촌락을 방문한 적이 있다. 20세기 전반 미국 자본주의의 모순을 파헤친 존 스타인벡의 흔적을 찾아가는 길, 끝없는 평원에 펼쳐진 풍경은 작가가 묘사한 1920년대의 그것과 별로 달라진 것이 없어 보였다. 전통적 과실나무에 더하여 블루베리, 피스타치오 같은 신종이 들어섰고 백인 노동자가 남미 이주민들로 대치되었을 뿐이다. 읍내에서 만난 청년은 작가의 존재를 몰랐으나 구멍가게 할머니는 반갑게 기념관 위치를 알려줬다. 동양인이 그걸 어떻게 알고 있는지 신통해하면서 말이다. 퓰

리처상(1939)과 노벨문학상(1962)을 수상한 작가가 깨우쳐준 그 정신, '신성한 노동'에 대한 자부심으로 평생 그 작은 가게를 지켰을 터였다.

문학상보다 더 소중한 것은 의지할 곳 없는 평범한 서민들의 고된 여정에 길잡이가 된 작가의 불빛 같은 언어와 그 언어가 빚어낸 아늑한 공간이다. 우리에겐 이런 게 있는가. 노벨문학상이 먼 나라 작가에게 돌아갔다는 소식에 은밀한 기대를 접은 사람이 많았을 것이다. 세계인이 흠모하는 문학상이 20세기 경제 총아 한국에 문화 훈장이라도 달아줄 것을 고대했을지 모른다. 문학은 영혼과 현실이 치고받는 싸움의 기록인데 책은 멀고, 골목 책방은 자취를 감추고, 어쩌다 서점을 가도 문학 코너를 멀찍이 우회하면서도 말이다. 좋아하는 작가가 있었던가? 계발서와 트렌드 서적이 판을 치는 나라, 그래서 전업 작가가 굶고 명문 대학에 작가 지망생을 찾아볼 수 없는 나라에서 문학은 기어이 죽고 작가는 예술혼을 잃는다.

춘천 호숫가 '문학공원' 한가운데 비치된 빈 석판엔 이렇게 쓰여 있다. "노벨 문학상 수상자를 기다립니다." 그런데 자신의 흉상이 빈자리에 올려지는 것을 생전에 목격할 사람이 나타날까. 노벨 문학상이 정신적 높이의 유일한 척도라는 말은 아니지만 그걸 탐하기 전에 문학을 어느 구석에 내팽개쳤는지를 우선 점검해보는 게 순서다.

'문학의 나라' 한국에서 문학은 오래전에 죽었다. 역량 있는 작가와 걸출한 작품이 출현하지 않아서가 아니라 문학이 번성할 환경과 전통을 우리 스스로가 짓밟은 탓이다. 척박한 현실도 성찰과 관조로 짠 언어의 집에 유숙하면 새로운 옷을 갈아입는다. 선비들은 수심정기를 위해 글쓰기를 일상화했고, 서민들은 고전소설과 판소리 자락을 줄줄 외웠다. 그런데 오늘날 우리들은 소설, 시, 희곡에서 정신의 양식을 건지고 있는가. 또는 '문학 한국'을 만들 젊은 세대는 식민지 시대는 차치하고라도 1960~70년대 작가들이 시대와 겪은 불화를 어떻게 인두질했는지를 알고 있는가.

문학 없이는 살 수 없었던 시대가 있었다. 이광수가 문학을 지知·정情·의意의 고유 영역으로 독립시킨 이래 1970년대까지도 문학은 시대의 고뇌를 담아내는 저수지였고, 작가는 지·정·의를 융합해 시대정신의 출구를 뚫는 전사였다. 작가는 당대 최고의 지성이었다. 주요 신문에 매월 평이 게재됐고, 문학상 수상자는 단번에 장안의 화젯거리였다. 사법고시 합격이 부럽지 않았던 그 자존심이 요즘 가끔 노벨 문학상 후보군에 오르내리는 작가군을 배출했던 거다. 작가 고은은 억압적 정권이 빚어낸 온갖 군상들의 난무를 '인류애'로 풀어내 세계적 작가의 반열에 올랐다. 이문열은 '부성父性의 재해석', 황석영은 '분단국가의 비애'로 노벨상 위원회의 관심을 샀고 영어, 프랑스어, 독일어로 많은 작품이 번역되었다. 그런데 그 한국적 주제들은 세계사적 공감을 불러일으킬 문학적 열정과 보편성을 얻지는 못했던 거다. 문학의 불꽃이 사그라진 나라, 영혼과 나누는 대화가 언어와 행동양식으로 전환되지 않는 나라에서 고군분투했던 이 뛰어난 작가군은 결국 궁핍한 우리의 문학 환경을 넘지 못한다. 예술가 태반이 월소득 100만 원 이하로 극히 가난하고 문학인은 그 비율이 90퍼센트로 단연 바닥이다.

몇 년 전, 어느 인터뷰 자리에서 고 박경리 선생께 물은 적이 있다. 노벨상을 기대하시는가라고. 그 무렵 프랑스어로 『토지』 1부가 번역 출간되었기에 드린 질문이었다. 답은 뜻밖에 단호했다. "그런 질문을 받으면 자존심이 상한다"는 것. 문학은 작가가 인정을 받고자 하는 행위가 아니라 서민들의 가슴에 자신의 존재에 대한 인정을 불러일으키기 위한 고투라는 뜻이었다. 평생 세상과 담쌓고 『토지』에 몰입했던 대작가의 포부는 우리가 발 딛고 선 역사의 저변을 한과 연민의 언어로 깔아놓는 것이었다. 문학이 일상에 스미고, 일상이 예술적 상상력을 생산할 때 각박한 현실도 풍요로워지는 법이다. 문학공원의 빈 석판이 채워지기를 고대한다면 자신의 생활 공간에 문학의 편린이 얼마나 남아 있는지를 우선 확인해야 한다.

(2013년 10월)

타워크레인에서 보낸 194일

    고공 40미터, 크레인 꼭대기에 오른 지 194일째, 계절이 세 번 바뀌었지만 태양은 변함없이 떠오른다. 금년 51세, 가족 뒤치다꺼리 끝내고 평온한 여생을 꿈꿀 중년 여인이 해풍 거센 크레인에 홀로 올라 무엇을 말하고 싶었는가. 봄꽃이 피고 지고, 장맛비가 추적거리도록 시간이 흘러도 메아리 없는 대한민국에 전하고 싶은 언어는 무엇인가? '조선造船 강국'의 강인한 노동자들이 사실은 불에 덴 듯한 상처를 안고 산다는 그것인가, 아니면, 풍요를 좇는 '경제 대국' 시민들이 잊고 있던 그 가치를 들춰내 불편하게 만들고 싶은가? 의류공장 시다,

외판원, 한진중공업 용접공에 해고 노동자인 그녀의 전언을 'G10 한국'은 아직 경청할 준비가 안 돼 있다. 아마 그녀는 크레인 쇠벽에 일기 쓰듯 써내려갈 것이다. 194일째, 2011년 7월 19일.

국민소득 2만 달러 시대에도 이런 일이 일어난다. 정치, 기업, 시민의 단합된 힘으로 이전삼기의 끈기를 보여준 남아공 더반의 낭보에 열광하는 대한민국은 한 평 남짓한 고공 교두보에 단짝 올라앉은 194일의 독백에는 무덤덤하다. 노사합의가 이뤄진 마당에 웬 뒷북치기인가 싶다. 수십 개의 방송과 신문도 비난 일색이고, 부산 시민들도 넌더리를 낸다. 이젠 일상이 된 정리해고와 비정규직 문제가 다시 불거지는 게 불편한 까닭이다. 그런데 분명한 것은, 이 20세기적 문제를 풀지 않고는 '21세기 선진 한국'을 기대할 수 없다는 사실이다. 비단 노동문제만은 아니다. 한국사회를 어떻게 건강하게 만들 것인가를 묻는 본질적 사안이다. 정작 '자본의 시대'를 열고자 한다면, 세계 무대에서 환영받는 자본이 되려면 우선 국내 작업장의 목소리를 경청해야 마땅하기 때문이다.

한국은 이 고질적 문제를 풀지 못한 채 고도성장 시대를 건넜다. 1990년 현대중공업 골리앗 크레인 시위는 해고 노동자 복직이 쟁점이었고, 1998년 넉 달을 끈 현대자동차 파업은 정리해고가 문제였다. 1만 2000명의 지위가 단번에 바뀌었다. 같은 사안이 2009년 쌍용자동차에서 터져나왔다. 기업 생존에 대량 해고가 불가피함은 누구나 동의하지만, 노동자들에겐 절명의 통지서임은 누구나 인정하지는 않는다. 지난 20년 동안 이 두 개의 생존 법칙이 충돌해서 극한적 파열음을 냈다. 정치활동과 정규직 위주의 민노총은 아직 해결방법을 못 찾았다. 꼬리 자르듯 해외로 나간 기업은 한숨을 돌린다. 그런데, 필리핀 수빅 만에 진출한 한진중공업 조선소에서 5년간 24명이 안전사고로 죽었다. 현지 노조들은 수빅조선소를 '킬링필드'로 부른다(『시사IN』 200호). 20년 전 과테말라 삼풍어패럴은 '버뮤다 삼각지대'로 불렸다. 아침에 출근했다 사라진 여공들이 더러 있었다. 여태껏 한국자본이 그렇게 인식된다면 심각하다. 우리는 한국에 진출한 외국자본을 '제국의 수탈자'로 보는 데에 익숙하다. 외국인들은 우리 기업을 어떻게 볼까? 어쨌든, 해외진출 덕에 한국은 2만 달러 시대를 열었는데, 이미지는 그렇게 됐고, 정작 한국의 노동자들은 감량 경영과 불안정한 취업에 떨었다.

이 오랜 과제가 작년 12월 부산 한진중공업에서 다시 불거졌다. 6년간 수주실적 제로였던 기업은 최후의 방법인 정리해고를 택했다. 400명 해고자 명단이 통보됐고, 노동자들은 불가로 맞섰다. 10년 전 해고된 노동자 김진숙이 크레인에 올랐다. 되풀이되는 생존 법칙의 충돌이 결국 대량 해고로 봉합되고야 마는 대한민국의 현실이 막막했던 거였다. 2003년 같은 문제로 투신한 동료의 서러운 기억이 차가운 쇠붙이에 묻힌 곳이다.

독일과 스웨덴도 오래전 이런 질병을 앓았다. 기업과 노동자가 해결하기 어려운 벅찬 문제를 국가가 떠안았다. 기업과 노조는 상생 전략을 짜느라 머리를 맞댔는데, 국가가 해결사로 나섰다. 정치권은 범국가적 차원의 '유연 안전망flexicurity'을 가설할 것을 국민에게 호소했다. 해고 노동자에게 월급에 맞먹는 생계비와 재취업 훈련이 주어졌다. 독일의 연방고용청과 스웨덴의 노동시장국이 빈틈없이 노동자를 보살핀다. 무상급식, 반값등록금에 헷갈리는 국민들이 모르는 게 있다. 일자리를 지키고 노동 역군을 보호하는 국가의 기본 업무 말이다.

1990년 골리앗 크레인 시위, 10여 대의 헬기와 진압대 수천 명이 동원된 '미포만 작전'은 노모의 한마디만도 못했다. "야야, 니 거기서 모하노! 애 운다 빨리 내려오이라!" 70명 노동자가 두말없이 내려왔다. IT 강국, 조선 강국 한국이 김진숙을 내려오게 할 방법은 하나뿐이다. 작고한 노부가 환생해 이 말을 하는 것. "복직했냐, 은제 하냐? 그라믄 복직 몬한다!"
가난에 단련된 노모와 노부의 잠긴 목소리로 이 구조적 문제
를 풀어야 하는 한국은 아직 갈 길이 멀다. 용접공 김진숙, 한
진중공업의 듬직한 배에 꽃다운 청춘을 용접한 김진숙에게 네
번째 계절인 가을이 저멀리 있다. (2011년 7월)

아직도 국민시대

그대의 가슴을 뛰게 하는 것은

천하의 준재들이 모인 서울대 사회과학대 강의실, 개성공단 폐쇄, 경제 침체 같은 어수선한 현안들을 물려놓고 중년 교수가 자못 진지한 표정으로 130년 전 한말 지식인 유길준의 행적을 얘기한다. 당시 27세 청년 유길준은 미국 보빙사 사절단으로 도미했다가 유학을 결심하고 동부 명문고 상급반에 입학한다. 요즘 말로 국비장학생 1호다. 그런데 1년 뒤, 동료였던 김옥균의 궁정쿠데타 혐의로 소환 명령을 받자 돈을 빌려 세계 각국을 두루 견학한다. 귀국 후 가택연금 상태에서『서유견문』을 저술한다. 교수는 그 저술이 조선의 국운을 일으키는 방략이었음을 강조하고 잠시 자신의 무용담을 덧붙인다. "내가 유학했을 때가 27세였고, 그의 고뇌를 되살려 21세기 신서유견문을 쓰고 싶었다." 학생들이 긴장한다. 교수는 이때를 놓칠세라 27세쯤으로 추정되는 복학생에게 묻는다.

"자네의 가슴을 뛰게 하는 것은 무엇인가?" 기습 질문을 받은 학생은 침묵한다. "뭐, 솔직히 얘기하게나. 친구들과 시대정신을 공유할 기회지." 교수가 은근히 부추긴다. 잠시 뜸을 들인 그 늙은 학생은 답한다. "취직이오!" 교수의 머릿속이 하얘지고 몇 개의 어색한 단어들이 엉킨다. '겨우?' '아, 미안하군, 우리가' '그래 이 시대엔 그게 고민일 거야' '그래도…… 이 나라를 어쩐다?' 등등, 말을 잃은 교수는 10분 휴식을 선언할 수밖에 없다.

세계 청년 3억 명, 4명 중 1명이 놀고 있는 오늘날(『이코노미스트』 기사), 한국 청년이라 해서 초연할 수 없다. 국내 유수 기업 취업 경쟁률이 200 대 1을 넘고, 공무원직은 수백 대 일을 넘는 게 오늘의 실정이다. 취업전선에서 실패하면 알바 인생으로 남아야 한다. 첫 직장이 소득과 신분을 좌우하는 냉혹한 현실에 짓눌린 청춘들에게 시대정신이 무엇이냐고 묻는 교수는 분위기 파악을 못한 백면서생이다. 취업전선을 헤매는 이들을 뒷바라지하는 사람들은 퇴직했거나 퇴직을 앞둔 베이비부머가 다수다. 희소한 일자리를 놓고 부모와 자식 간 한랭전선이 형성되는 것이다. 필자가 인터뷰한 어떤 퇴직자는 안쓰럽다는 듯이 답했다. "갑자기 직장에서 밀려난 나도 급하지만, 수십 차례 면접에서 낙방한 큰애 얼굴 마주칠까 겁난다." 55세의 그 퇴직자는 최근 필자에게 달뜬 목소리로 소식을 알려왔다. 어느 중견기업 계약직에 취직돼 한시름 놓았다는 것이다. 큰애의 취업기회를 갉아먹은 것이다.

취업이 부모나 자식들이나 가슴을 뛰게 만드는 가장 소중한 것이 된 오늘, 정치권은 우선 부모 세대의 손을 들어주었다. '60세 고용연장법'을 서둘러 통과시킨 것이다. 일본은 올해부터 65세, 독일 67세, 프랑스 60세가 정년 규정임에 비해 한국은 평균 53.7세였던 사정을 생각해보면 일반 시민들이 어떻게 버텨왔을까 의구심이 들 정도다. 늦어도 한참 늦었다. 그래서 '60세 고용연장'은 쌍수를 들고 환영할 만한 조치이나, 10퍼센트를 웃도는 실업률에 빠져 있는 자식들은, 이 시대 풀죽은 청년들은 어찌할 것인가. 아무런 제도개혁 없이 고용 연장을 선언하는 나라는 없다. '기업이 알아서 하라!'고 호통친다면 당장엔 듣는 척하겠지만, 기업이 반격할 방도가 없는 게 아니다. 신규 채용을 안하는 것, 법규 적용이 안 되는 비정규직을 대폭 늘리는 것, 정 안 되면 해외로 나가는 것. 모두 고용안정을 해치고, 급기야는 기업경쟁력을 악화하는 극약처방이다. 고용연장법이 중산층 확대와 생계안정을 위해 절실한 정책이기는 하지만, 고용체계의 일대 개혁을 도모하는 노동정치가 동반돼야 실행가능하다. 청와대와 국회는 과연 용의주도하게 준비하고 있는 걸까?

고용연장법이 기업의 지불 능력을 침식하면 동반자살과 같다는 사실을 우선 염두에 두자. 그런데 아무런 조치를 취하지 않으면 동반자살이다. 고용연장을 해도 노동의 총량에 변함이 없어야 신규 청년채용이 가능해지고, 임금체불이 일어나지 않는다. 임금은 기업이 주는 것이다. 무엇이 필요한가? 노동시간을 십시일반 모아서 퇴직 예정자들에게 주는 것, '일자리 나누기'다. 강성노조가 버티면 이마저 불가능하다. 양보한 노동시간만큼 보상이 따라야 노조도 노동자도 동참한다. 여기에 필요한 것이 세금으로 충당되는 '고용촉진기금'이다. 그래서 고용세를 신설해야 한다. 연장 혜택자는 '임금피크제'를 스스로 수용해야 시민들의 세금 부담과 기업 부담을 줄여줄 수 있다. 임금피크제란 고용연장 기간 동안 임금의 단계적 축소가 단행되는 것을 말한다. 일자리 나누기, 고용촉진기금, 임금피크제가 없는 고용연장법은 청년을 영구 실업자로 만들고 결국 기업을 죽이는 결과를 초래할 것이다.

청와대와 국회는 한바탕 소동이 벌어질 이 엄청난 노동개혁을 단행할 계획을 갖고 있는가? 시민, 노동자, 기업은 자신의 작은 이익을 할애할 각오가 되어 있는가? 사회적 연대는 공익을 위해 사익을 자제할 때만이 피어난다. 우리는 한 번도 '모두의 가슴을 뛰게 하는 일'을 해본 기억이 없다. (2013년 5월)

포트해밀턴과 켈파르트

1886년 4월 15일, 나가사키에 주둔해 있던 영국 함대 사령
관 도웰 제독은 본국 해군성에 급전을 보냈다. "전함 아가멤
논호, 페가수스호, 파이어브랜드호를 발진시켰음. 목표지는
포트해밀턴. 러시아 함대는 보이지 않음." 포트해밀턴, 영토
확장의 본능을 주체할 수 없던 제국들이 마치 야생동물들이
발톱 자국을 남기거나 오줌을 갈겨 영역을 표시하듯 타국 땅
에 낯선 팻말을 꽂은 이 땅의 실제 이름은 거문도였다. 남해
고도 거문도가 영국의 눈에 뜨인 것은 1845년이었고, 그후 이
바위섬이 제국 열강의 쟁탈전에 내몰리는 것을 조선 조정은

알 길이 없었다.

당시 영국 신문은 해군의 거문도 점령을 대서특필했는데, 어떤 신문은 켈파르트로 보도하기도 했다. 켈파르트, 이 역시 17세기 열강의 범선이 우연히 발견해 작명해준 제주도의 명칭이었다. 멀리 유럽제국 사령탑에서는 동일한 해역에 속한 제주도와 거문도가 헷갈렸을 것이다. 조선통인 미국 제독 슈펠트가 거문도를 지중해의 지브롤터로 비유했듯 포트해밀턴은 연해주를 점령하고 남하하는 러시아를 막는 기막힌 요새였다. 동경에서 이 사건을 접한 열강의 제독들은 단독 점령에 불만을 토로했지만, "개(러시아)의 목을 졸라 물고 있던 뼈다귀를 떨어뜨리게 만드는 전략"에 감탄을 금치 못했다(김용구, 『거문도와 블라디보스토크』, 서강대학교출판부, 2009년). 거문도에 영국 국기가 게양됐다. 한 발 늦은 열강들은 안달이 났고, 민란과 정변에 시달리던 조정은 어찌할 바를 몰라 북경으로 달려갔다.

남해를 둘러싼 열강들의 각축전은 126년이 지난 오늘날에도 변함이 없다. 러시아의 태평양 함대는 블라디보스토크에, 일본은 사세보에 비장의 해군력을 갈무리했고, 미국 7함대는 일본 요코스카 항에 닻을 내린 지 오래다. 19세기의 수모를 만회하고자 중국은 최근 항공모함을 건조해 다롄 항에 배치했다. 그럼 한국은? 4강의 십자포화 한가운데에 순진무구한 표정으로 놓인 남해는 100년째 비어 있다. 진해, 부산, 동해, 이세 개의 군항은 소형 구축함들도 버거워 항공모함이 접안할 수 없고, 평택과 목포는 간만의 차가 커서 이지스함이 입항하지 못한다. 대양 해군의 주력인 1만 톤급 독도함, 세종대왕함, 율곡함은 정박할 모항을 찾지 못해 먼바다를 헤맨다. 게다가, 경제 대국 한국에 물자를 공급하는 물동량의 80퍼센트가, 일본과 중국 간 해상 물류의 대부분이 통과하는 대한해협에 비상이 걸리면 주력부대인 독도함이 부산에서 발진해 현장에 닿는데 족히 10시간이 걸린다.

우리의 자부심, 삼도수군통제사 이순신 장군께 해군기지 묘책을 물으면 우람한 칼끝으로 한 곳을 가리킬 거다. 거북선과 판옥선의 시대라면 여수와 통영, 구축함과 이지스함의 시대라면 제주도 남단 서귀포. 19세기 말에도 열강의 해군성과 제독들은 켈파르트의 전략적 절묘함을 탐냈고 지금도 그렇다. 강정마을은 서귀포에서 20킬로미터 떨어진 해안에 위치해 있다. 말똥게, 맹꽁이, 제주새뱅이를 길러내는 멋진 구럼비바위가 펼쳐진 곳에 말이다. 1만 3000명의 무고한 희생자를 낸 4·3항쟁의 비극적 상처가 아직 아물지 않은 '평화의 섬' 남단이 불행하게도 첨단 무기로 무장한 4강 해군들에게는 오늘날의 포트해밀턴인 셈이다. 고 노무현 대통령의 탁월한 지적처럼 해양세력들의 균형추가 되는 전략요충지다.

구럼비해안은 시위대의 통곡 속에 폭파되고 있다. 말똥게와 새뱅이도 참살될 것이고, 감귤과 협죽도가 어우러진 풍족한 마을 강정은 사나운 군수 차량과 냉정한 철선들로 황량해질 것이다. 뭍사람의 팍팍한 마음을 달래는 제주도의 인류학과 민속학이, 한반도에는 결코 볼 수 없는 저 비췻빛 바다와 초록 숲의 정취가 훼손될지 모른다. 그런데 조선 조정이 거문도의 국제정치적 위상에 까막눈이었듯이, 우리의 국제 인식에서 세계 최강 해군력이 밀집된 동북아 해역의 중앙 원점이 켈파르트란 사실을 지워버릴 만큼 평화가 안착되지는 않았다. 그럼에도 여기에 군항을 구축하는 것과, 21세기 지구촌 공생의 가치인 환경·종교·주민자치를 어떻게 융합할 것인지를 차분히 따져봐야 했다. 우리는 지난 5년 소란했던 시간을 보내고도 양자 절충안 도출에 실패했고, 급기야 이 국가적 대업이 평택 미군기지처럼 사생결단의 공방전을 몰고 오는 것이 우려스럽다. 미국의 전형적 군항인 샌디에이고가 퇴역 군함을 배치해 관광객들의 인기를 독차지하듯, 민군복합항이란 강정의 초기 설계에 해양박물관, 해군전사관, 해양체험관 같은 역사 문화 개념을 부가하면 제주도민과 시민단체의 상실된 마음을 위로할 수 있을 것이다. 1887년 2월 27일, 영국은 러시아에게서 남하정책 포기각서를 받고서야 철수를 결정했다. 10개월에 걸친 숨가쁜 협상에 조선은 없었다. 영국 국기가 내려졌다. 한반도는 2007년에야 우리 손으로 태극기를 꽂을 포트를, 남해와 대한해협을 지킬 군항을 생각해낸 것이다. 이 중앙 원점은 100년간 비어 있었다. (2012년 3월)

대법원, 공부 좀 하시죠

1980년대 중반 미국 대학원 세미나실, 복지국가론의 대가로 알려진 교수가 한창 열을 올리고 있다. 후진국 청년이 어눌하게 물었다. "공공복지와 기업복지의 관계는 무엇인가?"라고. 미국과 유럽 전문가인 그 교수가 일본과 한국의 기업복지에는 문외한이었다. 기업은 복지의 주체가 결코 아닌 서구식 전통에서 난처한 질문이었다. 그 질문 덕에 나는 괜히 한국의 기업복지를 발표하라는 숙제를 부여받았다.

지난 5일, 통상임금 산정기준을 찾는 대법원 전원합의 공개변론에서 대법관들은 오랜만에 공부 좀 했을 거다. 사안은 법

266

적 잣대만으론 풀리지 않는다. 법원 판결이 서로 상충하므로 대법원이 나설 수밖에 없었다. 대법원장이 물었다. "왜 지금에 와서 문제삼는가?" 노동 측의 답변은 동정심을 유발했다. "상여금이 통상임금에 포함되는지 몰랐어요!" 그러니 늦었더라도 몽땅 달라는 말이다. 일률, 고정, 정기라는 임금규정 자구字句에 포박된 법관의 눈으로는 노동의 손을 들어줘야 했던 거다. 노동분배율이 날로 악화되는 마당에 어떠랴. 그런데, 잠깐, 자구에 매달리면 어렵게 쌓아온 한국의 미덕과 잔솔 불처럼 남아 있는 노사합의 정신이 여지없이 망가진다는 사실에 유의해야 한다. 한국과 일본은 세계에 없는 산업적 온정주의로 이만큼 커온 나라다.

한국 기업은 국가를 대신해 복지를 제공한 주체였다. 노동자의 생활설계와 재산형성까지를 봐준 기업전통을 그 교수는 한국의 미덕이라 칭송했다. 노동자들은 생산성 향상으로 보답했다. 그 덕에 집도 샀고, 자녀들을 대학에도 보냈다. 서양의 연봉 개념에 주택, 학자금, 가족수당 항목은 없다. 한국의 임금제도는 유별나다. 모든 기업이 임금표를 갖고 있는데 시급에 기초한 기본급이다. 이것으로 각종 수당과 퇴직금을 산정한다. 기본급 70퍼센트, 각종 수당 20퍼센트, 연장노동 10퍼센트가 1987년 이전까지 구성비율이었는데, 노동자대투쟁

이후 '수당' 비중이 30퍼센트로 급증했다. 국가의 임금억제정책에 맞춘 수당 신설이 노사 분쟁의 해결책이었다. 그 이후 어떻게 되었을까?

필자가 528개 기업 현황을 조사한 연구(1995)에 따르면, 놀랍게도 기업이 제공한 복지 종류는 55가지였다. 근로기준법에 명시한 법정복지 15개, 임의적 비법정복지 40개였다. 모두 일률, 고정, 정기적으로 제공하는 혜택이었다. 영세 기업은 엄두도 못 냈다. 대기업에서 복지가 급증한 이유는 명백하다. 임금협상과 단체협상이 분리된 한국에서 기본급 인상을 자제하는 대신 상여금과 수당으로 보전하고자 했다. 노사담합의 결과였다. 대우조선, 현대차, 삼성중공업, 한국GM 등 통상임금 소송을 제기한 기업의 숨은 스토리가 그렇다.

기업주가 임의로 주는 비법정복지는 산업적 온정주의가 낳은 좋은 관행이다. 생산장려, 노사안정, 생활설계, 노동력 확보 등을 고려한 시혜의 일종이고, 과격한 임금인상을 억제하는 대체수단이었다. 울산, 창원 같은 산업도시를 상생의 공동체문화로 발전시키자는 협력적 의도가 명절 상여금, 휴가비, 학자금, 전월세 자금대여 등 현금보상을 위시해 병원, 사원주택, 휴양시설, 체육관, 소비조합 등 시설복지까지 진화했다. 그런데 어느 날, '근로 보상 총액이 통상임금'이라는 소송이 제기됐다. 근로기준법 '임금' 조항에서 '근로의 대가'를 넓게 해석한 법원은 그게 맞다고 응답했다. 한국의 산업발전사와 노사의 눈물겨운 행보를 짓밟는 무지의 소치다. 대법원, 역사 공부가 필요하다.

폭풍의 핵인 상여금은 무엇인가? 상여금은 생산성 기여분, 직무헌신 장려, 생활안정 지원이란 세 가지 기능의 총액이다. 생산성은 노동자의 몫이고, 직무헌신과 생활안정은 시혜, 즉 기업복지다. 이것도 영업이익과 경기변동에 따라 달라진다. 온정주의를 버리고 냉정하게 측정하면, 상여금의 3분의 1, 즉 생산성 기여분이 통상임금에 포함된다. 그래서 근로보상에 해당하는 통상임금은 '기본급+근로기준법에 명시된 법정복지+3분의 1 상여금'이다. 임의적 수당들은 제외다. 그런데 민주당은 '사전에 지급기로 한 금품 일체'를, 정의당은 '정기적으로 지급된 모든 보상'을 통상임금이라 역설했다. 담합 당사자인 상층 정규직 노동자들의 도덕적 해이를 부추기면 결국 노동 양극화와 산업 붕괴가 심화될 위험은 왜 애써 감추는 것일까.

기업의 반격도 만만치 않을 듯하다. 모든 후생복지를 걷어들이고 상여금에서 온정적 시혜분을 제할 것이다. 시급에 기초한 냉정한 월급제, 우리가 이걸 원하는가? 아직 노사합의로 통상임금을 정하는 자율적 기업이 70퍼센트를 넘는다. 산업 미래가 달린 이 문제, 대법원에만 맡기지 말고 공론장에서 진지한 토론이 필요하다. (2013년 9월)

조교육감, 천천히 돌아가세요

한국인의 마음에 타협이란 단어는 아예 사라졌을까? 조석에 부는 환절기 바람을 신선하게 맞고 싶은 작은 기대를 사정없이 부숴버리는 것은 사회 전역에서 발발하는 그악스러운 행태들이다. 야당 대표는 탈당!을 발했다 다시 접었다. 세월호 유가족 대책위원장은 대리기사를 폭행하고 붕대를 감았고, 층간소음에 격분한 젊은 가장은 인분을 뿌렸다. 쌀 관세 문제를 다루던 의원실에 농민들은 고춧가루를 뿌렸다. 아무리 무노동 국회라지만 극한 행동이었다. 조희연 교육감에게 자사고는 공공의 적이었다. 개혁보다 절멸을 택했다. '공교육 살리기' 극약처방이다.

5년 전 '공교육 살리기의 총아'로 탄생한 자사고는 이제 '공교육 죽이기의 주범'으로 몰렸다. 총아와 주범 사이 교육환경은 그대로다. 이런 극약처방이 '의도하지 않은 부작용'을 양산했다는 쓰린 경험은 잊었다. 조교육감의 확신대로 당장은 후련한 한 방일지 모르나 한국인의 명문교 열망을 감안하면 곧 또 다른 엘리트학교가 출현할 것이다. 명문은 자본주의사회의 운명적 짝이다. '폐지!'보다 수월성과 형평성을 동시에 구제하는 타협적 묘안은 아예 불가능했나?

필자가 탐문한 바에 따르면 교육현장은 들끓는다. 아니 그동안 들끓고 있었다. 일반고와 혁신고는 모처럼 단비를 만난 듯 회생 기대에 부풀어 있다. 상계동 소재 일반고 어느 교사는 좌절감이 맴도는 교실을 붙들고 고군분투하기가 너무 힘겹다고 했다. 빈곤층 자녀가 12퍼센트나 되는 열악한 환경에서도 명문대에 30여 명을 보냈다고 힘줘 말했는데, 교육청의 간섭과 인색한 지원이 그나마 사기를 저하시킨다고 했다. 구로구에 인접한 어느 혁신학교 교사는 거의 체념 상태였다. 참여형 수업과 체험 학습을 개발해 학구열을 지펴도 우등생이 자사고로 전학해버리는 현장은 말 그대로 멘붕이라는 것이다. 수능 1등급이 1~2명에 그치는 학교에 안심하는 학부모가 어디 있겠는가. 200여 개에 달하는 일반고와 혁신고를 괴롭히는 일상적 문제는 열악한 재정이었고 교사와 학생이 결코 떨칠 수 없는 공통 정서는 자사고의 후방부대라는 열등감이었다. 진보진영은 자사고를 부자들의 계급재생산을 위한 전초기지로 규정했다.

비난의 표적이 된 자사고는 할말이 많다. 부유층 학생들을 위한 입시학원이자 불공정 경쟁의 주범이라는 원성에 야속한 마음이 앞선다. 사실, 자사고가 공교육 활성화에 기여한 점을 무시할 수는 없다. 25개 자사고 중 강북과 변방에 위치한 학교가 3분의 2에 달해 강북의 상대적 박탈감을 덜어주고 강남 열풍을 식혔다. 1990년대만 해도 생활지도에 급급했던 교실은 진학 열망이 높아졌고 교사들은 다양한 교과 실험으로 생기를 찾았다. 등록금은 비싸다. 하지만 재정은 여전히 쪼들리는데도 교실에 활기를 불어넣고 대학 진학률을 높였으면 그 공적을 인정해줘야 한다는 논리였다. '우리가 그나마 공교육을 살려냈다!'는 자부심은 '일반고 회귀정책'으로 유턴한 조교육감 체제 아래 물거품이 될 조짐이다. 어찌할까?

제도개혁에는 '만들기 정치'보다 '폐기정치'가 더 어렵다는 고유명제에 주목해야 한다. 새로 창출된 이해집단을 밀어붙이면 그만큼 무리가 따른다. 전교조의 화력 지원과 조교육감의 고집도 거세지만, 교육부와 자사고의 항전의지도 얕볼 수 없다. 결국 법정소송으로 번질 것이 뻔한 이 극단적 대치를 생산적 동맹으로 바꿀 지혜가 우리에게 없는 것인가? 필자는 일반고 전성시대를 열겠다는 조교육감의 정책에 대찬성이다. 그러나 자사고 전면 폐기에는 반대다. 자사고 폐기가 공교육 황폐화를 중단한다는 그 기본 가설이 의심스러워서다. 자사고 도입 이전에도 일반고 육성계획이 없었던 것이 아니다. 실패했다. 신비의 명약이 없는 한국 교육에서 조교육감이 내놓은 새로운 청사진이 반드시 성공하리라는 보장은 없다. 거기에 5년 동안 자사고 정책에 성실히 따랐던 학부모, 학생, 학교 재단이 입을 타격은 어떻게 보상할 것인가. 천천히 우회하라, 그리고 '변신을 유도하라'가 답이다.

조교육감이 등장하기 전 이미 교육부가 금년 1월 7일에 답을 내놨다. '중학 성적 50퍼센트 이내, 2차 면접' 선발 원칙을 '성적 제한 없는 선지원, 2차 면접'으로 전면 전환한 것이다. 면접에 혹시 자사고의 꼼수가 개입될 소지가 있지만 건학 이념을 존중한다는 취지로 보인다. 일반고와 차이가 거의 없어질 이 기준조차 수용될 수 없다면 자사고는 한국을 떠나야 한다. 조교육감의 일반고 사랑과 교육부의 개선 의지가 의기투합하는 것, 일단 낭비적 싸움을 끝내는 길이다. 더 중요한 현안은 고교 무상교육의 실현이다. 그런데 내년도 정부 예산에서 대통령 공약이었던 고교 무상교육은 소문도 없이 사라졌다. 세계적 명성을 얻은 '교육 한국'은 대체 어떤 미래 학생을 키워내고자 하는가? (2014년 9월)

안중근 의사가 테러리스트?

　동양 3국을 갈라놓은 역사 대치선에 결국 총성이 울릴 것인가? 아베 신조 일본 수상이 또 수상쩍은 발언을 내뱉었다. 이번에는 세계 지도자들이 모인 다보스포럼 연차회의에서다. "중일 간 어떤 물리적 충돌이나 분쟁이 갑자기 발생할 수 있다." 그러곤 100년 전 영국·독일의 격돌을 들먹였다. 겁을 주는 것일까? 중국이 전격적으로 공개한 하얼빈 안중근 의사 기념관에 촉발된 탓일까? 위험한 인물은 또 있다. 스가 요시히데 관방장관은 "초대 총리(이토 히로부미)를 살해한 안중근은 테러리스트이고 그 죄로 사형 판결을 받았다"고 했다. 일본

권부의 역사의식은 100년 전에 꽂혀 있다.

안의사는 테러리스트고, 사형 판결을 받았다? 누가 어떤 논리로 판결을 강행했나? 안의사가 이토를 저격한 하얼빈 역은 중국 영토지만 러시아 관할구역이었다. 그곳에서 한국군 참모장이 일본군 수뇌를 살해했다. 총성은 동아시아의 복합 교향시였다. 일본은 안의사를 뤼순으로 급히 연행했고 일본 형법을 적용했다. 국제법상 불법이었다. 그러곤 '대한의군 참모중장이 결행한 항일거사'임을 일소하고 '사격에 능숙한 포수의 무모한 암살'로 규정해 사건을 서둘러 종결했다. 국가 차원의 항일조직 존재가 밝혀질 경우 국제적 비난이 쏟아질 것을 우려했던 거다. "적국의 포로가 된 한국 의병인 나에게 만국공법을 적용하라"는 안의사의 주장은 일축됐다. 일본은 사형을 집행할 권한이 없었다. 오죽했으면 조선을 섭정했던 위안스카이도 안중근의 사형 소식에 조시弔詩를 바쳤을까. "평생을 벼르던 일 이제야 끝났구려…… 살아 백세는 없는데 죽어 천년을 가리."

누가 테러리스트인가? 옥중에서 집필한 '저격 사유 15개조'에는 '동양평화를 파상破傷하여 인종의 멸절을 초래한' 이토의 인류사적 죄상이 빼곡히 적혀 있다. 구주 열강이 노리는 절박한 상황에서 동양 3국의 결속과 도덕적 역할을 해야 할 문명국이 오히려 야만을 일삼으니 독부獨夫의 환患을 면치 못할 것이라고 꾸짖었다. 그 준엄한 훈계는 35년 뒤 불행하게도 정확히 들어맞았다. 수만 중국인을 교살하고, 수십만 한국인을 노예처럼 부리고, 동남아시아를 폐허로 만든 죄, 인종주의와 아시아연대론을 앞세워 '같은 종족, 이웃 나라를 박할剝割한' 죄가 바로 그 역천逆天행위에서 비롯되었다. 그것을 평화론으로 치장한 것 자체가 테러다. '안중근은 테러리스트'라는 억지는 오히려 세계에 대한 무자비한 테러다. "동양평화를 유지하고 대한독립을 견지한다"는 일왕의 약속은 기만이었고 그 희대의 사기극을 대행한 자가 이토였다.

아베는 조슈 번의 정치적 후손이다. 그의 정신적 지도자는 존왕양이尊王洋夷를 내세우며 메이지유신의 실력자가 된 요시다 쇼인인데 이토 히로부미, 초대 총독 데라우치 마사다케가 그의 문하생이고, A급 전범자이자 아베의 외조부인 기시 노부스케가 계보를 이었다. 아베는 정한론과 만주정벌론을 주창한 쇼인의 상속인인 셈이다. 아베와 그의 내각이 안중근의 '동양평화론'과 다시 맞닥뜨리는 것은 역사적 필연이다. 역사는 자주 반복된다.

역사교육이 중요해지는 이유다. 그런데 요즘 세간을 달군 한국사 교과서에는 좌파와 우파를 막론하고 안중근 관련 서술이 달랑 한 줄에 그친다. "안중근은 을사조약을 강요하고 초대 통감을 지낸 이토 히로부미를 하얼빈에서 사살하였다"(삼화출판사). "안중근은 하얼빈에서 이토 히로부미를 처단하였다"(지학사와 교학사). 이게 전부다. 사진에 약간의 부가 설명이 달려 있으나 학생들로서는 '안중근은 테러리스트'라는 아베 내각의 정한론적 주장을 조리 있게 반박하지 못한다. 사형집행 전 관동도독부 법원장 히라이시 우지히토와의 면담 기록, 옥중 집필한 '동양평화론'을 접해야 아시아연대를 거쳐 세계평화주의로 나아가고자 한 그 웅대한 구상을 깨닫게 된다. 일본이 '동양평화론'에 약간만이라도 귀를 기울였다면, 태평양전쟁, 원폭, 분단 같은 20세기 아시아 최대의 비극은 피할 수 있었을 것이다.

안중근은 독실한 천주교 신자였다. 동양평화론과 천주교의 천명의식은 상통한다. 그는 교수대에 오르면서 하늘 아래 인간은 인종 차이를 넘어 한 가족이자 천주의 의자義子임을 다시 새겼을 거다. 2011년 10월, 천주교 서울대교구가 안중근 토마스를 시복·시성 대상자로 선정한 적이 있다. 혹, 올 8월에 내한 예정인 프란치스코 교황이 그의 복음 메시지에 동양평화론의 현대적 의미를 되새겨준다면 일본 제국주의 유전자에 경종이 될 수 있을 것이다. 자본 종주국들이 빈국과 빈자를 위해 무엇을 할 수 있는지를 생각해달라는 교황의 다보스포럼 메시지는 100년 전 안중근이 외친 동양평화론과 정확히 부합한다.

(2014년 1월)

'죽도'에 대나무는 없다

올여름은 유난히 덥고 소란스럽다. 불볕더위가 물러가고, 유난했던 올림픽도 끝나고, 이젠 좀 그윽하게 앉아 가을을 기다려볼까 했더니 땅 문제로 극동 3국이 시끄럽다. 국토를 등기하는 세계 등기소가 있을 리 없건만, 남의 땅을 자기 나라 문서에 버젓이 올려놓고 땅 내놓으라고 컹컹 짖어대는 이웃 일본의 무지한 등쌀에 늦여름 고대했던 관조의 시간을 망쳐버렸다. 죽도竹島는 일본 땅이란다. 죽도! 자기 마음대로 이름을 짓고 자기 땅이라 우기면 그렇게 되는 줄로 아는 모양이다. 요즘 유행하는 〈개그콘서트〉 '갸루상'한테 물어보면 분명할 텐데 말이다. "뇌가 업스무니다." "뇌가 없으면 그게 사람이야?" "사람이 아니무니다." 이게 답이다!

일본의 피해의식은 우리의 광복절 즈음해서 극에 달한다. 1945년 8월 15일 아침, 히로히토 일왕이 3분간 중대방송을 했는데, 진공관 라디오에서 나오는 목소리는 잡음과 섞여 외계인의 지구 방문을 알리는 성명처럼 들렸기에 그 메시지를 정확히 알아들은 사람은 별로 없었다. 제목은 '대동아전쟁 종결에 대한 조서'였다. 이렇게 말했다. "짐은 제국 정부로 하여금 미·영·중·소 4개국에 대해 그 공동성명을 수락하는 바를 통고하게 했다. (중략) 타국의 주권을 배제하고 영토를 침범함과 같은 것은 처음부터 짐이 뜻한 바가 아니다. (중략) 적은 새로이 잔학한 폭탄을 사용하여 끊임없이 무고한 백성을 살상하고 참담한 피해를 입히는바, 참으로 헤아릴 수 없는 지경에 이르렀다. 게다가 일찍이 교전을 계속했으나, 기어이 우리 민족의 멸망을 초래할 뿐만 아니라, 인류의 문명까지도 파기할 것이다."

가해자의 항복선언은 피해의식으로 가득차 있다. 8월 6일 히로시마, 9일 나가사키 원폭투하로 9만 명과 6만 명이 각각 죽었다. 에놀라게이, 폴 티베츠 대령은 자신의 어머니 이름을 붙인 B-29를 몰고 무엇인지 모르는 신형 폭탄을 히로시마에 투하했다. 절대 뒤돌아보지 마라는 사령부 명령을 어기고 폴은 뒤를 돌아봤다. 버섯구름이 몰려왔고 폭풍이 불었다. 원폭이었다. 폴은 자신도 몰랐던 그 원폭의 가해를 자살로 봉합했고, '타국의 주권을 유린했던' 일본은 피해자로 남았다. 종전선언에는 '항복'이란 단어가 없었다. '잔학한 폭탄'에 살상된 피해의식만 남았다. 그래서 이때만 되면 일본은 '민족의 멸망을 방어했던' 일왕의 전사들을 기리려 야스쿠니신사를 참배하고, '짐의 1억 만민의 영토'를 회복하려 몸부림치는 것이다.

자기 땅이라고 우기려면 이름이라도 제대로 불러야 한다. 일본의 막부가 천연의 자원보고라 부러워했던 독도의 원래 명칭은 송도松島였고, 죽도는 울릉도였다. 일본 어민들은 송도에 서식하는 해마를 잡으려고 그 먼 뱃길을 마다않고 들락거렸다. 조선정부가 바다를 봉쇄하자 1696년 1월 도쿠가와막부는 정부 문서 『조선통교대기朝鮮通交大紀』에 이렇게 기록했다. "죽도(울릉도)와 송도(독도)는 일찍이 그 나라 땅임을 의심할 수 없다"고. 1877년 메이지정부는 이를 재확인했다. "죽도와 송도는 우리와 관계없다本邦關係無之"라고.

그런데 1904년 러일전쟁 당시 남하하는 블라디보스토크 함대를 결사 저지해야 했던 일본은 독도의 전략적 가치에 눈을 번쩍 떴다. 내친김에 일본은 1905년 1월 내각회의를 열어 독도를 자기 영토로 등기했다. 무주지無主地 섬을 선점하는 것은 국제법상 하등 하자가 없다는 승전국 일본의 강변에 미국과 유럽 열강은 짐짓 모른 체했다. 일왕이 비장하게 한 그 말, "타국의 주권을 배제하여 영토를 침범함과 같은 것은 물론 짐이 뜻한 바가 아니다"라면 조선, 중국, 만주를 침범한 것은 자신의 뜻이 아니고 군부의 뜻이었나? 조선 역사를 지우고 내선일체를 강제한 것은 '인류의 문명을 파각한' 짓 아니었던가? 그럼에도, 무력으로 강탈한 작은 돌섬이라도 지금 회복해야 그 피해의식이 조금은 풀리겠다? '사람이 아니무니다'다!

극도의 피해의식은 극도의 망상을 불러오기 마련이다. 죽도와 송도를 헷갈리면서 자기 나라 등기소에 '시마네 현 오키노시마 정'으로 등기한 '죽도'에 대나무는 없다. 섬의 특징이나 생김새를 지칭해 명칭을 붙이는 것이 조선인의 작명 습관이었다. 망망대해에 떠 있는 검은 산 같다 하여 흑산도黑山島, 문장가들이 가득하다 하여 거문도巨文島, 이런 식이다. 조선식이라면 죽도엔 대나무가 자라야 한다. 그런데 섬머루, 섬초롱, 번영초, 돌피, 왕해국, 모조리 조선 야생화다. 딱 한 그루, 사철나무가 자란다. 그건 영토 욕심 없이 예의지리禮義之理를 지키며 2000년을 살아온 한민족의 자존심, 독도엔 대나무가 없고 사철나무가 있다. 헷갈리는 일본이여, '뇌가 없구나!'

죽도의 진정한 내력을 아는 일본인은 적다. 대다수는 종전과 함께 죽도를 잃어버렸다는 극우세력의 선동을 믿고 싶은 것이다. 이 절기를 전후해 되살아나는 피해의식이 바야흐로 독도에 옮아붙었다. 그럼 우리는 가해자로 변신할까? 35년의 피맺힌 세월을 두고? (2012년 8월)

추락하는 일본, 날개가 없다

1980년대 중반 유학 시절, 동아시아 관련 강의는 인기 절정이었다. 아시아의 네 마리 용이 신흥산업국으로 치솟아오르는 것도 그랬거니와, 태평양 시대의 편대장 격인 일본 때문이었다. 강의 조교였던 필자는 담당 학생들과 한 시간 토론을 하기 위해 밤을 새워야 했다. 30분 정도의 요약 강의에서 허점을 보였다간 오만한 저 미국의 수재들에게 망신당하기 일쑤였다. 긴장된 대본 암송이 일본에서 한국으로 옮겨갈 즈음 한 학생이 손을 들었다. "한국은 어디에 있나요?" 오잉? 천연덕스러운 뜻밖의 질문에 대본은 흐트러졌다. 한국이었다면 그런 질문은 하지도 않겠거니와, 했더라도 '너 대학 어떻게 들어왔어!'라고 면박을 주면 끝날 일이었다. 요즘 말로 '멍 때리는' 한국인 조교를 미국 수재들이 재미있다는 듯이 바라봤다. 그들에게 제국 일본은 있었으나 식민지 한국은 없었다.

2년 전 여름, 외국 대학생들과 같은 주제로 토론할 기회가 있었다. 사뭇 달라진 동아시아 판도를 차분히 설명하는데 유럽에서 온 듯한 학생이 손을 들었다. "한국이 일본보다 큰 나라죠?" 오잉? 그거 정말 듣고 싶은 얘기였다. 사실대로 답은 했지만 그 학생이 무한히 사랑스러워 보였다. 어쨌든 30여 년 만에 세계인의 인식이 그렇게 바뀌고 있다는 증거였다. 세계 주요 공항과 도시마다 삼성과 LG의 광고가 번쩍이고, 김연아의 빙무가 세계를 열광시킨 덕분이었다. 유엔 사무총장, 세계은행 총재가 모두 한국인이고, 미국 일류 대학에 한국 학생이 매년 200~300명씩 입학하고, 세계 구석구석을 한국인들이 누비고 있으니 그런 인식에 근거가 없는 것은 아닐 터이다. 나를 포함한 기성세대의 뇌리에는 '일본은 대국'이란 불변의 명제가 각인되어 있다. 그런데, 과연 그런가, 영토 분쟁에 나선 최근 일본의 정치권과 언론의 행보에는 대국다운 면모가 전혀 보이지 않는다.

일본 명문 대학과 10여 년을 교류한 경험은 조금 알쏭달쏭

하다. 우리 학생들은 득의만만하게 이렇게 푸념한다. "말이 안 통해요." 연구 주제가 너무 좁기 때문이란다. '편의점 알바 근로환경' '자원봉사자의 구성' '청년 취미생활의 실태' 등에 집착하는 일본 학생들에게 국가, 민주주의, 사회운동, 변혁, 성평등같이 한국 학생들이 열 올리는 거대 담론이 통할 리 없다. 교수들이 모인 회식 자리에서 처음 온 신임 교수에게 인사 겸 전공을 물어봤다. 그 친구는 눈 하나 깜짝 않고 이렇게 답했다. "섹스 라이프." 오잉, 성생활이라구? 하기사 사적 비밀과 내면세계를 그대로 드러내는 사소설의 전통을 가진 나라이니 그럴 만도 하다. 그런데 그게 어쨌다구?라는 질문이 목까지 올라왔지만 술 한잔으로 꼴깍 넘겼다.

일본은 선진국임에 틀림없다. 저 단편적 일화로 일본의 학문 수준을 폄하한다면 어불성설이다. 작고 튼실한 소립자가 서로 엮여 촘촘히 짜인 사회가 일본이다. 일본의 힘은 거기서 나왔다. 자기헌신적, 자기완성적 소인들이 뭉치면 대인이 된다는 것을 터득한 일본인들은 그것을 가능케 하는 최상의 상징체계를 창안했다. 천황제가 그것이다. 천황제는 소립자들의 규합을 일사불란한 우주로 만드는 신화이자 종교다. 그래서 '덴노헤이카天皇陛下'를 위해 대동아전쟁을 일으켰고, 덴노헤이카를 외치며 산화했다. 종전 후 전범을 면한 덴노헤이카

상징체계는 일본의 경제 기적으로 부활했다. 그러나 경제적 성공은 위기의식을 갉아먹었고, 위기의식의 실종은 그 상징체계를 부식시켰다.

1989년 1월 히로히토 일왕이 서거할 당시 미국 사회학자 노마 필드는 '절망의 통곡'과 '희망의 서곡'이 교차하는 일본의 이중적 집단심을 목격했다(박이엽 옮김, 『죽어가는 천황의 나라에서』, 창비, 1995년). 전자는 소인이 될지 모른다는 두려움을, 후자는 원래의 자리, 진정한 소인에서 시작하자는 외침이었다. 양자 모두 대국환상大國幻想에 시달리고 있었던 것이다. 일본은 원래 소국이었다! 일왕이 '만세일계萬世一系'의 정점에 서자 대국환상에 사로잡힌 일본인들이 바다를 넘어 한반도와 중국 대륙으로 질주했던 것이다. 그래서 영토 점령과 징병, 징용, 군위안부 강제 동원은 환상 속에 일어난 일이 된다. 우리에게 뼈아픈 역사는 그들에겐 환상이었다.

그래서 5000만 한국인의 염장을 지르는 적반하장 격 질문이 가능하다. '증거를 대봐라?' 증거를 대라는 것은 소인배의 어법이다. 대인이라면 스스로 한 짓을 부끄러워한다. '국제사법재판소에 제소하겠다?' 36년간 강토를 유린했다면, 엎드려 있는 게 대국의 정도正道다. 8월 29일, 102년 전 한국을 불법 합병한 그날, 일본 의회는 바위섬 독도를 떼 가려고 일장기

앞에서 전원 기립했다. 시들어가는 대국 환상 속에서 감행한 소국의 편벽한 단결이었다. 모든 추락하는 것은 날개가 있다. 역사를 냉혹하게 바라볼 집단 지성이 날개라면, 대국에서 소국으로 추락하는 일본은 날개가 없다. 그런데, 그런데 말이다, 한국은 대국적인가? (2012년 9월)

아직은 달빛

갑오년은 운명적으로 역사가 뒤엉키는 해다. 1894년은 농민전쟁과 청일전쟁이 엉켰고, 1954년에는 미소 냉전이 엄습했다. 2014년, 사관이 엉켜 역사전쟁이 점화됐다. 박근혜 대통령이 답답했던지 '균형 잡힌 역사관'을 요청했다. '1794 대 1', 모든 고교에서 '최종 수정된 교학사 한국사 교과서'(이하 '교한')를 전멸시켰기 때문이다. 기존 7종 교과서(이중 가장 인기 있는 한 권을 이하 '기한')를 채택하면 애국·반일이고, 교한은 친일·독재 미화 낙인이 찍혔다. 일부 언론은 교한의 역사왜곡을 대서특필했고, 민주당 대책위원회도 여론몰이에 나섰다. 궁지에 몰린 정부는 국정國定 전환을 들고 나왔다. 글쎄, 국가가 개입하면 정사正史가 만들어질까? 국정이 시대에 역행하는 옹색한 발상이듯 '1794 대 1'에도 뭔가 이유가 있을 것이다.

서둘렀던 거다. 보수정권 출범에 맞춰 역사교육에도 보수적 안전지대를 가설하고 싶었다. 몇 개월 만에 집필을 강행한 탓에 수백 개 오류와 인터넷 스크랩 흔적을 남겼던 거다. 거기까지는 의욕적이라 쳐도 교육부 심사위원회가 그런 오류를 짚지 못하고 검인 도장을 찍었다는 것은 정부의 직무유기다. 입시 성적에 민감한 학부모들이 오류투성이의 교과서를 채택할리 없다. 국정 전환을 결행하기보다 부실 검증의 책임 소재를 가려내는 게 먼저다.

그런데 범시민적 분노를 자아낸 표현들은 부실검증 탓일까 아니면 의도적 결과일까? 알려진 대로, '의병 토벌', '조선인 위안부가 따라다녔다'는 표현과, 한 구절로 그친 안중근 의사, 친일인사 미화, 김개남의 살육·약탈행위, 싼값의 쌀 수출, 4·3항쟁 양민학살 왜곡 등이 공분을 샀던 내용이다. 이 문구들이 최종 수정본에서 삭제 내지 수정되었다 해도 더러는 본문 속에 남아 여진을 일으킬 소지는 충분하다. 집필진은 이를 의식적으로 썼을까, 또는 심사위원들은 이를 알고도 내보냈을까? 그 진의가 밝혀져야 세간의 비난이 가라앉을 것이다.

교한이 전멸한 배경이 이것이다. 진보사관에 대한 졸속 방어의 결과였다. 그래서 읽어봤다. 마침 필자가 역사서를 출간한 후여서 더욱 관심이 갔다. 두 종류의 교과서를 찬찬히 읽어보니 역으로 기한의 단점이 다가온 것은 의외의 수확이었다. 솔직한 독후감은 이렇다. 기한은 근대의 연원인 조선사를 내팽개치고 근현대사에 과다한 비중을 할애했다. 서술도 건성건성이었다. 전반적으로 문맥이 난삽하고 사건의 경중과 분량이 들쑥날쑥했다. 국사는 분명한 인과관계로 자국의 자발적 대응을 부각해야 한다. 일례로 강화도조약에는 서계書契 문제가 핵심인데 뇌관이 빠졌다. 기한을 읽은 학생들은 갑작스러운 일본의 함포위협을 의아해할 것이다. 열강 침략에 맞선 대한제국의 대응인 광무개혁에 겨우 1면을 할당했고, 한일관계의 초미 쟁점인 독도와 간도에도 1면을 썼을 뿐이다. 반면 교한은 세계를 언급했고, 광무개혁에 4면을 독도에 5면을 각각 할애했다.

친일논쟁을 불러왔던 그 쟁점들에서 기한은 상대적 우위를 말할 수 있는가? 감히 말하건대, 일제 비판 역시 체계가 없었고 편파성을 탈피하지 못했다는 인상이다. 안중근 의사가 그냥 '안중근'이었고, 그렇게 날을 세운 의병항쟁도 적은 지면을 할애했을 뿐이다. 특히 국내외 민족운동에서 기한은 사회주의를 부각하고 노동, 농민운동을 반복적으로 조명했다. 지주, 상공인, 중상층이 과연 민족운동에 헌신했는지 학생들은 의문을 가질 것이다.

이렇게 보면, 기한은 교한에 대해 승전가를 부를 자격이 없다. 사회과학 전공 영역인 현대사에 이르면 모두 갈피가 흐트러지는데 기한도 교한도 사건의 경중 조절과 중립성 유지에서 이탈했다. 오히려 기한은 이승만과 박정희의 실정失政에 과도 집중함으로서 학생들을 '음지 현대사'로 인도한다. 현대사의 분기점인 6·25에 겨우 3면을 할애한 이유도 이해할 수 없다. 기한의 부실과 편향성은 왜 그동안 지적되지 않았을까?

근현대사 분야에는 기라성 같은 사회과학자, 국사학자들이 다수 존재한다. 그들의 연구와 균형적 시각을 교과서에 담아냈다면 편파적이고 수준 낮은 교재들이 양산되지는 않았을 것이다. 국정 전환은 결코 이 문제를 풀 수 있는 방안은 아니다. 함량 미달의 편향된 교과서가 생산되는 데에는 학자들의 유유상종 관행이 한몫을 한다. 의기투합의 결과다. 100년의 근현대사를 한 권에 꾹꾹 채우는 데서도 부실이 발생한다. 올바른 역사교육을 위해 이제 신뢰와 존경을 받는 학자들이 나설 때 아닌가 싶다.

5·16에 저항한 소설가 이병주가 말했다, "달빛에 젖으면 신화가 되고, 햇빛에 바래면 역사가 된다"고. 정사 만들기에서 필연적으로 발생하는 역사전쟁, 그런데 아직은 달빛에 젖은 채다. (2014년 1월)

대통령과 패션

튀는 것을 싫어하는 한국의 남성에게 패션은 딴 나라 얘기
다. 필자도 콧수염에 중절모 쓴 모습을 상상해보지만 실행한
적은 없다. 평균적 스타일이 지배하는 남성문화에 개성 연출
이 허용된 출구가 딱 하나 있는데 그게 넥타이다. 남성들이
원색 넥타이를 매고 나타날 때는 조심해야 한다. 존재감을 과
시하고 싶은 남성들의 야망이 색깔에 담겨 있다. 이명박대통
령은 취임식에 비취색 넥타이를 맸고, 정권 출범 3년 기념식
에서도 그걸 다시 맸다. 문재인과 안철수가 단일화협상에서
한창 밀고 당길 때 약속이나 한 듯 원색 넥타이를 매고 링에

올랐다. 양보하지 않겠다는 뜻이다.

개성 연출이 한없이 자유로운 여성들의 패션문화는 너무나 기묘하고 변화무쌍해서 옷차림만 보고 심경을 읽어내기가 난감하다. 각종 액세서리와 구두, 핸드백 등에 분위기를 분산 배치한다. 그런데 최초의 여성 대통령 박근혜 당선인의 경우는 비교적 용이하다. 뚜렷한 단일 이미지로 고정된 이른바 '근혜 스타일'이기 때문이다. 헤어스타일은 40년 동안 '올림머리' 그걸로 일관했다. 1960~70년대에 유행했고 육영수 여사에게서 절정을 이룬 그 고전적 스타일 말이다. 패션도 올림머리처럼 단일 품종이다. 지난 대선 때 문재인 캠프에서 '3년간 133종의 옷'을 입었다고 공격한 바 있는데 그건 여성생활에 무지한 저급한 발상이었다. 133종은 청와대를 떠난 후 33년간 장만한 옷일 터인데 그렇다면 1년에 약 4벌 꼴이다. 이보다는 오히려 133종이 동종 디자인으로 수렴된다는 사실에서 당선자의 '무서운 원칙주의'를 읽어냈어야 했다. 이른바 수트형 재킷이다. 32년간 헤어스타일도, 패션도 변하지 않은 것이다.

이게 앞으로 5년간 펼쳐질 박근혜 정치의 개성을 짐작게 한다. '일단 결정하면 무슨 일이 있어도 간다'는 결기정치의 어려운 행로를 예고한다. 당선인의 단일 패션에는 3개의 변종이 발견된다. 평상모드, 신중모드, 전투모드가 그것이다. 투피스

정장은 공통점인데, 윗도리 깃이 얌전하게 접혀 있는지, 세워져 있는지가 판별의 기준이다. 평상 혹은 예절모드라면 접혀 있고, 신중 혹은 겸손모드라면 약간 세워져 있다. 전투모드에는 사파리스타일이 등장한다. 단추가 많고 스티치가 분명하고 견장이 달린 옷을 입었다면 전투중이라는 뜻이다. 여기에 허리띠까지 맸다면 '진돗개 셋'이 발령됐다고 봐도 좋을 것이다. 2002년 김정일과의 면담에서 박당선인은 유례없이 긴치마에 깃이 얌전하게 접힌 옷을 입었다. 최고의 예절모드다. 2005년 천막당사 시절에는 사파리 복장을 선호했고, 요즘은 주로 깃이 약간 세워진 만다린칼라를 즐긴다. 지극히 신중하고 몸을 낮추고 있다는 시그널이다.

그런 탓인지, 인수위는 완장부대가 아니라는 당선인의 정치철학에 따라 몸을 낮추고 입을 봉했다. 환영할 만한 일이다. 김용준 위원장은 출범 첫날 아예 인수위를 벙커로 밀어넣었다. 평생의 법정신을 십분 발휘해서 인수위 법령을 상기시켰다. '만약 위법행위로 물의를 빚으면 지위고하를 막론하고 응분의 책임을 지게 될 것이다'는 경고와 함께 말이다. 그래서 소위 전례 없는 '벙커 인수위'가 탄생했다. 뭐라도 하나 건져야 할 취재기자들의 불평이 쏟아지는 것은 당연하다. 보다못해 경제1분과 홍기택 위원이 모자를 푹 눌러쓰고 취재기자들에게 귤을 하나씩 나눠줬다. 그를 알아본 기자들이 몰리자 홍 위원이 조용히 속삭였다. "Shut up!" '벙커 인수위'의 암구호 는 '닥치시고!'가 됐다.

국민들은 인수위의 겸손·신중모드에 대체로 동의하는 분위 기다. 그러나 인수위가 조용한 워크숍이 되는 데에 우려가 없 는 것은 아니다. 정권 설계사는 고통스러운 시대 진단과 치열 한 정신으로 무장한 정예부대다. 이런 비장감으로 지적 처방 전과 전략적 실행 방안들을 펼쳐놓고 갑론을박해야 한다. 공 약집에 열거된 정책 메뉴들을 기존 정권들이 몰라서 실행하지 않았던 것은 아니다. 실행 과정에서 사회세력 간, 이익집단 간 분쟁을 조정하지 못하면 정권에 치명적인 독이 된다는 것 을 알았다. 그렇기에 사전에 언론방송의 여과기제를 거치는 것도 좋다. 조금 소란해져도 좋을 것이다. 소식 메신저인 기 자들을 귀찮은 구경꾼마냥 쫓아버리는 것은 정작 권력 주인인 국민들을 쫓아내는 것과 같다. 소통의 환풍기를 작동하지 않 은 채 벙커 인수위가 한 달 뒤 정책 로드맵을 들고 나와 일괄 낭독하고 해산한다면 그건 또다른 낭패의 시작일지 모른다.

그래서 차제에 당선인이 전투모드로 패션을 바꾸기를, 사 파리에 허리띠를 질끈 매주기를 희망한다. 인수위가 꼭 모범 적일 필요가 있을까. 정권 100일 작전, 6개월 전략, 1년 기획을 치밀하게 그리는 데에 약간 사고를 치면 어떠랴. 대통합과 국민행복 시대라는 이 절박한 과제를 실현할 철학과 실행 방안을 국민과 함께 창출하는 데에 '닥치시고!'는 좀 생뚱맞지 않은가? 정권을 뒤흔드는 복병은 항상 예기치 않은 곳에서 뛰쳐나왔다. (2013년 1월)

'문文의 나라'가 살아가는 법

무협지를 몰래 읽다가 선생님의 일격을 맞아본 사람들은 알고 있다. 무거운 삶이 상상력의 공간에서는 어떻게 가볍게 부상하는지를. 육체가 오뉴월 감자 씨알처럼 근질거리고 빗속 모란꽃처럼 꿈이 영글던 청소년 시절을 견디게 한 힘은 담임 선생의 일제 소탕전에 압수되고야 말았던 불온서적들이었다. 성장통과 미지의 호기심을 겨우 진정시켰던 영웅적 판타지, 유교적 훈화의 공적公敵이었던 전기적傳奇的 상상력의 불씨들이 새삼 아쉬워지는 것은 중국이 벌인 세계적 우주쇼 때문이다.

35세의 여성 우주인 왕야핑王亞平이 340킬로미터 상공에서 행한 물방울 실험이 별것 아닐 수도 있다. 그보다 중국 청소년 6000만 명을 일시에 판타지 공간으로 끌고 갔고, 그곳에 미래 과학 강국을 건설할 청소년의 꿈을 예약했다는 데에 주목하고 싶은 것이다. 꿈과 판타지는 과학을 키우는 생장호르몬이다. 불온한 꿈과 공상적 판타지가 모두 문학의 영역이라면, 문학은 과학을 부화시키는 인큐베이터일 것이다. '수사학의 대국'인 중국은 이런 맥락을 정확하게 꿰뚫고 있었다. 과학은 문학에서 출발한다는 사실을 말이다. 미국은 우주왕복선을 그냥 '발견'(디스커버리)으로 명명했지만, 중국은 '신저우神舟'로 불렀고 우주기지를 '텐궁天宮'으로 작명했다. '신묘한 비행선'이 닿는 곳이 '하늘 궁전'이라는 뜻인데, 중국인들은 그곳에 상제가 살고 있다고 믿는다. 상제를 알현하러 가는 비행선에 왕야핑이 탑승했고, 그가 보여준 물방울의 기묘한 변형에서 상제의 손길을 느꼈을 것이다. 신저우를 타고 상제를 만나러 간다는 이 터무니없는 문학적 상상력을 실현하는 수단이 과학이다.

세상을 바꾼 종교개혁도 이런 상상력으로 일어났다. 남달리 회의가 많던 마틴 루터는 종탑 골방에서 끊임없이 되물었다. 신은 어디에 계신가? 어느 날, 계시가 왔다. 면죄부를 사기 위해 바치는 동전 소리가 아니라, 나의 믿음과 성서 속에

302

신이 존재하고 있음을 깨달았다. '신을 향한 여행'을 나에게로 오는 '신의 여행'으로 살짝 바꾼 이 문학적 상상력은 중세 유럽을 근대로 개벽시킨 원동력이었다. 내 마음속에 존재하는 신, 내가 목격한 인격신의 존재는 그렇게 위대했던 것이다. 왕야핑의 실험이 6000만 중국 청소년들에게 '상제의 실존'을 보여주었다면, 그건 중국 과학의 개벽을 몰고 올 것이다. 신저우를 타고 톈궁에 가서 상제를 만나는 이 중국적 우주 시나리오 배경에 흐르는 문학의 힘이 그렇게 엄청나다는 얘기다.

그런데 한국의 과학에는 문학이 없다. 지난 1월 30일, 발사에 성공한 우주선은 그냥 '나로호'였고 '나로과학위성'이었다. 아무런 설렘이 없다. 과학적 개념인 미국의 '디스커버리'는 이보다는 좀 나은 편이다. 미사일을 조폭처럼 다루는 북한도 발사체명을 '은하銀河'라고 붙일 줄은 안다. 청소년의 꿈의 궤도를 벗어난 나로과학위성은 어디쯤 쓸쓸히 헤매고 있을까? 작명만이 문제가 아니다. 처음 우주인으로 선정된 고산은 보안규정 위반이란 불명예를 쓰고 하차했다. 지구를 가볍게 이륙하는 우주인에게도 지구의 현실적 규정이 무거운 중력처럼 적용되는 슬픈 광경을 목격한 청소년은 무슨 생각을 할까? 러시아 우주선 소유스 12호를 타고 10일간 우주정거장에 머물렀던 한국 최초의 우주인 이소연은 지금 과학인의 꿈을 접고

MBA 과정을 밟고 있다. 과학에서 비즈니스로 망명하기까지 심경은 복잡했을 것이다. 그가 꿈을 접는 마당에 꿈을 꿀 자 누군가? 문학의 빈곤, 공상적 판타지에 득실의 경제학을 적용하는 냉정한 마인드로는 과학 한국의 미래는 없다.

조선은 세계 최고로 문을 숭상했던 나라였고, 선비라면 누구나 문집을 냈던 문학 강국이었다. 문이 인격이자 실존이었던 나라의 대통령이 '상상력의 대국'을 방문했다. '항우가 산을 뽑고' '한 번 날갯짓에 9만 리를 나는 대붕'의 수사학에 그래도 함몰되지 않은 데엔 물론 대통령의 탁월한 중국어 실력도 한 몫했지만, 그보다는 진정성을 소중히 여겼던 한국인의 문학적 유전자 덕분이다. 방문길을 심신지려心信之旅(신뢰를 쌓는 여행)라 불렀고, 사업 동반자가 되려면 먼저 친구가 돼야 한다先做朋友 後做生意는 명구절도 남겼다. 성과도 만만치 않다. 핵 문제와 한중 FTA, 동북아 안보협력망도 포괄적 합의를 보았다.

중국 주석 시진핑은 한중 관계가 한 단계 발전했음을 축하하는 서예 작품을 선물했다. 당나라 왕지환이 쓴 시로, "욕궁천리목 갱상일층루欲窮千里目 更上一層樓(천리를 보려고 누각 한 층을 더 오르네)"라 쓰여 있었다. 박근혜 대통령은 칭화대 연설에서 "중국의 미래는 한국의 미래와 연결되어 있다"고 화답했는데, 기왕에 그럴 것, 베이징 공항에서 이별시 한 수 남기고

왔으면 어땠을까. 문학적 상상력으로 역사적, 전략적 거리를
일괄 용해하는 것이 중화 문명권 국가가 살아온 양식 아니던
가. (2013년 7월)

대통령님께 드리는 변정고언 1

잘하셨습니다. 북한의 핵 위협과 생떼를 물리치고 '신뢰프로세스'의 내공을 만방에 보였으니 보국輔國의 칭송을 받을 만합니다. 정권 출범 6개월, 미국과 전통적 우정을 쌓고, 중국과 친밀한 관계를 맺었으니 이보다 더 든든한 외치가 어디 있겠습니까. MB정권 역시 외교와 국제 세일즈는 일품이었습니다. 내치가 없어서 문제였죠. MB정권은 3년차에 '공정사회론'을 내세워 내치에 돌입했지만 때는 늦었습니다. 초기 성과가 궁핍했습니다. 그때부터 집권세력에 균열이 생겼습니다. 그 예정된 행로가 우려되어 변정고언辨政苦言, 정국을 분별해 쓴소리를 올리려 합니다.

8·15 경축사에서 경제동력과 일자리 창출을 강조하셨지요. 백번 맞습니다. 그런데 왜 울림이 없을까요? 서민들에게 가장 확실한 경제 활력의 지표는 바닥 경기입니다. 건설 노동자, 택시기사와 대리기사, 전국을 뛰는 운송기사가 약 400만 명에 이릅니다. 서민시장이 활기를 띠어야 합니다. 이 사람들이 그렇게 쪼들리지 않을 때가 호황입니다. 국민행복은 이들의 웃음에서 시작해야 합니다.

만기친람하시면 국정 어젠다가 흐릿해집니다. 정치는 살림살이를 넘어서는 것, 소소한 쟁점들은 각료들에게 위임하고 큰 정치에 집중해야 합니다. 성장, 분배, 남북문제가 그것이죠. 정책 사령탑은 작동하나요, 각료들은 토론합니까? 국무회의가 좀 시끄럽기를 바랍니다. 노트북을 치우라고 하세요. 받아적기만 하는 각료들을 원하는 게 아닙니다. 한국이 관료, 율사, 장군 공화국인가요? 이들은 변칙과 파격을 싫어합니다. 청와대 외곽에 경로당 차리셨나요? 노련함으론 경장_{更張}이 어렵습니다. 장외투쟁중인 민주당을 끌어들여야죠. 우아하고 단호한 카리스마에 유연성이 결합하면 얼마나 좋겠습니까? 마지막 1년을 제하면, 이제 3년 반이 남았습니다. 네 가지만 제언하려 합니다.

성장동력, 큰 기획은 어디에?

성장정책이 없다. 삼성, 현대, LG가 주도한 혁신이 한국을 살린 성장동력이었다. 성장패턴은 바뀌지 않고 중소기업이 부진한 우리에게 필요한 것은 큰 기획과 구상이다. 언제나 그 랬듯, 현 정부도 작고 소소한 프로그램들에 매달려 6개월을 소모했다. 경제팀은 뜻밖에 빈약하다. 6개월간 정부는 규제정 책, 즉 '경제민주화'에 올인했는데 약간의 성과도 있겠지만 법 안이 발효되면 경기는 일단 탄력을 잃을 것이다. 이 단계에서 경제민주화는 총수비리 척결, 불공정거래 시정, 중소기업 보 호 정도로 충분하다. 내수진작과 성장정책은 아예 실종됐다.

'창조경제'는 목하 논쟁중이다. DJ 키드가 요즘 인터넷산업 의 총아이듯, 근혜 키드는 어디에서 나올까? 대안은 바이오, 정보통신, 미디어산업이다. 박정희 대통령이 1970년대 초 그 랬듯이 바이오밸리, ICT밸리, 미디어밸리를 미래 경제기지로 건설해야 한다. 그곳에 각 분야 전문가, 과학자, 자본가, CEO 들이 매일 아침 모이는 아이디어 시장을 서게 해야 한다. 생 태계 조성과 시장 활성화는 정부 몫이다. 불확실한 미래에 풀 죽은 과학자, 전문가, 영재 청년, 괴짜 들의 눈을 반짝이게 해 야 한다. 디자인, 영상, 애니메이션, 게임에 인생을 바치려는 준재들이 서로 경쟁하는 창조밸리를 건설하는 것이 답이다. 창조경제의 꽃이 여기서 피어난다. 문화융성? 영화에 미친 자는 미디어밸리에 모여 꿈을 펼치면 된다. ICT밸리는 스마트피아를 꿈꾸는 과학영재들의 집단 서식처다. 그렇게 기획, 설계하고 만들면 된다. 인재들이 의사와 법관으로 몰리는 나라는 곧 불행해진다. 지금이 바로 그 꼴이다.

일자리 창출, 노조와 담판해야

누구나 일자리를 외치지만 한국에서 투자와 일자리 창출을 막는 최대 장애가 노조임을 지적하지 않는다. 괜히 벌집 쑤셨다가 정치 생명이 끝날 위험이 있다. 노조는 이익집단이 됐다. 경제민주화 입법안에도 노조는 열외다. 환노위, 정무위를 투톱으로 하는 총공세에 노조는 흐뭇할 뿐이다. 박대통령의 공약에 민주당의 주문이 얹혔다. 꼭 필요한 법안도 있지만, 핵심 쟁점은 빠졌다. 일자리 창출 잠재력은? 노조는 어떡할래?다. 청년백수, 조기정년이 만연된 시대에 밤샘작업 노동자는 전체 15퍼센트(약 200만 명), 주 52시간 장시간 노동자는 30퍼센트(약 400만 명)에 달한다. 뭔가 모순적이나 노조의 비호하에 건재하다. 규제 법안들과 막강노조가 결합된 주력산업에서 일자리 창출은 불가능하다.

정부는 노동시간을 각각 200시간 줄여 신규 일자리를 238만 개를 창출한다는 로드맵을 발표했다. 오랜만에 괜찮은 정책이지만, 전제 요건이 빠졌다. 노조다. 노조 승인이 없는 한 노동시간 단축은 어렵고, 승인해도 '임금삭감 불가' 조건을 달 것이다. 게다가 고용연장이라니! 정치권은 정치적으로만 풀리는 이 과제를 관료들에게 전가해왔고, 관료는 행정과 통계풀이로 본질을 비껴갔다. 고용 70퍼센트 로드맵 1번은 '노조 담판 정치'여야 한다.

'일자리 창출'은 기업, '일자리 나누기'는 노조, '일자리 지키기'는 정부의 몫이다. 기업에겐 임금비용을 낮춰주고, 노동자에겐 공공복지를 늘려줘야 한다. 그래야 정규직이 '일자리 나누기'를 솔선할 인센티브와 명분이 생긴다. 이런 상생구조가 일자리 정치의 요체이거늘, 이런 제도혁신이 없이 2만 달러 경제까지 올라선 것은 기적이고 요행이다. '요행의 천운'이 이제 소진했음을 누구나 알고 있다. 어쩔 것인가, 이대로 내리막길을 갈까, 아니면 지혜를 모을까? 정치권은 이 난제를 버렸다. (2013년 8월)

대통령님께 드리는 변정고언 2

멀고먼 행복!

국민행복, 박대통령이 말은 참 잘 만들었다. 행복 주고, 꿈을 준다는데 항의할 사람은 없다. 공약을 다 합하면 행복한 그림이 나올 테지만, 자기의 짐을 홀로 감당하는 우리의 현실! 모두 피곤에 절어 있는데 행복은 멀고도 멀다. 행복사회? 5000만의 행복이 아니라, 하층 1000만 명에 집중해야 실천 가능하다. 임금노동자 중 월수 200만 원 이하가 50퍼센트, 100만 원 이하도 14퍼센트에 달하는 게 우리의 현실이다.

국민행복을 위해 정부가 할 일은 차별 철폐와 복지다. 이것이 현 정부의 과제인 '사회민주화'의 요건이다. '차별 철폐'는 소수·취약집단에게 기회균등을 증진하는 것으로 고졸, 여성, 지방대 출신 채용 비율을 높이고, 임금과 승진에도 차별을 없애는 적극적 조치다. 한국은 아직 천박한 격차사회다. 복지는 공약 때부터 설계가 잘못됐다. 무상보육, 노령연금, 4대 중증질환 보장성 강화, 반값등록금 모두 최하위 1000만 명에서 시작해 조금씩 확대하는 방안을 취했어야 옳았다. 복지는 소득격차를 줄이는 최선의 방안이고, 사회 연대력을 높이는 최고의 윤활유다. 조건이 있다. 복지 수혜자가 사회에 헌신하겠다는 윤리적 서약이다. 이것 없이는 납세자의 동의를 받을 수가 없다. 정치적 설득이 빠졌으니 지난번 증세 실패는 당연한 귀결이었다.

사용설명서 없이 그냥 납부고지서만 발부받을 때 조세 저항이 일어난다. 복지증세를 '행복세'로 명명하고 차분히 그 쓰임새와 효과를 설명해보라. 상위층부터 누진세를 매기고, 아래로 갈수록 세율을 대폭 낮춰 '행복사회'로 가는 능동적 참여를 권유해보라. 왜 증세에 반대하겠는가? 복지는 하층민의 소득을 보전한다. 더 나아가, 기업생산성을 높여 일자리 창출을 촉진하는 것이 복지다. 왜냐고? 복지는 임금인상을 자제하는 보완재이기 때문이다. '복지는 곧 일자리 창출'이라는 등식이 복지국가를 발전시킨 원리다.

우선 하층민 1000만 명의 행복을 다 같이 책임져야 행복한 국이 온다. 행복미래가 온다. 보수든 진보든, 이런 철학이 없는 나라 한국, 우리는 '국민행복'이란 피켓을 들고 대체 어디로 가고 있는 걸까?

관료의 바다에 뜬 청와대

의정활동이 탁월한 의원에게 수여하는 백봉상이란 게 있다. 정치부 기자들이 투표로 뽑는 백봉상을 3년 내리 받은 김성식 전 의원은 지난 총선에서 낙선했다. 그가 쓴 책『국회의원? 뭐 하는 사람이야!』는 정치 반성 일기다. 입법활동을 아무리 왕성하게 해도 '소인정치'를 벗어날 수 없고, 총선에서 생환하려면 지역적, 이해타산적 쟁점에 매달려야 함을 고백했다. 결과는 '대인정치'의 실종. 경제성장, 소득분배, 남북문제 등 소위 한국정치가 풀어야 할 국가적 과제는 항상 뒷전으로 밀리고, 혹여 쟁점화돼도 계파정치에 휘말리는 것이 한국정치다.

그 틈을 비집고 관료들의 은근과 끈기가 영토를 확장했다.

5년마다 바뀌는 정치인은 세입자고, 30년 동안 정밀한 규제와 관행의 거미줄을 쳐온 관료들은 집주인이다. 정치권이 '큰 정치'를 향한 생태계 조성에 관심이 없고, 지난 정권을 뒤엎는 신노선을 공언할수록 관료들에게는 약진의 기회가 더 생긴다. 아니 박근혜정부처럼 아예 관료정치에 몸을 맡긴 경우라면 표정관리라도 해야 한다. 청와대는 관료, 율사, 장군, 이 3대 직업군이 장악했다. 국무위원 70퍼센트가 이들이고, 외곽 요직에도 포진했다. 관료공화국이다. 공통점은 관행과 절차에 대한 과잉 신뢰, 즉 '매뉴얼 정치'다. 관료의 바다에 뜬 청와대가 실수는 안 하겠지만, 시대를 바꾸는 혁신 또는 소인정치의 틀을 깨는 변법變法과 경장 역시 기대하기 어렵다.

유능한 민간 전문가들도 관료의 단단한 장벽을 깨지 못한다. 미국은 1980년대 초 금융산업을 창조산업으로 키웠다. 한국에서는 불온산업이다. 그래서 관료들이 밧줄로 단단히 묶었다. 감사원, 공정위, 금감원의 3중 감시 아래 금융산업은 난장이가 되었고 시장도 망가졌다. 어디 이것뿐이랴, 창조경제와 문화융성의 주역은 아이디어 천재들, 파격을 쫓는 괴짜들이다. 천재와 괴짜는 관료정치의 공적이다. 그래서 관료적 창조, 관료적 문화가 전개될 것이고 거기에 혈세가 투입될 예정이다. 성장, 분배, 통일을 향한 대인정치가 실종되면 관료는 약진한다.

이대로 법과 원칙, 규제와 관행하에 무사하겠으나 5년 뒤 한국사회는 아마 복날 닭백숙처럼 푹 데쳐져 있을 것이다. 꿈틀대는 한국의 창조적 에너지를 가둬놓는 규제의 장벽과 관성의 감옥을 과감하게 부술 주인공은 정치지도자다. 큰 정치에 매진할 사람이 바로 대통령이다. 그런데 대통령은 홀로 다변 多辯이고, 각료는 받아적고, 여야 협주는 없다. 빈약한 내치로 가는 지름길이다. (2013년 8월)

수습정치는 끝나고

필자가 가끔 택시기사에게서 듣는 농담이 있다. "어, 한국말 잘하시네요!" 필리핀이나 캄보디아쯤에서 온 바이어가 훌륭한 한국말을 구사한 것으로 오해한 모양이다. 사실 그건 오해가 아닐지 모른다. 나의 족보가 시작된 16세기 이전 수천 년 동안 한반도 인종사에 무슨 일이 일어났는지 정확히 규명되지 않았다. 추측건대 아시아 최고의 영토인 한반도를 향해 남하한 인종들이 산과 들에서 활발하게 뒤섞였을 것이다. 고고인류학자들은 비과학적이라고 이의를 제기하겠지만 나의 지론이 의심스럽다면 몽골 울란바토르에 있는 인종박물관을 가보면 안다. 50여 종의 밀랍인형이 그리 친근할 수가 없다. 모두 서울에서 본 사람들이다.

다윈식으로 말하면, 잡종강세라는 뜻이다. 이종교배에서 적응력, 창의력은 물론 열정과 오기가 강한 DNA가 나온다는 사실은 상식이다. 그렇지 않으면 이 작은 국가에서 저렇게 재능 있는 선수들이 줄기차게 출현하는 것을 설명할 길이 없다. 한반도가 다인종국가라고 한다면 단일민족을 외쳤던 신채호 선생이 호통을 치실 일이다. 그런데 국난 극복을 위해 만들어진 신화가 '민족'이기에 인류학적 '인종'과는 차원이 다른 얘기다. 동계올림픽은 선진국 잔치다. 소치올림픽에 참가한 82개국이 대체로 온대와 한대에 위치한 국가로 세계의 GNP 중 70퍼센트 이상을 생산한다. 여기서 10위권을 다투는 실력을 뽐내고 있으니 이를 어떻게 설명하랴.

세계를 숨죽이게 한 김연아의 우아한 동작은 얼떨결에 금메달을 딴 러시아 소트니코바의 체조 연기와는 격이 다르다. 삶을 휘감는 소매깃의 부드러운 감동이 그냥 한국적이다. 빙상여제 이상화는 초원을 질주하는 칭기즈칸의 선발대를 닮았다. 경쟁자를 주눅들게 하는 매서운 눈초리와 단단한 체격은 몽골 DNA이고, 훤칠한 키에 야무진 얼굴을 한 역전의 용사 심석희는 영락없는 북방 여인, 박승희는 서글서글한 남방 여인이다. 이승훈, 주형준, 김철민의 팀 추월은 형질이 다른 부족이 모여 벌인 대합주극이었다. 마치 경쟁팀 네덜란드 선수들이 각양각색인 것처럼 말이다.

팀 추월 결승전은 말하자면, 다인종국가의 대결이었다. 유럽의 드문 평야 지대에 켈트, 게르만, 고르, 아리안족이 골고루 분포해 살아온 네덜란드는 영국과 스페인의 식민 지배를 받기도 했다. 그런 네덜란드를 강대국으로 만든 것은 개방정신, 우수한 문물의 수용 능력, 그리고 그것을 자기화하는 융합마인드였다. 그 결과 스피노자 같은 철학자와 렘브란트, 고흐 같은 예술가가 탄생했으며, 최고의 금융·물류 중심지로 우뚝 섰다. 겨울에 바닷물이 얼면 200킬로미터에 달하는 수로에서 온 국민이 빙속 선수가 되는 나라를 상대로 열띤 추격전을 벌였으니 한국혼에 숨겨진 DNA 말고 달리 뭐라 말할 길이 없다.

우리의 깊은 영혼 속에 우리도 잘 모르는 재능과 자질, 그 유별난 능력이 꿈틀대고 있음을 느낀다. 가난했던 시절에는 인지하지 못했던 그 엄청난 DNA를 증폭하는 노즐을 만들기만 한다면 한국이 G5로 도약하는 것은 시간문제다. 홍석현 중앙일보 회장이 지난 21일 세종대 명예박사 학위 수여식에서 강조한 게 이점이다. '바람 잘 날 없던 네덜란드가 관용과

개방을 통해 유럽의 인재와 자본을 끌어들여 유럽의 강소국이
됐다. 우리도 매력 국가가 될 충분한 소질이 잠재해 있다. 그
것을 깨워라'. 소치에서 우리는 그 가능성을 목격했다. 네덜란
드는 이질성과 고난의 역사를 통해 통합의 길을 찾았고, 활력
과 잠재력을 결집하는 제도를 갖췄다. 그것이 한국과 다를 뿐
이다.

오늘로 박근혜정권이 출범한 지 꼭 1년이 됐다. 지지율 60퍼
센트라면 학점으론 A- 정도인데 과연 그럴까. 높은 지지율은
혹시 툭하면 장외로 나가는 민주당의 막무가내 행동에서 나온
반대급부 아닐까. 초기의 높은 기대감을 아직은 접고 싶지 않
은 마음의 관성, 조금 더 관망해보자는 인류학적 아량 덕분은
아닐까. 그러나 정치학적으로는 인색한 평가를 내릴 수밖에
없다. 집권여당의 무기력증, 야당의 끝장투쟁에 훼손된 통치
력, 초라한 초기 성과, 이념에 찢긴 시민사회, 존재감 없는 청
와대, 이런 부정적 항목을 들이댄다면 인색하다고 불평할지
모른다.

인색한 게 결코 아니다. 정치란 꿈틀거리는 잠재력을 깨우
는 것, 국민적 능력을 증폭할 노즐을 만드는 것, 그리하여 '이
질성의 다양화'가 한국의 진정한 활력이 되게 제도적 환경을
정비하는 것일진대, '손톱 밑의 가시 뽑기'는 소소한 예행연습

이라 치고 미래대응적 '통 큰 정치'를 기대하는 것은 무리일까. 이제 수습정치는 끝나고 본격정치가 시작됐다. 소치의 한국 선수들처럼 모든 국민이 마음껏 질주할 든든한 후원의 정치를 보여달라. (2014년 2월)

불길한 망국 예감

"오늘날 한국의 상황은 구한말 망국 때와 정확히 일치한
다." 필자가 『인민의 탄생』 후속작인 『시민의 탄생』을 출간하
면서 모 일간지와 인터뷰한 내용이다. 과장이 아니다. 오히려
덧붙이고 싶다. '그때보다 더 열악하다'고. 한국을 두고 벌어
지는 극동 정세가 그렇고, 그와는 아랑곳없이 터지는 내부 분
열이 그렇다. 누군가는 항변할 것이다. 그래도 100년 동안 힘
을 길렀는데 오늘의 한국은 구한말 조선이 아니라고. 이렇게
말해주고 싶다. 4강은 한국이 커진 것보다 더 커졌고, 북한 변
수가 돌출한 이 시대 역학구도에서 한국의 입지는 한없이 쭈

그러졌다고. 내부 분열? 당시에는 분열상이 조정에 한정되었지만 지금은 시민사회 전반을 갈라놓고 있다고 말이다.

그래도 믿기지 않는다면 중국, 일본이 겹겹이 쳐놓은 방공식별구역으로 바짝 좁혀진 바다와 거기에 갇힌 한국을 보라, 4강 역학이 어떻게 작동하는지를. 방공식별구역 경쟁은 용암처럼 꿈틀대는 극동 정세에 잠재된 하나의 상징적 사건일 뿐이다. 한국은 두 개의 대치선이 엇갈리는 위치에 몰려 있다. 한-중과 일본을 가르는 '역사 대치선', 한-미-일과 중국-북한을 가르는 '군사 대치선'이 한국의 지정학적 주소를 모순적으로 만들었다. 정세 변화에 따라 눈치를 살펴야 할 판이다. 일본의 우경화는 모순의 딜레마를 증폭한다. 아베 정권은 역사 대치선의 중추신경인 영토 분쟁을 일으키고 곧장 미국 뒤에 숨었는데, 한국은 중국과 위로주를 나누다가 얼떨결에 군사 대치선으로 복귀해야 할 형편이다. 제주도 남쪽 상공에 신예 전투기들이 난무해도 한국은 구경할 뿐 뾰족한 방법이 없다. 구중궁궐에 갇혀 '정의의 대국'이 오기를 고대했던 고종과, 틈새 전략도 구사하지 못하는 오늘날 한국이 무엇이 다른가. '난폭한 북한'이 불거지고 여기에 영토 분쟁이 겹치면 한국의 운명은 강대국 역학에 좌우된다.

구한말이나 지금이나 한국은 4강 역학에서 종속변수다. 두 개의 대치선에 끼어 쩔쩔매는 판에 내부 분열은 고종 때보다 더 심하다. 1년간 정치권은 집요한 싸움밖에 한 일이 없고, 분쟁에 시달리던 시민사회는 끝내 쪼개졌다. 종교계 일부가 듣기에도 거북한 대통령 하야를 요구하고 나설 정도니 부지불식간 정권의 거버넌스는 금이 갔다. 회복해도 영송이 설지 의문이다. 국민의 건강한 판단력도 마비 상태다. 명박산성보다 더 견고한 '요새정치' 앞에서 지쳤고, 산발공세와 참호전을 끈질기게 감행하는 야당과 비난세력의 '돌격정치'에도 넌더리가 났다. 대통령 하야 요구가 정말 민주적인지, 120만 개 부정 댓글에 더해 뭐를 더 폭로할지 모를 판국에 법률 판단에 맡기자는 '회피정치'가 과연 민주적 리더십인지 헷갈린다. 정치권 분열, 약한 국력, 쪼개진 사회, 비전의 소멸, 그리고 열강의 충돌, 이것의 결말은 민족의 파멸이었다. 113년 전 대한제국을 멸망에 이르게 한 파국 드라마, 그 악몽은 오늘날 한국과 정확히 닮은꼴이다. 망국 악몽을 곁에 두고 우리는 무엇을 다투고 있는가.

이 시점에서 우리의 초라한 자화상을 냉철히 인정하자. 정치, 경제적으로 한국을 이만큼 키운 20세기 패러다임은 끝났음을, 우리는 막다른 골목에 와 있음을 말이다. 산업화세력이 그토록 자랑하는 성장 엔진은 구닥다리가 됐고, 민주화 첨병

이던 재야세력은 기득권집단이, 강성노조는 이익집단이 됐다. '사람투자'에 치중한 성장패턴의 유효성은 오래전 끝났음에도 보수와 진보 모두 새로운 모델 만들기를 저버렸다. '사람투자'에서 '사회투자'로 전환해야 하는 시대적 과제를 팽개쳤다. 연대와 신뢰를 창출하는 사회로 전환하는 것이 사회투자의 요체이거늘, 원자화된 개인주의와 무한 경쟁으로 치닫는 현실을 부추기고 방치했다. 양극화와 격차사회의 행진을 막지 못했으며, 사회조직은 승자독식을 허용했다. 미래가 막막한데 시민윤리와 공동체정신? 글쎄, 분쟁이 만연된 한국사회에서 누가, 어떤 평범한 시민이 어렵고 못사는 사람들을 걱정할까? 진영논리로 쪼개진 이기적 시민들로 가득한 어설픈 국가 운명을 극동의 강국들이 자국 이익에 맞춰 이리저리 재단하는 중이다.

너무 비관적 진단이라고? 아니다. 구한말에는 그래도 민지民智를 모을 생각은 했다. 지금은 민지를 쪼개는 데에 정신이 팔렸다. 유길준이 강조한 '시세時勢와 처지處地'는 이 시대에 더 절실한 교훈이다. 망국의 아픔이 있는 민족은 이보다 더 비관적 진단을 안고 살아야 한다. 대한제국의 패망으로 식민지, 전쟁, 독재를 치렀듯이, '침몰하는 한국'의 유산은 당대의 것이 아니다. 우리 자녀들과 미래 세대가 감당해야 할 고난의

짐이다. 망국을 부르는 전면전에 나서기 전에 한번 자녀들의
얼굴을 보라. 그 맑고 순진한 표정이 그것을 허락한다면 다
같이 싸워 끝장을 봐도 좋겠다. (2013년 12월)

성은이 망극한

　전제군주제 조선에서 임금은 신료들의 반론에 자주 막혔다. 육조 대신이 머리 조아려 합창하는 그 말 때문이었다. "통촉하여주옵소서." 유배나 효수형을 자초하기도 했던 이 위험천만한 합창은 전국 유림을 연결한 공론정치가 있었기에 가능했다. 공론을 내쳤다간 빗발치는 상소나 상경투쟁에 시달렸다. 창덕궁과 경복궁에서 아침 구호처럼 제창됐던 저 외침은 왕권의 전횡을 견제함은 물론 경연장의 토론으로 이어져 군주의 생각을 바꾸게 했다. 경연이 잦을수록 왕의 업적은 두드러졌다. 세종을 위시해 숙종, 영조, 정조, 고종이 그들이다.

2013년 청와대 분위기는 이와는 사뭇 다르다는 말이 들린다. "성은이 망극하옵니다." 하기사 꼭두새벽에 열리는 수석회의에서 "통촉하여주옵소서"로 대통령의 심기를 망칠 필요는 없을 것이다. 일주일에 한 번 열리는 육조 대관 회의도 마찬가지다. 정해진 의제, 절차, 발언으로 일사분란하게 질주하는 엄숙한 분위기를 거스르고 "이의 있는데요!"라고 소리칠 생뚱맞은 장관이 있을까. 이의를 자주 제기했다간 그냥 집에 가야 한다. 조선 시대에 낙향은 풍류라도 있었지만, 이 시대 낙향은 그냥 실직자 신세다. 청문회에서 얻어맞고 낙향으로 실직자가 되면 여지없는 루저다.

무릇 각료와 정치 실세라면 대통령께 직언을 해야 한다고 외치는 지사志士들도 그 앞에 서면 한없이 작아지는 게 인지상정이다. 필자도 예외는 아니다. 지난 정부 시절, 우연찮게 만찬에 초대됐다. 목적 없는 만찬이었지만 필자는 목적을 세웠다. 저항이 비등했던 '4대강 사업'에 훈수를 두기로 마음을 단단히 먹었던 거다. 대통령은 달변이었다. 마이크를 좀처럼 넘겨주지 않았다. 마침 대통령께서 '4대강'에 대한 나의 의견을 물었다. "동쪽 산맥에서 쏟아지는 격류를 다스려야죠, 치수는 치인의 근본입니다." 나의 예찬론에 약간 고무된 대통령이 마이크를 빼앗아갔으므로 다음 말을 할 기회를 잃었다. "그런데 일단 한강만 하시죠"란 그 말을 늦은 밤 광화문 어느 포장마차에서 혼자 중얼거리고 있었던 거다.

민주화 후 역대 대통령들은 사람들과 자주 어울렸고 담소를 나눴다. 대부분 예찬론 일색이었겠지만 그래도 자주 회동하면 지사의 직언도 가끔 접할 수 있다. 대면 담소는 그래서 중요한데 구중궁궐로 깊숙이 퇴청하는 박근혜 대통령에게도 이런 일이 일어나는지 궁금하다. 조선의 현군 정조는 호를 '만천명월주인옹萬川明月主人翁'이라 짓고 백성의 민은을 살피러 자주 암행시찰을 다녔다. 시무책을 구상하다 막히면 규장각 각신들을 깨워 밤새 토론했고 반론이 많으면 다음날 경연을 열었다. 박대통령은 수석들이 매일 올리는 정책 서류를 검토하다가 궁금하면 책사들에게 전화를 건다는 소문이다. 이른바 '통화정치'인데 전화받은 것도 감읍한 판에 누가 일일이 토를 달고 "아니 되옵니다"를 발설할 수 있으랴.

구중궁궐 속 통화정치로는 아무리 지혜로운 통치자라도 한국이, 한국사회가 어디로 가야 할지 헤아리기 어렵다. 대선 승리 때의 초심에서 얼마나 멀어졌는지, 청와대를 바라보는 국민의 시선이 어떻게 바뀌었는지 알 도리가 없다. 1년 내내 들었던 안보·성장·종북척결이 이 시대의 화두였던가, 유권자의 기대였던가, 아님 호르몬 저하증에 빠진 한국을 구제할 시대적 처방이었던가? 아니다. 최근 벌어진 북한의 공포정치와 돌발사태에 신중히 대비하는 건 기본이지만, 안보·반북에 맹렬히 집착해 할 일을 다 막으면 경직된 수구보수와 뭐가 다른가. '잃어버린 지난 1년'은 보수정권엔 '통한痛恨!'이었고, 한국의 전진동력을 정체시킨 늪이었다.

국민들은 보수와 진보가 쌍둥이 경주마처럼 외쳤던 경제민주화와 복지를 어느새 성장과 안보로 뒤바꾸었다고 생각한다. 청와대를 둘러싼 관료, 율사, 군 장성, 급진 보수인사들이 대통령의 개혁의지와 국민적 약속을 탈색시켰다는 의구심이 퍼지는 중이다. 야당이 이렇게 죽 쑤지 않았다면 업적 빈곤 때문에 지지율은 벌써 바닥일 터인데 초심으로 돌아가자는 통촉의 소리는 들리지 않는다. 환국換局은 이런 때에 쓰는 통치자의 비상수단이다. 정치도, 경제도 과거의 틀을 혁파해야 할이때, 미리 알아서 과거 향수를 부추기는 인사들과, 국민소득 1000달러 시대의 논리에 집착해 대전환의 역사役事를 방해하는 시대착오적 수구세력을 내쳐야 한다. 독일의 메르켈 정부처럼 신보수의 산뜻한 통치양식을 창안하지 못한 신료들은 모두 사대관모를 벗고 낙향하는 것이 좋다.

"안녕들 하십니까?" 이 한 구절에 실린 울혈은 비단 청년층에만 국한된 건 아니다. 그렇지 않으면 내년에도 '성은이 망극

한' 청와대, 경연이 없는 청와대를 안보좌의정, 성장우의정, 4
인방 승지, 종북척결 의금부도사가 굳건히 지킬 것으로 보인
다. 아, 구태의연한 대한민국! (2013년 12월)

평양은 언제 꽃대박일까

온갖 봄꽃이 와락 피었다. 서귀포에서 시작된 꽃폭죽이 대한해협을 훌쩍 뛰어넘더니 한달음에 서울까지 덮칠 줄이야 누가 알았겠는가? 지난달 중순, 꽃샘추위가 옷깃을 여미게 할 때만 해도 꽃소식은 아득했다. 그런데 며칠 내리쬔 봄 햇살에 준비라도 한 듯 일시에 터트린 꽃망울들이 전국을 꽃사태에 가두었다.

원래 봄소식엔 차례가 있다. 노란 부스럼 같은 산수유가 잔설 추위에 떨며 봄을 알리면 천천히 응답하듯 개나리가 피어난다. 노란빛에 물들세라 진달래가 경계하듯 진분홍빛을 내

밀고 나면 다음은 흰 꽃 차례다. 작은 촛대 같은 목련이 피어나는 것이다. 아무래도 꽃사태의 절정은 벚꽃이다. 잉잉거리는 벌떼가 등장하는 것도 이즘, 만개한 벚꽃이 실바람에도 한 움큼씩 휘날리는 길은 그냥 환상이라 해야 한다.

그런데 올해에는 모든 봄꽃이 한꺼번에 피었다. 기상이변이라 하지만 가끔 이런 일도 일어난다. 산수유와 벚꽃, 목련과 살구꽃이 동시에 개화한 풍경을 고향 용어로는 꽃사태, 요즘 세계 유행어로는 대박, 꽃대박이다. 꽃대박! 꽃의 아름다운 상징에 대박이란 세속적 표현을 갖다 붙이는 게 어느덧 어색하지 않게 만든 장본인이 박근혜 대통령이다. 독일의 메르켈 수상도 대박을 'Glücksfall'로 표현하고 독일 통일에 대한 자신의 환희를 담고 있다고 하지 않았는가. 온갖 봄꽃이 쏟아져나온 요즘의 산천을 두고 행운이 유성우처럼 쏟아지는 'Glücksfall'이라 해도 모자람은 없다.

꽃사태를 만나면 언 마음이 슬며시 녹고 관대해지는 법이다. 그런데 평양은 그게 아니었다. 북한식 생존 방식을 결사코 방어하겠다는 듯, 황해도 절벽 진지에서 100발의 해안포가 발사됐으며 무인기가 청와대를 정찰했다. 박대통령의 드레스덴 구상에 대한 노동신문의 반응은 그야말로 원색용어사전이었다. "연설이랍시고 뭐니 하면서 희떱게 놀아"댔고, "잡동사

니들을 이것저것 긁어모아 통일 제안이랍시고 내들었다"라고 놀려댔다. "괴벽한 노처녀의 악담질"이란 표현에서 노동신문의 악담질은 절정을 이뤘다.

어렵다. 북한을 통일 테이블로 끌어내기란 이토록 어렵다. 미국 하원이 북한 파산법에 착수하고, 국제사회가 십시일반으로 공조해 북한의 최후 보루인 핵무기를 압박하는 것을 참작하면 이해 못할 바는 아니나 만국공법의 통의通義가 있는 법, 더욱이 꽃사태 앞에서는 잠시 너그러워질 법도 한데 말이다. 세계 전사를 보면 개전開戰은 되도록 봄을 피했다. 나폴레옹은 러시아 진격을 6월에 명했고, 워털루전투도 6월에 일어났다. 제1차세계대전 발발은 6월, 제2차세계대전 개전일은 9월이었고, 노르망디 상륙작전은 6월에 감행됐다. 수태의 계절, 생명의 계절인 봄에는 병사들의 살기가 수그러진다. 독기 그득한 평양도 꽃소식이 닿으면 조금 누그러질 것이다. 그렇게 믿어야 한다. 잠시 찬바람에 봄꽃이 뚝뚝 떨어져도 북상하는 꽃사태를 막지는 못할 것이다.

단, 조건이 있다. 통일대박론은 담론 자체로는 대박이 났지만 세계의 주목을 받을 만큼 사전 준비와 노력이 있었는지에 대해 차분하게 점검해야 한다. MB정권과 박근혜정부 1년 동안 통일정책엔 거의 진전이 없었고 오히려 강경 대치 상태로 일관했다. 무장 대치라고 해야 할 남북관계가 통일대박론으로 갑자기 해빙되지는 않는다. 박대통령의 신뢰 프로세스가 그래도 북한이 수용한 6·15선언, 10·4선언과 어떤 연관이 있는지를 밝히고 그 위에 신뢰 구축을 위한 현 정권 나름의 세밀화가 필요하다. 그렇지 않으면 평양 당국은 그게 국제용일뿐 내부용은 아니라고 내칠 것이다.

드레스덴 구상은 핵 포기 선결 요건을 애써 자제하고 협력 개발, 교류 사무소, 민생 인프라를 전면 배치했다는 점에서 진일보한 제안이다. 그러나 사전접촉 없이 기획된 구상이었기에 북한은 실제로 달리 읽었을 것이다. 여전히 핵 포기를 종용하는 한·미·일 공조 원칙을 유럽정상들에게 재차 확인시킨 불쾌한 언설로 말이다. 북한이 고립국가, 위험국가임을 만방에 알리는 것은 좋은데, 남북 당국 간 사전 양해와 조율이 있었다면 봄꽃이 북상하는 계절에 해안포를 발사하는 그런 짓은 자제했을지 모른다. 일방적 선언이나 제안은 상대의 냉소를 산다.

내전의 상처는 100년이 걸려야 치유된다는 게 정설이다. 독일이 불과 45년 만에 통일을 이룬 것은 내전이 아닌 이념분단이었기 때문이다. 이념과 내전 원한이 겹친 우리에겐 4대 강대국의 치밀한 계산과 예측불허의 평양을 상대로 어떤 실효성 있는 대안이 가능할까. 한꺼번에 와락 피는 대박보다 단계적, 점진적으로 결실을 맺는 끈기와 인내, 그리고 북한을 설득하는 사전 조율이 대안이다. 무장 분단 69년째, 이대로 헛걸음만 반복할 수는 없다. (2014년 4월)

아직도 국민시대

국가 경계가 무너진 지구촌 시대, 전 세계 74퍼센트의 시장과 관세 장벽을 튼 한국은 아직도 '국민시대'를 고수하는 유별난 나라다. 미국 대통령은 보통 "친애하는 시민 여러분! Dear American Citizens!"으로 말문을 연다. '국민'은 전쟁, 재난 같은 특별한 상황에서 애국심을 고취하기 위해 호칭될 뿐이다. 한국의 대통령들은 그냥 '친애하는 국민 여러분'이다. 연두교서나 담화문에서 '시민 여러분'으로 시작했다가는 온 나라가 시끄러울 것이다. 거꾸로 박원순 시장이 '친애하는 국민 여러분'이라고 했다면 드디어 본심을 드러냈다고 대서특필될 것이다. 우리에겐 부산 시민, 광주 시민은 존재해도 '한국 시민'은 없다. 형용모순이다. 뭐가 문제인가?

미국 시민, 독일 시민은 역사적 위상이 뚜렷한 존재이기에 형용모순이 아니다. 19세기 100여 년 동안 지배층과 겨루는 과정에서 내부 결속력과 독자적인 시민정신을 길렀다. 복고적·특권지향적 귀족계급에 맞서 진취적·평등지향적 윤리를 내세웠다. 상공업 발전에는 계약과 신뢰가 필수적이었고, 문화적 품격과 세속적 경건성을 결합시켰다. 내부 갈등이 발생하면 '자치'로 풀었다. '자기생존'을 위해서는 '타인에의 배려'를 우선해야 한다는 공존윤리가 시민의 발명품인 '자치행정'에서 움텄다. 유럽에서 노동자와 농민이 권력에 도전해왔을 때 계급 타협으로 풀었던 것도 공존의 정신이었다. 국민이 되기 전 그들은 시민이었다. 워싱턴 시민, 베를린 시민이 아니라 가족·사회·국가의 균형을 지향하는 보편인이었다. 시민권이란 '나'를 위해 '남'을 존중할 의무를 뜻한다.

우리에겐 그런 시민적 경험이 미천하니 시민권도 온전할 리 없다. 학식·교양·재산을 겸비한 중산층이 폭넓게 형성됐는데 왜 시민 호칭은 이렇게 낯설고 어색한가? 시민층이 사회를 주도할 정신적 양식을 못 만들어냈기 때문이다. 공익과 공존보다는 사익과 출세에 여념이 없었다. 그것은 한국의 역사적 특수성에서 기인한다. 식민지 시기와 전쟁으로 전통적 지배층이 와해된 그 빈 공간을 차지하려는 선점 경쟁이 발생했다. 산업화 시대에 더욱 가열된 이 출세 경쟁이 '건강한 시민성'보다는 '남다른 능력'을 키우라고 명령했다. 이 '남다른 능력' 명세서에엔 공존과 공익, 타인에의 배려 같은 것은 없다. 언어와 요리, 문화와 예술 같은 교양시민의 필수 덕목도 없다. 고급 아파트와 자동차 과시욕, 그리고 권리 사수를 위한 소송 의욕만 빛난다.

그래서 이런 부끄러운 일들이 발생한다. 아파트 경비원 자살, 재계약 시비와 일괄 해고 통지. 속사정을 들어보면 양측 모두 할말이 많을 것이다. 경비원이 근무 태만이거나 주민이 하대했을 가능성이 있다. 민주노총의 재빠른 개입이 주민의 경계심을 촉발했을 거다. 고용연장과 최저임금 보장이라는 민주노총의 강수에 주민은 계약 파기로 맞섰다. 경비원은 최저임금 이하의 월급에 혼신의 힘을 쏟지 않고, 주민은 월 2만원 추가 부담을 아끼려 해고를 불사한다. 이 경우 시민성은 증발한다. 한편 전기요금 아껴서 경비원 월급을 올려주는 아파트가 강북에 생겼다. 부자 동네에서 일어난 저 치졸한 장면은 '국민'으로만 살아온 탓이다. 국가 명분에 수직적으로 동원된 원자화된 개체인 국민은 수평적 관계에는 한없이 미숙한 존재다. 동시대를 사는 사람끼리 주고받는 자제와 양보, 이것이 시민성이다.

이 해가 가기 전에 다시 묻고 싶은 게 있다. 세월호 참사 말이다. 일부 시민들은 넌더리를 낼 것이다. 세월호 관련법이 통과되었고 진상규명도 진행된 마당에 '그냥 지켜보라'는 호통이 들리는 듯도 하다. 그런데 묻고 싶다. 시민들이 해야 할 일은 무엇인가? 청해진해운에 철퇴를 내리고 관련 공무원들을 일벌백계하는 국가의 감시와 처벌을 그냥 구경하기만 하면 되는가? 신설된 국가재난처가 획기적 조직 원리를 도입해도 구조 기능의 민영화에 잠재된 공공성의 소멸을 방지할 수 있을까? 무엇보다 가슴을 짓누르는 묵직한 고통, 우리도 공범일는지 모른다는 죄의식은 저무는 이 해와 함께 묻어야 하나?

각성하던 시민들을 다시 '국민'으로 귀속시켰던 것은 '국가개조!'라는 저 강력한 발언이었다. 자성의 물결에서 사회개혁의 단초를 발견하려던 시민들은 결국 민생과 색깔 프레임 속으로 빨려들어 자유롭지만 무기력한 국민이 되었다. '국가개조'로 수직적 그물망을 다시 꿰맬 수 있겠지만 실밥이 아예 터져 있던 수평적 그물망, 그 허약한 시민성은 어찌할 것인가? 사태 해결의 책임과 권리가 국가에 양도된 지금 시민은 그냥 관객이다. 국가가 법의 칼날로 참사의 원인과 과정을 토막낼 때 법치의 원천인 시민성 배양의 기반도 동시에 토막날 것이다. 우리는 아직 국민의 시대를 살고 있다. (2014년 12월)

나, 시민?
: 우리는 어디까지 진화했을까

경제 기적에 정신이 팔려 있는 동안
무엇을 소홀히 했는가, 무엇이 희생되었는가?
그것은 시민의식이었다. 경제는 시간 단축이 가능하지만,
사회는 단축과 생략이 불가능함을 잊었던 것이다.

시민의 기원: 상상적 시민

2014년 가을, 포털사이트 네이버에서 주최하는 '열린 연단'에서 대중강연을 한 바 있다. 강연 제목은 '한국 근대사회의 기원: 상상적 시민의 탄생'이었다. '상상적 시민'이란 개념이 좀 낯설고 호기심이 갔는지 많은 네티즌이 인터넷 강연을 들은 듯했다. 그중에는 친구들도 더러 있었고 친척들도 연락을 해왔다. 그 문자 소식에는 세월호에 관한 심정이 공통적으로 적혀 있었다. "그 강연을 들으니 조금 알 것도 같네." '알 것도 같다'는 토로에는 세월호 사태 해결이 왜 그렇게 엉망진창으로 끝나버렸는지, 국가는 어디로 갔는지, 그리고 유족들의 행태가 왜 그렇게 그악스럽게 표출되었는지 가슴 답답하던 차에 조금은 이해하게 되었다는 안도감이 들어 있었다. 사실, 대통령이 비장한 어조로 '국가개조'를 힘줘 약속할 때 무언가 일사천리로 이뤄질 줄 알았다. 국가를 확 바꿔버리겠다는 말을 대통령이 발했으니 세월호 참사의 원인 규명은 물론 그 원인을 제공한 공공기관의 이익네트워크를 속시원하게 분쇄할 것으로 믿었다. 그런데 일은 꼬였다. 유족들과 국회의 극한 대립, 그 대립의 골짜기에 갇힌 정부, 그리고 사태 해결을 요구하는 시민단체들의 항의 시위가 여름 내 정국을 강타했고 결국 가을로 이어졌다. 해결된 것은 없었다. 시민들의 마음은 시커멓게 타들어갔다. 물론 유족들이 일체의 협상을 거부한 탓도 있겠지만 사태를 그렇게 방치한 정부도 비난을 면치 못한다. 이거 국가 맞나? 하는 한탄조의 절망감을 이기지 못해 시민들은 급기야 무기력해졌다. 자원봉사자들이 철수한 팽목항에는 시신을 수습하지 못한 유가족들만 덩그러니 남아 애간장을 태웠다. 10월 말, 유가족들과의 협상안이 타결됐다는 소식이 들리기는 했으나 절망감에 마음이 절어버린 시민들의 관심은 이미 철수한 뒤였다.

이런 사태에 시민은 무엇을 할 수 있는가? 대한민국의 모든 국민이 자문했던 이 질문에 아직 답은 없다. 이준석 선장의 탈출 장면에 분통을 터뜨리던 사람들은 스스로에게 묻기 시작했다. 나는 그와 다를까? 저런 위험에 직면한다면 학생들을 놔두고 먼저 탈출한 이준석 선장처럼 되지는 않을 거라고 확신할 수 있는 사람이 얼마나 될까? 우리는 어떤 위기에도 사회에 대한 의무를 실행할 준비가 되어 있는가? 혹시 그런 책무의식이 취약하다면 어디서부터 새로 출발해야 하는가? 시민사회를 스스로 각성시킬 어떤 프로젝트가 필요한가? 이 질문이 세월호가 한국의 시민들에게 던진 지난한 숙제다. 정부 주도의 국가개조는 시민사회가 할 일을 앗아갔다. 시민사회가 우선 할 일을 선취해간 것이다. 국가개조는 국가주의 냄새가 물씬 풍기는 말이다. 1920년대 이광수가 쓴 「민족개조론」처럼 조선 지식인들이 사회적 각성과 그 절박성을 각인하기 위해 일본에서 수입한 개념으로서 민족, 인민이 개조의 대상이었다. 국가개조!라고 할 때 대상은 국가지만, 통치자가 시민적 합의 과정을 거치지 않고 통치권을 발동한다면 그것 자체가 국가주의의 표출이다. 해경 해체!가 바로 그런 조치였다. 해경은 세월호 구조 과정에서 무능력과 비효율의 극치를 보여주었지만 '해체'가 가장 적합한 답은 아니었을 것이다. 해체가 답인지는 토론 과정을 거쳐야 한다. 국가의 태도가 그러했다면 시민사회가 그 적합성 여부를 따져야 했다. 일부 따지기는 했으나 역부족이었고 언론 방송이 이념 공방이라는 명목으로 시민적 항의를 가로막은 감이 있다. 아무튼 이 문제를 포함하여 시민은, 시민사회는 온전한가? 시민사회는 이 질문에 자신 있는 답을 하지 못한다. 2부에서 언급하였듯, 'Be Korean!'이라고 할 때 그것이 어떤 의미인지를 알아차릴 공유 코드는 없다. 다행히 침몰하는 배 안에 선생님들이 남아 학생들을 보살피고 있었다. 몇몇 남학생도 탈출하는 친구를 위해 구명조끼를 벗어줬다. 학교에서 배운 바를 실행한 거다. 그런데 사회는? 학교 밖을 나서면 그런 인본주의적 마음의 양식, 자기희생적 도덕적 코드는 증발해버리는가? 시민사회에서 행동과 말, 시민들의 상호작용을 관할하는 윤리적 코드 내지 공익 기여적 심성은 작동하고 있는가? 이런 질문에 대한 성찰과 점검이 필요했던 거다.

필자가 행한 네이버 강연은 이 질문에 대한 역사적 검토였다. 그 강연 '한국 근대사회의 기원'은 1910년 일제의 강제 합병까지 조선의 인민이 초기적 형태의 시민으로 태어나는 과정을 추적했다. 갑오경장 이후 싹트고 있던 맹아적 형태의 시민이 일제의 식민통치하에서 결빙되었다는 것, 식민 탄압이라는 어두운 동굴 속에서 근대적 개인들이 상상의 형태로 시민성을 리허설하기 시작했다는 의미에서 '상상적 시민'이란 개념을 붙었다. 시민이 태어나기는 했는데 동굴 속에 갇혔다!*
그 요지를 간략히 요약하면 이러하다.

시민은 전통적 인민과는 구별되는 몇 가지 요건을 충족해야
한다. 첫째, 신분질서에서 벗어나 계약질서로 맺어진 독자적
개인들, 둘째, 전통적 이해관계(혈연·지연·학연)에서 벗어난
개인들, 셋째, 공익의 중요성에 눈뜬 개인들이 그것이다. 이
세 가지는 소위 시민사회의 전제조건이며, 동서양을 막론하
고 근대의 공통적 표상이다. 하지만 개화기에 이런 모습을 찾
아내는 것은 어려운 작업이다. 외국인들이 목격했던 개화기
조선의 풍경에서도 이런 단서는 잘 발견되지 않는다. 회사 지
부와 기업들, 신문을 읽는 서민들, 이윤 추구에 몰두하는 상
인들, 수공업자들, 고공雇工, 임노동자, 유학생, 개화 지식인
등에서 그런 단서가 발견되기도 하지만, 어떤 체계적인 근거
로 이론화하기에는 무리가 있다. 전통적 유교사회에서는 볼
수 없었던 새로운 조직 원리, 그것도 시민사회의 태동을 알리
는 가장 중요한 실마리는 어디에 있을까? 필자는 '자발적 결
사체'가 그 증거라고 생각한다. 자발적 결사체는 위의 세 가지
요건을 충족하는 동시에 국가/인민만 존재했던 유교사회에서

• 송호근, 『시민의 탄생』, 민음사, 2013 참조.

시민사회가 분리, 태동하는 일차적 통로였다.*

자발적 결사체 속에서 사회가 태어났고, 사회 속에서 결사체가 만들어졌다. 자발적 결사체는 조선 시대의 조직 원리와는 질적으로 다른 사회조직이었는데, 개인과 지역을 넘어 집단과 전체의 보편적 이해를 추구했다는 점에서 현실 '사회'를 배태한 인큐베이터였다. 근대 이행기에 사회는 그렇게 탄생했다. 당시 지식인들이 지적했듯이, '공공사업의 주체'가 결사체였고 자치단체였다. 이 결사체들은 개인을 국민으로 호명해서 '상상적 국가'로 데리고 갔다. '국가 만들기'에서 개인을 국민으로 진화시키고 단순한 집합체에 공익 추구의 기능과 의미를 불어넣어준 것이 결사체들이었다. 바로 이 점이 서양과의 질적 차이가 존재하는 지점이다. 시민성은 국가권력에 대한 견제·저항·협력관계 속에서 일차적으로 싹튼다. 자유주의는 자율적 합의와 결정, 자치라고 하는 시민성이 발휘되는 가운데 성립되고 성장하는 이념이다. 개인과 사회가 국가 건설에 협력적 관계를 맺게 되는 것은 개인과 사회의 고유한 권한이 이론적, 경험적으로 확정되고 인정된 다음 단계의 일이다. 서양에서 자유주의의 무게중심은 국가보다 개인의 권리, 개

---

* 이하 몇 문단은 필자의 책 『시민의 탄생』 머리말 참조.

인의 의무에 더 쏠려 있으며, 국가의 무한한 권력에 비하여 사회의 고유 영역과 기능에 더 큰 비중이 실린다. 그런데 조선에서는 결사체가 태어나자 소멸되는 국가를 구제하고 건조하는 일차적 과제를 떠안았다. 견제하고 저항할 겨를이 주어지지 않았다. 자치를 추구했지만 국가 건설을 위한 것이었고, 사회가 탄생했지만 국권회복이 시급한 과제로 설정됐다. 근대 이행기 조선에서 태어난 개인, 결사체, 사회는 국가와의 대결 구도를 경험하지 못한 채 소멸하는 국가를 회복해야 하는 태생적 운명을 부여받았다. 소멸하는 국가를 붙잡고 국권을 회복할 새로운 주체로서 국민이 '발견'되었다면, 이 '추상적 국민'을 작동시키고 활력을 불어넣는 구체적인 행위자가 사회였다. 국가는 소멸해도 '개인'과 '사회'는 살아 있다! 당시 지식인들이 주목한 사실이 이것이었다. '형식적 국가'가 소멸하는 자리에 '정신적 국가'를 설정한 지식인들은 국민정신, 역사정신, 민족혼을 담지할 구체적인 행위자를 호명했고 거기에 개인과 사회가 응답한 것이다. 국민이라는 관념적, 추상적 집합명사를 구체화할 수 있는 행위자가 개인이고 사회였다. 개인과 사회는 이렇게 탄생했다.

그런데 그렇게 호명된 개인에게 근대적 인식을 채우고 새로운 옷을 입힐 지적 모험들과 역사적 투쟁은 1910년을 전후하여 뚝 끊어졌다. 그나마 주인공의 내면 상태를 묘사하거나 심리 상태를 세밀히 천착하여 자아의 거울 역할을 했던 신소설은 1910년대 초반에 약속이나 한 듯 사라졌고, 그 빈자리에 고전소설과 야담류의 전기傳奇와 소화笑話가 들어섰다. 피식민 상황에서 근대적 개인의 온전한 성숙을 기대하기는 어려웠다. 지식인들은 근대적 이론으로 개인의 위상을 정당화하고 인격과 권리를 부여했지만 그것은 어디까지나 국가 구출의 행위자로서, 국권회복의 주역으로서 개인이었다. 지식인들은 그 앞장에 선 전위부대라고 스스로 생각했다. 근대 이행기 조선에서 '개인'은 언제나 국가와 사회를 전제로 성립되는 개념이었다.

그렇다면 '시민의 탄생', 그런 일이 과연 조선에서 발생했는가? 시민의 존재가 관찰되는가? 근대 이행기에 개인과 사회가 태어났다! 그 개인과 사회는 근대적 조건들이 성숙해짐에 따라 어떤 형태로든 변동 과정을 경험하기 마련이다. 자율성이 문제였다. 조선이 자율성을 확보한 독립국가였다면, 개인과 사회는 시민사회의 단초들을 형성해갔을 것으로 예상할 수 있다. 시민사회는 사회적 분화가 빠르게 이뤄져 계층과 집단 간 이해 갈등이 다발적으로 일어나는 그런 사회다. 시민사회는 경제적 분화와 정치적 분화가 서로 대응하여 제도로 정착

될 때에 비로소 형성되었다고 말할 수 있고, 경제적 분화와 정치적 분화의 제 과정에서 어떤 뚜렷한 개별적 위치와 권한을 점하게 되는 개인을 시민이라고 정의할 수 있다. 서양에서 시민사회는 종교개혁(거대 종교의 개별적 신심으로의 환원), 계약적 질서, 개별적 인권, 참정권을 전제로 성립한다. 시민은 그런 사회를 구성하는 주권적, 주체적 개인이며, 이해 갈등과 계급적 대립으로 파열하기 쉬운 사회질서를 공적 담론과 공적 기구를 통하여 유지·존속해나가는 근대적 개인이다. 더 나아가 공익과 사익 간 균형을 취할 수 있는 공공정신과 도덕을 내면화한 사람이다. 공공정신과 도덕 형성의 가장 중요한 전제는 자율성이다. 자율성이 주어지지 않은 사회에서 시민은 온전히 태어나지 못한다. 일제 식민통치하에서 자신들의 이익을 옹호하거나 극대화하는 제도와 법 만들기가 불가능했고, 타 계급과 투쟁·협의·조정하는 자치 능력을 발휘할 공론장은 폐쇄됐으며, 국가권력을 창출하고 그에 대한 공적 책무와 시민적 윤리를 배양할 공간은 소멸됐다. 국가는 사라졌으며, 개인과 사회는 어떤 자율성도 발휘할 수 없는 어두운 터널로 들어섰다. 그곳은 출구가 막힌 동굴과 같았다. 개인은 시민으로, 사회는 시민사회를 향해 서서히 발을 옮기고 있었지만, 시민-됨의 가장 중요한 요건인 자율성이 박탈된 동굴이었다.

'동굴 속의 시민', 즉 근대 이행기를 경과한 조선의 개인과 사회를 기다리는 것은 불행히도 그런 어둡고 슬픈 공간이었다.

나, 시민?

강연은 여기에서 끝나야 했다. 그런데 상상적 시민의 성장과 굴곡, 그 결과로서 오늘날 우리들의 초라한 자화상에까지 이어졌다. 1956년에 태어나 1970년대에 사회의식을 형성하고, 1980년대에 저항운동을 치렀으며 1990년대에 민주주의의 개막을 목도한 나는 과연 시민인가를 자문하려고 했던 거다. 그러려면 '상상적 시민'이 식민지 시대 현실사회에서는 어떤 형태로 발현되었는가를 면밀히 살펴야 한다. 다음과 같은 질문들이 꼬리를 문다. 앞에서 언급한 자발적 결사체는 여전히 사회적 기반을 확장해갔는가 아니면 결빙됐는가? 결빙됐다면 어떤 다른 형태로 돌파구를 만들었는가? 일제강점기에는 친일적 성향 외의 자발적 결사체는 해체됐거나 탄압 대상이었으니 대부분의 단체들은 동원조직으로 변했을 가능성이 크다. 동원조직은 일제통치의 수족이었으므로 "자율성을 가진 시민"과는 거리가 멀다. 해외로 탈출한 사람들, 예를 들어 미국과 중국의 독립단체나 독립군은? 국가가 소멸된 상황에서, 자주독립을 최고의 가치로 추구했던 이들의 의식 속에 국민, 시민의 흔적을 분간해내기란 여간 어려운 작업이 아니다. 국가가 있어야 국민도, 시민도 가능한 것 아닌가? 국가는 일본이었고, 국민은 황국 국민이었다. 이에 대한 심층연구는 훗날 과제로 일단 미뤄두고 이 글에서는 한 가지 사실에만 주목해보기로 한다. 식민지 시기에서 1960년에 이르는 기간 동안 공론장에서 사용한 국민과 시민의 용례와 추이에 관한 것이다. 동아일보에 나오는 각 용어의 사용 빈도를 추적한 결과를 '국민' '시민'의 사용 빈도 표에 집약했다.

중요한 특징이 한눈에 잡힐 것이다. 그것은,

첫째, 1926년까지는 '시민'의 사용 빈도가 '국민'만큼 증가하다가 국민은 급증, 시민은 급락하는 모습이다. 둘째, 이런 추세는 1960년까지 변하지 않고 지속되었는데, '시민'의 사용 빈도는 1958년까지 하락하다가 갑자기 증가 추세로 돌아선다.

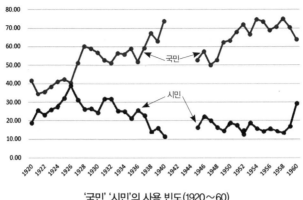

'국민' '시민'의 사용 빈도(1920~60)

전쟁 이후 뭔가 '시민'의식에 변화가 발생한 것이다. 이것에 대해서는 후술하기로 하자.

1945년 해방까지 가장 빈번하게 쓰였던 '국민'은 일본 국민, 황국 국민이었음은 두말할 나위가 없다. 조선인을 국민이라고 호명할 때에는 내선일체를 전제로 한 것이었다. 반면 '시민'은 계급적 이해관계를 표출하거나 국가에 대해 어떤 권리를 주장하는 그런 자율적 존재가 아니라 특정 시市에 거주하는 주민을 지칭하는 말로 한정해서 쓰였다. 예를 들면,

다음 사리원시민沙里院市民에게 고하노니 사리원의 교육시설의 불완전한 것은 당국의 책임이나 시민市民 또한 일부의

의무를 부하지 아니치 못할 것이다. 자녀가 시민의 자녀요 장래의 국민國民이 시민의 국민이어늘 사학을 증설한다던지 보교普校, 중등교 증설운동을 한다던지 하야 일일이라도 입학난을 완화해야 할 것이 아닌가……•

초등학교, 중등학교를 증설하자는 취지의 기사인데, 사리원시민…… 이런 식이다. 그리고 "장래의 국민이 시민의 국민이어늘"처럼 국민은 시민 위에 군림한다. 국민은 내선일체의 국민이고, 국가주의로 무장한 제국주의 황국의 국민이다. 시민은 단지 사리원 거주민일 뿐이다.

이런 용법은 의미가 바뀌지 않은 채 해방 이후에도 지속된 것으로 보인다. 내선일체의 국민이 아니라 조선의 국민, 그리고 건국과 함께 대한민국의 '국민'이 되었고 그 용례는 가장 일반적으로 많이 쓰였다. 이와는 대조적으로 시민의 빈도는 오히려 줄었다는 것은 전쟁 여파도 있겠지만 입법자로서 시민의 진정한 지위가 인정되지 않았다는 것을 뜻하고, 이와 동시에 권리와 책임의식이 분명히 규정되고 존중되지 않았음을 시사한다. 이것이 내가 태어났던 1956년의 사회적 풍경이다. 시

• '심각한 입학난―당국 밋 시민에게 고함', 동아일보, 1932년 4월 7일자.

민은 널리 쓰이는 일반적 개념이 아니었으며, 자율적 존재로서 법적, 도덕적 지위는 아직 인식되지 않은 상태였다. 한국 역사상 최초로 국민국가가 출범했지만 단단한 시민, 성숙한 시민의식의 바탕 위에 건립된 국가가 아니었던 것이다. 앞에서 지적했듯이, 서양의 경우는 시민과 시민사회가 충분히 성숙한 후 국민국가가 들어서고 격해진 국제 경쟁 속에서 제국주의로 전환하는 궤적을 그린다. 이 과정에서 시민은 국가권력에 저항과 타협을 동시에 구사하는 존재다. 계급이익을 극대화하고 때로는 민족주의에 동원되는 존재이기도 하다.

우리의 경우 주목할 점은 상상적 시민이 동굴을 빠져나온 상태에서 전쟁을 맞았고, 전쟁의 상처를 치유하기에 급급했던 시민과 시민사회가 충분히 성숙하지 않은 상태에서 5·16 군사쿠데타를 겪었다는 사실이다. 군사정권은 한국의 국가주의였다. 군사정권이 발령한 최초의 사회법령은 '사회조직의 해산'이었다. 사회조직, 즉 정당을 포함한 모든 자발적 결사체는 일단 해체되어야 했다. 대부분의 신생독립국이 그러하듯 한국도 예외는 아니었다. 아무튼 시민의식이 성장할 수 있는 인큐베이터는 또다른 결빙 상태를 맞은 것이다.

필자는 그런 결빙 상태 속에서 유년 시절을 보냈다. 1960년대가 그랬다. 1958년부터 시민의 빈도가 증가한 것은, 추측건대 소시민문학이라 불렸던 작품들이 양산된 때문일 것이다. 시민은 시민인데 자신의 권리 주장을 못하는 무기력한 시민을 가리켜 당시 '소시민'이라 칭했다. 소설가 손창섭의 작품이 대표적이다. 『잉여인간』의 봉우와 익준은 그야말로 무능력하고 불필요한 인간이다. 만기의 치과병원에 시도 때도 없이 진을 치고 앉아 시간을 보내고 생활비를 얻어 간다. 만기는 뭇사람의 사랑을 받는 존재지만 그 환경이 벅차다. 자신이 치과의사이면서 치통을 참아내는 그런 사람이다. 『비 오는 날』의 동욱, 동옥 남매는 힘든 삶을 살아가야 하는 초라한 존재다. 미군부대에 줄을 대 초상화를 그리며 생계를 이어가는 동옥, 그를 거추장스럽다고 생각해 점점 거칠게 다루는 동욱은 친구가 동옥과 결혼해 데려가주기를 고대한다. 그러나 그런 작은 소망도 이뤄지지 않은 채 그들의 삶터에 비가 구질구질하게 계속 내린다. 전후 절망에 젖은 소시민의 모습이다. 여기서 어떤 건강한 시민의식이 개화할까? 4·19혁명은 그런 소시민에게 희망의 환풍구를 뚫어준 계기였다. 1958년에서 1960년 사이에 소시민의식에 대한 반성적 성찰이 일어났고 시민의식에 어떤 능동적 변화의 기운이 감지됐다. 그러나 그것도 5·16과 함께 묻혔다.

1960년대에는 사위어가는 '능동적 시민의식'의 꼬리를 붙잡고 시대와 싸우는 시인들이 다수 등장했다. 김수영이 대표적이다. 가령 그의 시 「어느날 고궁을 나오면서」를 보자.

왜 나는 조그마한 일에만 분개하는가

저 왕궁 대신에 왕궁의 음탕 대신에

50원짜리 갈비가 기름덩어리만 나왔다고 분개하고

옹졸하게 분개하고 설렁탕집 돼지같은 주인년한테 욕을 하고

옹졸하게 욕을 하고

한번 정정당당하게

붙잡혀간 소설가를 위해서

언론의 자유를 요구하고 월남파병에 반대하는

자유를 이행하지 못하고

30원을 받으러 세번씩 네번씩

찾아오는 야경꾼들만 증오하고 있는가

(중략)

아무래도 나는 비켜서있다 절정 위에는 서있지

않고 암만 해도 조금쯤 옆으로 비켜서있다
그리고 조금쯤 옆에 서있는 것이 조금쯤
비겁한 것이라고 알고 있다!

그러니까 이렇게 옹졸하게 반항한다
이발장이에게
땅 주인에게는 못하고 이발장이에게
구청직원에게는 못하고 동회직원에게도 못하고
야경꾼들에게 20원 때문에 10원 때문에 1원 때문에
우습지 않으냐 1원 때문에

모래야 나는 얼마큼 적으냐
바람아 먼지야 풀아 나는 얼마큼 적으냐
정말 얼마큼 적으냐……˙

뭐가 불의인지를 알고 있지만 강자에겐 항의하지 못하고 단지 약자에게 화풀이를 해대는 나, 소시민. 나는 얼마나 작으냐……고 한탄하지 않을 수 없다. 1960년대가 그랬다. 인구

˙ 김수영, 『거대한 뿌리』, 민음사, 1995.

의 절반이 이촌향도 대열에 합류했다. 도시민이 급격히 늘어나자 시민층도 두터워졌다. 신문, 잡지 발행 부수가 늘고 시민들이 모여 사업 얘기를 하거나 담소를 나누는 다방이 우후죽순처럼 생겨났다. 공론장이 확대되고 있었던 거다. 그런데 군사정권하에서 저항은 위험이었다. 다방에서 목소리를 낮추거나 음악 속에 밀담을 감췄다. 시민은 늘었지만 시민적 권리는 아직 오리무중이었다. 그런 부정합의 세월이 지속되자 갑갑해진 공론장의 감시를 뚫고 속시원히 외친 시인이 나타났다. 신동엽과 김지하. 신동엽은 신화 속에 그 분노를 실었는데, 김지하는 직설화법을 택했다. 시 「오적」은 웅크린 시민의식의 언어적 폭발이었다. 오적은 군부독재하에서 권력 실세로 부상한 집단에 대한 통렬한 풍자였다. 재벌, 국회의원, 장차관, 장성, 고위 관료가 우화 속에 냉소의 대상이 되었다.

1인당 국민소득이 100달러도 채 안 되었던 시대, 향촌의 농민들이 도시 산업지역으로 몰려가 1세대 임노동자가 되던 그 시절의 얘기다. 당시 도시민들은 시민이었다. 그런데 '동굴 속의 시민'과 그리 멀지 않은 곳에 있었으며, 소시민의 두꺼운 껍질 속에 웅크린 채였다. 그도 그럴 것이 빈곤 탈출이 지상 최대의 과제였으니 말이다. 시민의식보다 빈곤을 면하는 것, 작은 임금이라도 받을 일자리가 급선무였다. 이른바 시민층의 맨 앞자리에 위치해서 시민의식의 터전을 만드는 역사적 과제를 짊어진 '교양시민bildungsbürgertum'과 '경제시민 Wirtschaftsbürgertum'은 김지하의 풍자시에서 동물이 되었다. 왜 그랬을까? 지배층인 귀족계급이 무너진 탓이다. 한말과 일제 강점기를 거쳐 귀족층은 속절없이 무너졌다. 그 빈자리를 시민층, 그것도 시민층의 주도적 역할을 담당할 전문가 집단이 선점하려는 경쟁이 벌어졌던 거다. 시민층의 고유한 양식을 만들 의지보다는 비어 있는 지배층에 등극하려는 의지가 더 강했던 탓이다. 시민층은 오직 경제적, 사회적 상승욕구에 가득차 있었던 것이고, 그 과정에서 사회를 이끌 행동양식과 정신적 자원을 만들어내지 못했다. 1970년대 농민, 1980년대에 노동계급이 도전했을 때 그들을 밀어내기 바빴지 사회의 중앙무대로 초청할 생각은 전혀 없었다. 계급은 국가의 적이었고, 계층은 오직 시민층이 내세운 유동적 지위집단이었다. 그 정점에 출세 지향의 교양시민이 형성되었다.

그런 유년 시절을 보내고 1970년대 중반에 나는 대학생이 되었다. 그때 비로소 시민의식이 무엇인지 어렴풋이 감을 잡을 수 있었는데, 정치환경은 그것의 실현을 용납하지 않았다. 모든 것은 국민으로 통했고 국민으로 모아졌다. 국민총화, 국민단결, 국민체조…… 모든 것이 국민이었다. 국민교육헌장이 낭독되고 국기에 대한 경례가 일상화됐다. 청춘은 국가 재건의 역군이었고, 모든 건장한 인력은 증산·수출·건설에 동원됐다. 국부國富는 역사상 최고로 올라섰다. 빈곤 탈출의 희망이 보였다. 〈새마을 노래〉가 농촌과 공장마다 불렸다. 군부 통치는 국가를 반석 위에 올려놓았다. 전략산업기지가 착착 건설됐고, 그곳에서 세계시장으로 팔려 나가는 수출품이 선적됐다. 경제 기적을 알리는 건배사가 메아리쳤다. 그런데 경제 기적에 정신이 팔려 있는 동안 무엇을 소홀히 했는가, 무엇이 희생되었는가? 그것은 시민의식이었다. 서양에서 거의 100여 년이 걸렸던 시민사회 형성의 경험지층을 빼먹은 것이다. 아니 건너뛴 것이다. 경제는 시간 단축이 가능하지만, 사회는 단축과 생략이 불가능함을 잊었던 것이다. 시민, 시민사회는 자율성을 토대로 성장한다. 그 자율성을 상실하면 정권의 동원 대상이 되거나 국가의 목표를 향해 일사불란하게 작동하는 국민으로 남는다. 시민 없는 국민국가의 시대가 너무 길었다. 아니면, 1987년 민주화 이후에 이 점을 통찰했어야 했다. 시민사회 만들기, 그리고 진정한 시민-되기가 민주화의 최대 과제여야 했다.

필자가 학창 시절을 지나 사회인이 됐던 1987년까지 '시민성'에 관한 교육을 한 번도 받아본 적이 없다. 사실 그것은 교육의 소재가 아니다. 예를 들면, 이웃과 지내는 방법, 사회적 약자 보호, 불평등 완화, 사회정의, 국가 공권력에 대한 시민적 권리의 보호, 공익을 위한 자발적 행동규범 등은 물론 가족관계에 이르기까지 생활세계와 공공 영역의 매우 중요한 쟁점들에 대해 스스로 깨우치기 전까지 사회가 부여하는 윤리적 긴장은 충효사상으로 변색된 국가이데올로기 외에는 없었다. 가정과 사회가 나에게 부여한 행동규칙 내지 공적 가치관은 고도성장사회에서 세속적 성공이었지, 남과 더불어 사는 윤리, 도덕 같은 것은 없었다. 있더라도 말뿐이었다. 교과서 안에 있었다. 시민들은 촌락질서를 구성했던 공동체정신이 소멸되는 것을 아쉬워했을 뿐, 어떻게 도시에서 그것을 회복할 것인지에 대한 토론도, 제안도, 가르침도 없었다. 1980년대 운동권 세대가 그랬을 것이다. 반독재투쟁과 저항운동이 모든 가치관의 우위에 놓였기에 '더불어 살기' 내지 '타인에 대한 배려' 같은 것은 그 절박했던 정치적 상황하에서 일종의 배신행위였을 것이다. 시민성의 최고 가치를 우애fraternity라고 한다면, 반독재투쟁의 그것은 '척결eradication'이다. 민주주의에 반하는 것을 척결하는 데에는 성공했지만, 민주주의가 시민성과 어떻게 어울려야 하는지에 대해서는 생각할 겨를이 없었다. 시민성은 '적과의 동침'을 허용하는 데에서 시작한다. 시민성이야말로 민주주의의 생장호르몬이다. 이런 결핍은 나의 사생활에도 스며들었다. 앞서 1부에서 토로했던 나의 저 부끄러운 모습을 스스로 깨우치기까지 꼭 20여 년이 걸렸다. 결혼은 애정이었을 뿐, 사랑에는 엄청난 사회적 책무, 타인에 대한 배려, 그리고 나의 관습을 강제로라도 수정할 의무가 따른다는 사실을 알기까지 오랜 시간이 걸렸다. 나를 수정하지 않은 채 오직 목표 완수를 위해 질주했으므로. 나는 가부장질서의 장남답게 중요한 결정을 혼자 감당했고 실행했다. 말 그대로 가족을 보호하는 용감한 전사였는데 시민성과는 무관했다. 국가주의가 강제한 충효사상에 감전되듯 살았기에 '아버지'는 하늘이었다. 아버지의 사소한 관습과 선입견 때문에 조금 분쟁이 생겨도 그러려니 했다. 충효사상에 몰입해 타협할 줄을 몰랐던 것이다. 부끄럽지만 사실이다. 일찍이 자발적 결사체에 가입해서 사회가 작동하는 양상, 사람들 간에 서로 다른 의견, 충돌과 타협하는 모습 등등을 목격하고 체험했다면 사정은 달라졌을 것이다.

2부와 3부에서 늠름하게 개진했던 사회와 시대에 대한 비판의식도 따지고 보면 협소한 시민 경험에서 얻은 것이다. 시민적 경험지층이 결핍된 나의 학문생활에서 취사선택한 이론이고 가치관들이다. 대개가 그렇다. 나는 사회민주주의가 가장 우수한 정치체제라고 믿는 사람이다. 독일과 스웨덴의 정치 관행은 타협이었다. 국가정책도 정교했다. 물론 이 정교함을 위해 국민들의 일거수일투족이 통계청과 국세청에 기록되었다. 자유를 얼마간 반납하고 얻은 평등이었다. 감시와 처벌이 동시에 작동하는 나라들이었고 시민들은 그것을 사회적 합의로 받아들였다. 사회정의가 실현되는 모습이 보였던 거다. 그런데 사민주의의 밑바탕에는 시민성이 두터운 지층을 이루고 있다는 사실을 깨달았다. 시민성의 요체는 양보였고 합의였다. 그러기까지 오랜 시간이 걸렸다. 2005년경인가, 독일에서 만난 어떤 시민은 증세 정책에 기꺼이 동의했다. 단, 실직자들이 빈둥대지 않고 경제전선에 나서야 한다는 조건을 달고말이다. 2014년 한국에서는 연평균 10만 원 증세 정책에 온직장인이 들고 일어섰다. 독일 노동조합 지도자는 파업에 반대했다. 시민 여론이 나빠진다는 이유에서였다. 한국에서는 최고 임금을 받는 기업 노동자들이 자주 파업에 돌입했는데주로 임금인상이 목표였다. 여론은 아랑곳하지 않는 게 한국노조의 철칙이다. 스웨덴의 한 시민은 사민당을 공개적으로비판했는데, 주민운동보다 노동조합의 말에 더 귀를 기울이는 것에 대한 불만이었다. 한국에서 주민운동은 주로 님비 현상 때문에 일어났다가 시민운동 단체가 거들면 이념 갈등으로 번진다. 주민운동은 이들 사민주의국가의 기초 동력이었다. 그것 없이는 사민주의는 작동하지 않는다. 스웨덴 총리는 주민회의에 주민 자격으로 참석한다. 한국에 사민주의적 요소를 수입할 수는 있으나 사민주의로 가는 길은 불가능하다고 생각하지 않을 수 없다. 노동조합도 그렇지만, 한국에서 주민운동 내지 자치운동은 거의 맹아에 불과하다. 민주주의가 허술해지는 이유다. 한국의 정당은 열세를 만회하고자 할 때 민생을 내세우는데 그게 곧이들리지 않는다. 말뿐이다. 혼자 중얼거리는 정치적 선전에 이골이 난 시민들도 시민성을 양성하는 어떤 단체에도 가입하지 않은 채 그들에게 욕설을 퍼붓지만 선거 때에는 다시 그들에게 표를 던진다.

필자는 현재 어떤 시민단체를 후원, 관리하는 이사장직을 맡았다. 조금 늦기는 했으나 열심히 해볼 요량이다. 어느 사회학자의 연구에 따르면, 영국 대학생의 70퍼센트가 시민단체에 가입해 활동하고 있고, 성인의 80퍼센트가 주민운동이나 시민단체에 가입해 있다. 세계에서 가장 오랜 전통을 자랑하는 영국의 시민사회는 현재에도 그런 유산을 지키려 애쓰는 중이다. 그렇다면 나는 시민인가? 시민이 되어가고 있다고 말하는 편이 옳겠다. 필자가 쓴 『한국의 평등주의, 그 마음의 습관』(2006)에서 얘기한 '평등주의'를 제외하고 우리의 시민계층이 공유한 심성과 가치관을 제대로 댈 수 없다면, 아직 진정한 시민이라고 단언하기가 주저된다. 그러니 나는 이준석 선장이 아니라고 항변할 자신감이 아직은 없다.

시민, 그 공공성에 관하여

그렇다면 시민, 시민-됨의 요건은 무엇인가? 도대체 시민성은 어떻게 갖출 수 있는가? 이 문제는 개인의 주체성 정립과 더불어 시민권 보호를 위한 제도적 장치들, 그것을 지원하는 시민사회의 지배적 가치관, 그리고 정치체제의 특성을 두루 포함하는 질문이다. 앞에서는 나의 체험과 연관시켜 시민 개념의 역사적 진화 과정을 간략히 살펴본 것인데, 이른바 교양소설 내지 성장소설에 숨은 코드를 해석하거나 또는 시민층의 성장 과정을 면밀히 검토하는 작업이 필요하다. 서양에서 시민 개념이 형성되는 사상사적 배경이 한국에서 시민 개념의 정립에 매우 유용한 시사점을 주는 것은 부인할 수 없다.

서양에서 시민 개념을 이론적 체계로 정립한 것은 사회계약설, 혹은 시민사회론이다. 영국에서는 17세기 후반, 프랑스에서는 18세기 후반, 독일에서는 19세기 초중반에 확장 일로에 있던 시민층과 시민사회의 위상을 확립하려는 시도가 이뤄졌고, 그것이 시민사회론으로 수렴되었다. 홉스의 공동선, 로크의 정부론, 루소의 일반의지, 헤겔의 시민사회 같은 개념들이 국가권력에 대하여 시민사회의 위치를 확인하고자 했던 시도들이다. 서양의 근대, 특히 자유주의 초기에 개인과 사회는 국가에 대항하여, 또는 협력적 관계 속에서 그 실체와 윤곽을 형성했고 국가에 반하거나 일치하는 이해 관심을 표면화시켜 주권 영역을 지키고자 했다.* 시대를 막론하고 서양의 경우에 국가는 언제나 강력했다. 하버마스는 국가의 간섭에 저항하여 영리 추구를 향한 계급적 이익을 극대화하는 각종 매체와 토론회, 정치적 조직들로 연결된 부르주아 공론장의 작동기제를 각국 사례를 통해 보여주었다. 적어도 1870년대 제국주의 시대가 개화되기까지 각 사회계급들은 자신의 이해 영역을 보다 더 단단하게 구축하기 위해 간섭과 규제장치를 발동하는

---

* 이하 문단은 필자의 책『시민의 탄생』363~364쪽 참조.

국가와 대립 혹은 제휴관계를 유지했다. 국가와 계급의 이런 상태를 합리화한 이론이 바로 시민사회론이다. 여기서 '시민'이란 국가의 불합리한 통제와 개입을 물리치고 천부인권을 부여받은 시민이 도덕과 공익에 의거하여 자율적으로 통치해나간다는 것을 뜻한다. 프랑스어의 공민Citoyen, 독일어의 성민 Bürger, 미국과 영국의 시민Citizens은 약간의 의미 차이에도 불구하고 국가권력에 저항적이라는 공통점을 갖고 있다. 천부인권설에 입각하여 개인 — 시민사회 — 국가론으로 논리를 전개한 시민사회론의 가장 중요한 목적은 국가권력에 대한 시민사회적 권력의 정당성을 이론화하려는 것에 있었다. 시민사회론은, 국가주권Sovereignty의 대문자 S는 개별 주권sovereignty의 소문자 s가 합쳐진 것으로서 개별 시민들의 사회계약인 자발적 위임을 받아 만들어진 것이라고 정의했다. 사회계약설은 현실을 거꾸로 뒤집은 것이다. 대문자 S인 국가의 권력은 결국 위임받은 것에 지나지 않는다. 시민사회론자들은 왜 현실에 거스르는 역방향의 이론화를 시도했을까? 국가의 임의적 횡포에 대하여 시민사회를 보호하는 이론적 보호막을 창안하려고 했던 것이다.

 "국가의 권력은 시민에게 위임받은 것이다." 시민사회론의 이 명제는 '개인'을 권력의 궁극적 발원체로 격상시켰다. 국가권력은 천부인권, 자연권을 부여받은 개인의 신성한 권리를 침해하지 못한다. 개인은 자기보존이라는 생물학적·인류사적 목적을 수행하는 이기적 존재인데 그것을 보호받지 못하면 인류의 존속 자체가 위협받는다. 사익은 그래서 중요하다. 자기보존에 가장 중요한 것을 로크는 재산권이라 했고, 루소는 생물체로서 유기체적 욕구 충족이라 했으며, 홉스는 욕망이라 했다. 그게 무엇이든, 개별 인간은 사익을 추구하는 존재다. 사익 추구를 보장하는 것이 자유다. 개인의 자유가 가족에서는 협동과 우애로 발현되므로 아무 문제가 없는데 개인들의 집합, 가족의 집합인 사회가 형성되면 문제가 발생한다. 사익을 추구하는 개인 간, 집단 간 자유가 침해되는 것이다. 욕망의 충돌은 영원한 투쟁 상태를 낳는다. 자유의 조화로운 공존을 유지하려면 서약covenant(홉스), 협약compact(로크), 계약contract(루소)이 필요하다. 이런 계약을 통해 그것을 관리하고 감시할 국가권력이 탄생한다. 국가권력을 홉스는 공동선, 루소는 일반의지, 로크는 정부로 명명했다.

이런 논리적 구조에서 시민의 자격이 나온다. 시민은 사익을 추구하는 존재이자 동시에 타인의 자유를 존중하는 존재다. 전자를 사적 영역, 후자를 공적 영역이라고 한다면, 시민성은 사익과 공익을 동시에 담지하는 복합적 윤리다. 시민이

신에게서 부여받은 주권을 행사하여 권력체를 선택하게 되는 바로 그 과정에서 '시민의 공공성'이 발현된다. 일반의지, 공동선, 사회협약을 담당할 권력체 구성에 참여하는 행위 자체가 사익과 공익의 균형적 결합체로서 공공성을 생산하는 것이다. 이 공공성이 지향하는 바는 개인과 가족들이 모인 시민사회에서 '우애'의 실현이다. 오직 가족 내부에서만 작동하는 인간 윤리인 우애를 시민사회에서도 작동하도록 만드는 그 단초가 바로 시민의 공공성인 것이다. 이런 기대가 시민사회론자의 이론 구성 논리에 내장되어 있는 것이다.

그러나 현실은 이론과 달랐다. 시민은 사익을 추구했고 국가는 권력을 휘둘렀다. 사회사상가들이 당면했던 고민이 여기 있었다. 시민을 어떻게 공익지향적 인간으로 만들 것인가, 국가를 어떻게 시민사회에 봉사하는 권력체로 만들 것인가 하는 문제 말이다. 프랑스의 사회학자 에밀 뒤르켐은 근대사회에서 우애를 구현하는 기제가 무엇인지를 고민했고 그것이 직업집단occupational groups에 내장되어 있음을 간파했다. 노동 분화로 발생하는 경쟁을 협동심으로 바꾸는 기제가 필요했던 것인데, 과거 동업집단의 정신을 근대에 실현시킬 수 있는 기초적인 단위로 직업집단을 상정한 것이다. 그것으로 부족하다면 전통사회의 유산인 집단양심collective conscience으로 사익을 규제하면 가능하다고 보았다. 시민은 직업집단적 정신에 충실하고 그 사회에 상식 혹은 양심으로 통하는 집단정신에 비춰 자신의 행위를 판별하는 기본양식을 갖추면 유기체적 질서가 형성될 수 있다고 생각했다. 그것도 부족하면 시민교육civil education으로 보완할 수 있다. 뒤르켐은 소르본 대학 교수직을 하면서 시민교육을 하러 전국을 다녔다. 헤겔은 시민사회를 중시하면서도 이해 대립을 해소하는 궁극적 권력체로 국가를 절대시했다. 국가는 절대신이자 역사적 이성의 구현체다. 국가의 장대한 진화에 시민사회가 화답한다면 개인의 자유와 평등은 보장될 것으로 생각했다. 물론 이 국가관념론적 사고에 반기를 든 시민층이 없었던 것은 아니다. 바로 독일의 '교양시민'이 그렇다.

앞에서 지적한바, 시민사회와 국가의 관계에서 공공성이 발현된다. 공공성은 시민사회의 구성원들이 서로의 이해를 조정하고 자제하면서 만들어가는 개념이다. 전통적 지배층인 귀족계급과 대립하면서 사회 운영의 지배이념을 모색하고 형성하는 과정에서 시민계급의 고유한 심성과 가치관이 형성된다. 근대국가는 시민사회가 협약하고 위임한 그 지배적 가치관과 권력을 행사하는 행위자다. 시민사회는 자율의 공간에서 가치관을 만들고, 국가는 그것을 위임받아 시민사회를 통

제한다. 현대 정치체제의 아킬레스건이 바로 '자율'과 '통제'
다. 자율은 시민사회, 통제는 국가의 몫이다. 자율과 통제가
선순환관계에 놓인 상태가 근대사회이다. 시민은 그런 선순
환관계를 감시하고 따르는 구성원이다. 권리와 책임의 균형
적 감각을 갖고, 그 균형을 감시하는 권력체의 통제를 따르는
존재, 그것이 시민이다. 만약, 국가가 이런 선순환관계를 깨
뜨리면 국가에 저항할 수 있는 권한이 허용된다. 이것이 시민
권이다.

시민은 자신의 고유한 자유를 중시하면서 (즉, 사익에 충실
하면서) 자제와 양보를 통해 공익에 기여하는 존재다. 이것이
시민의 공공성이다. 사회의 공적 이익을 위해 희생을 각오하
는 존재라는 뜻이다. '공익에의 긴장'이 없는 시민은 시민의
자격이 없다. 공익에의 긴장은 자치에서 나온다는 사실은 토
크빌이 미국 여행을 했던 19세기 초반 이후 잘 알려진 사실이
다. 토크빌이 미국 여행에서 가장 경이롭게 생각했던 것은 촌
락에 재난이 발생했을 때 주민들이 모여 논의하고 해결책을
스스로 만들어가는 광경이었다. 그들은 국가에 의존하지 않
았다. 촌락의 문제는 토론을 통해 스스로 해결했고 향후 문제
를 해결할 행동강령을 만들어 실행했다. 그런 '마음의 습관'이
미국인의 심성에 장착되어 있었다는 사실에 토크빌은 놀라움

을 금치 못했다. 국가는 자치체가 십시일반 모여 만든 권력체
에 불과했다. 자율적 시민사회라는 강력한 토대 위에 연방제
국가가 서 있었던 것이다. 시민의 공공성은 자신들이 서로의
이해관계를 다투고 조정하면서 공익 증진에 기여할 수 있는
해결책을 모색하는 과정에서 발현되는 윤리적 코드다. 자제
와 양보, 공익에의 긴장이 공공성의 두 축이다. 그것이 없는
사람은 사적 영역에 웅크린 이기적 인간일 뿐이다. 공존의 윤
리가 없는 인간, 시민정신이 없는 시민이다.

제3의 변혁

헝가리의 경제인류학자 칼 폴라니는 서양에서 1920년대를 '거대한 변혁the great transformation'의 시기라고 정의했다. 거대한 변혁, 그것은 이전 시대와는 질적으로 다른 혁명적 질서가 탄생했기 때문이다. 금본위제의 출범, 자족적 시장의 종언, 국민국가의 탄생, 개입주의 국가가 그것이다. 이 네 가지는 19세기 중상주의 혹은 자유주의 시대와 구분하는 질적인 경계선이다. 여기에 계급정당의 정립을 더 보탤 수 있을 것이다. 1920년대는 계급을 기반으로 하는 대중 정당이 정착된 시기, 이른바 20세기를 관통했던 정당 구조가 애초 결빙된 시기였다. 시민을 기초로 한 '국민국가의 질주'라고 할 만하다. 20세기에 거쳐 성숙된 국민국가는 20세기 말에 이르러 경계를 허물고 국민을 세계시민으로 진출시키는 문을 열었다. 세계시민의 시간대가 시작된 것이다.

그렇다면 한국은 도대체 어떻게 된 것인가? 한국은 '제3의 변혁'을 이뤄야 할 시점에 와 있다. 120년 전, 근대 이행이 시도된 이후 60년 주기의 변동이다. 1894년 '제1의 변혁'은 동학과 갑오경장이었는데, 근대국가로의 이행에 실패해 식민지의 고난을 겪어야 했다. '제2의 변혁'은 1961년 본격적인 국민국가 시대의 개막이었다. 산업화와 빈곤 탈출에 명운을 걸었고 모든 국민이 동원됐다. 조국 근대화와 산업화의 성공은 한국을 선진국 문턱까지 이끌고 갔는데, 그 패러다임이 더이상 유효하지 않은 시점에 우리는 와 있다. 동학과 갑오경장 120주년인 2014년, '제3의 변혁'을 해야 할 시간대에 도달했다. 위기에 취약한 경제구조가 그렇고 자발성이 결핍된 사회조직 원리가 그렇다. 국민은 있으나 '시민'이 없다. 시민성이 지극히 취약한 상태로는 선진국이 될 수 없다. 그런데 그 지향점이 무엇이고, 누가 주체인가? 이 질문에 답해야 한다. 집권 3년차를 앞둔 박근혜정권이 짊어져야 할 역사적 과제다. 그러나 어려워 보인다. 통 큰 정치가 없다. 역사적 인식이 부족하다.

민주화 이후 다섯 차례 정권이 바뀌고 여섯번째 민주정권이 등장했다. 기존 정권들은 모두 초기의 높은 '기대'와 후기의 '절망'이라는 '영욕의 운명'을 통과했다. 박근혜정권이 기존의 정권들이 겪었던 이 영욕의 운명을 과연 피할 수 있을 것인가를 묻는다면 시기상조겠지만 기대와 좌절, 희망과 절망 사이를 오르락내리락했던 지난 경험을 생각하지 않을 수 없는 것이 한국정치의 현실이다. 통치자라면 기존의 정권들이 겪었던 이 공통의 운명을 기어이 면하고 싶을 것이고, 지혜를 널리 구해 다양한 정책을 펼치는 것이 필요하다. 시장 상황이 비관적이고 경제 회복이 더딜 것으로 예상되는 현 시점에서 판단하자면 집권 초기 부풀려졌던 국민적 기대의 거품은 필연적으로 꺼질 수밖에 없다. 지난 2년 경험이 그랬다. 좌절과 비난은 바로 그곳에서 발원한다. 정부의 대책과 정책이 단기적 효과를 거둘 수 없는 것이 한국이 처한 세계화의 구조적 명법이고, 경제적 재화와 사회적 자원을 이리저리 옮겨 불평등 완화에 쏟아부어도 그 효과는 빨리 나타나지 않는다. 집권 2년 동안 '국민대통합', '복지와 경제민주화'라는 두 개의 목표는 버려진 것으로 보인다.

이렇게 말하면 조금 송구스럽지만, 박근혜정권은 '무정란 정치'였다. 이렇다 할 업적을 내지 못한 채 인수기 2개월, 집권 2년을 보냈다. 기존 정권들이 집권 초기 2년 동안 온갖 화려한 정책들을 선보였음을 생각하면 실로 대조적이다. 그 화려한 정책들의 성공/실패 여부는 차치하고라도 집권 실세들이 매우 부산히 움직였다는 사실 하나만으로도 매우 조용하고 신중한 박근혜정권과 대비된다. 사실, 애써 실행해서 부작용을 양산하는 것보다 아무것도 하지 않는 정치가 더 나을지도 모른다. 냉소적인 관점에서 그렇다. 그러나 뭔가는 해야 한다. 모든 정권은 나름대로 시대적, 역사적 과제를 안고 있다. 2013년은 그야말로 충돌과 격돌의 시간이었는데, 그 수렁에서 빠져나오던 초입에서 세월호 참사를 만났다. 집권 2년차, 어느 정권이든 개혁의 고삐를 바짝 당겼던 그 소중한 시간대를 세월호 사건으로 보냈다. 세월호 참사는 박근혜정권이 껍질을 벗고 변신을 꾀할 수 있는 절호의 기회였다. 정권을 감싸고 있는 장막을 벗어던지고 시민들과 광장에서 허심탄회하게 만나 향후 대한민국이 갈 길을 논의할 수 있는 기회, 그것을 놓쳤다. 국가개조! 선언은 너무 성급했다. 총리를 찾고 유병언을 추적하는 것이 해결책은 아니었다. 박정희 대통령의 통치양식처럼 책임감과 사명감이 너무 승했다. 시민에게 맡겨야 했다. 우리가 무엇을 뉘우쳐야 하는지, 국가와 시민사회가 어떤 개혁을 해야 하는지를 묻고 또 물어 전 국민이 참여하는 인류학적, 사회학적 제의를 치러야 했다.

박근혜정권이 시민사회와 접선 또는 협력이 안 되는 이유는 다음과 같이 살펴볼 수 있겠다. 첫째, 집권세력 내에서 '시민사회' 개념이 매우 부정적으로 각인되어 있을 가능성이 있다. '시민사회'는 저항의 수원지이고, 자칫 잘못 건드리면 민주정권에도 저항의 독기를 뿜을지 모르는 반독재집단으로 간주될 가능성이 다분하다. 사실, 팽목항에 운집했던 일반 사람들은 집권 실세보다 시민의식이 더 높을 가능성이 있다. 집권 실세에게 시민, 시민사회는 다만 통치의 대상일지 모른다. 둘째, 고질병에 갇혀 있는 한국정치의 질식 상태를 깰 새로운 언어 혹은 정책을 창조하지 못하기 때문이다. 한국정치의 고질병은 무엇인가? ①'구조화된 신념structured belief'이 너무 강하고 오래 지속된다. 구조화된 신념이란 분단 상황에서 비롯된 반공이념, 고도성장에서 유래한 불평등(취약한 분배구조)을 둘러싼 이념 대립을 가리킨다. 구조화된 신념은 정치집단을 진보와 보수로 갈라놓았고 타협 지점을 없앴다. ②행동양식이다. 보수와 진보 모두 경쟁 상대를 이해·수용·양보로 대하기보다 척결의 대상으로 간주한다. 타협은 배신이다. 뿌리째 뽑는 것, 척결을 통한 민주화가 정치집단의 지배적 행동양식이다. ③제도적 요인으로서, 두 정통성의 충돌이다. 총선과 대선으로 선출된 권력인 국회와 대통령이 서로 충돌하고 일체의 양보도 하지 않는다. 국회는 강한 거부권을 갖고, 대통령은 강한 통치권을 갖는다. 두 강성권력은 접선이 없다. 앞에서 얘기한 이념에 근거한 '척결'이 '이념정치'에 집착하도록 부추기는데, 이념정치가 실패해도 지역주의가 든든한 후원자로 남아 있기에 사생결단을 낼 수 있다. 이념정치가 실패하면 지역주의로 돌아간다. 지역주의에서 정치적 활력을 보강한다. 극단적 이념 대립으로 국회를 두 동강 내도 총선에는 아무 지장이 없다.

지역주의는 '구조화된 신념'처럼 완강하게 지속되는 성향이지만 점차 계층, 세대, 이념에 그 영향력이 침식되고 있다. 이익 대변 기능의 관점에서 판단한다면, 정당이 지역 이익을 대변한다고 믿는 것은 '허위의식'일 가능성이 높아졌다. 영호남의 정서적 차별성은 여전히 존재하지만, 그것이 특정 이익으로 발현되는 것은 별로 없다. 정권에 따라 인사 발탁에 이익/불이익을 주는 것 외에는 말이다(이것이 현실적으로 큰 차이를 가져올지는 모른다). 그러나 장기적 안목에서 보았을 때, 지역은 다른 균열 요인인 계층, 세대, 이념에 자리를 내주고 있는 실정이다. 지역감정은 빠른 시간 내에 해소하는 것이 맞다. 그러나 지역 균열은 한국적 정당정치의 기반이기에 긍정적 경쟁의 에너지로 변화를 꾀하는 것은 바람직하다. 그럼에도, 이념정치가 타협이 아니라 극단적 대립으로 치닫는 것을 후원하는 가장 중대한 요인이 지역주의라고 한다면 조기 해소가 바람직하다. 방법은 여럿이다. 그중에서 ①국회의원 선거제를 소선거제에서 중대선거제로 바꾸고, ②비례대표를 늘리는 정당개혁을 4년 중임제 개헌과 함께 고려해봐야 한다.

5년 단임제가 지속되는 한 한국정치는 기대와 좌절이 반복되는 고질적 악순환 과정을 벗어나기 힘들다. 두 가지를 준비해야 한다. 하나는 4년 중임제 개헌이고, 다른 하나는 사회민주화개혁이다. 4년 중임제 개헌은 폭넓은 사회적 토론과 정치적 결단이 필요한 사안이고 현재 조심스럽게 제기되고 있다. 정치민주화 다음 단계인 '사회민주화'에도 각별한 의지와 역량을 집중해야 한다. 사회민주화의 요체는 차별 제거와 기회 균등인데 평등주의적 심성이 매우 강한 한국인들에게 사회적 불평등을 완화·억제하는 제도의 도입은 이념 대립을 완화하는 효과도 창출할 것이다. 복지 확충은 그 출발점으로서 생산시장 및 노동시장과 결합된 복지제도를 우선 완료하는 것이 필요하다. 예를 들면, 비정규직 4대 보험 같은 것. 그런데 이런 제도 영역들은 매우 큰 갈등이 수반되기에 5년 단임 정권이 선뜻 손을 대고 싶어하지 않는 기피 영역이다. '제3의 변혁'

을 수행해야 할 역사적 과제를 안고 있는 박근혜정권은 광폭
의 통 큰 사회개혁을 과연 추진할 것인가?

한국사회는 어디쯤 있는가

필자가 항상 강조해온 바지만, 한국사회는 사회민주화의 단계로 접어든 이후 그것에 해당하는 개혁 정책을 실행하는 데에 소홀했음을 다시 지적하지 않을 수 없다. 사회민주화란 무엇인가? 분배와 복지다. 기회균등이다. 기회균등은 분배와 복지로 해결된다. 한국은 환란을 극복하면서 바로 사회민주화의 단계로 진입했어야 했다. 노무현정권이 그 책임을 떠안았는데, 정책 방향은 그런대로 잘 잡았으나 실행 방식이 서툴러 사회 갈등을 촉발한 채 별다른 성과 없이 막을 내렸다. 말의 성찬이었다. 분배의 적을 호명했고, 복지의 저항세력을 공적으로 몰아세웠다. 그것은 적의의 정치였지, 통합의 정치, 연대의 정치가 아니었다. '세금폭탄'을 투하한다는 발언을 서슴지 않았던 그 정권에서 세금을 흔쾌하게 납부하려 했던 고소득층과 상층부는 없었다. 세금이 하층민들에게 쓰였다는 증거는 별로 없었고, 기대에 한껏 부풀었던 하층민들도 별로 나아지지 않은 생계와 가중되는 생활고에 불만이 증폭됐다. 진보정권이 밀어붙였던 복지정치는 무성한 복지 담론과 현실적 비난만 낳은 채 무너졌다.

이명박정권의 정책 중심은 경제 회생으로 이동했다. 복지 담론과 사회민주화의 정책 비전은 경제 회복에 가려 대중적 관심을 끌지 못했다. 정치는 거의 실종됐다. '정치 없는 정부'의 전형인 이명박 정권은 복지 개선을 위해 나름대로 예산과 인력을 투입했지만, 종합적 기획과 거시적 사회디자인 없이 추진된 산발적 프로그램으로는 가속이 붙은 양극화를 제어할 수 없었다. 대기업에는 현금 소득이 넘쳤지만, 중소기업은 파산 위험에 허덕였다. 정규직이 고용안정을 구가하고 높은 임금인상률을 향유하는 동안, 비정규직은 고용불안정과 실직을 거듭해야 했다. 양극화는 이명박정권이 만들어낸 구조적 난제가 아니라 세계의 모든 자본주의국가가 풀어야 할 공통 과제인데, 유독 한국이 양극화의 극한 위험에 직면하게 된 것은 두 가지 이유에서다. 하나는 국민총생산 중 무역이 차지하는 비중이 지극히 높은 고高개방경제라는 사실, 그리하여 신자유주의적 경제에 내장된 양극화의 법칙이 관철되는 정도가 지극히 높다는 점이다. 다른 하나는, 양극화의 심화 속도를 완화해줄 국가의 대응 정책이 미약해서 경쟁력이 낮은 부문이 감당해야 할 충격이 특별히 크다는 점이다. 전자는 우리의 현실이므로 주어진 환경이라고 한다면 문제는 국가의 완충 정책, 즉 양극화를 경감해줄 복지와 분배 정책, 그리고 노동시장 정책이 '매우 취약하다'는 데에 있다. 세 가지 정책의 발전 수준이 OECD 국가 중 거의 최하위에 위치하고 있다면 문제의 심각성을 인정할 수 있을 것이다. 규제 완화를 통한 성장 정책은 세계의 보수정권이 채택하는 공통적 기조다. 그런데 이명박정권이 무의식적으로 행한 최고의 실수는 규제 완화라는 보수주의적 정책 기조를 '생산시장'과 함께 '노동시장'에도 적용했다는 사실이다. 노동시장에 규제 완화 원리를 적용했다는 것은 곧 노동시장에서의 약육강식을 허용하는 결과로 이어진다. 노동시장의 강자는 노동조합에 의해 보호받는 정규직들이다. OECD는 한국의 노동시장 유연성이 회원국 중 중간 정도에 위치한다고 발표한 바 있는데, 그것은 정규직의 '극단적 경직성'과 비정규직의 '극단적 유연성'의 산술 평균이다. 말하자면, 노동시장은 극심한 양극화 상태에 처해 있다는 뜻이다. 여기에 생산시장의 양극화, 대기업과 중소기업의 격차가 중첩되면 약육강식이라는 정글 법칙의 위력은 증폭된다. 이명박정부가 이런 점을 의식했는지는 미지수다. 만약 의식했다면, 노동조합을 불법적으로 파괴하는 행위를 방관하는 자세를 취하는 대신, 비정규직과 시간제 근로자들을 보호하기 위한 다른 조치들을 강구했어야 했다. 그러나 아예 손을 놨다. 그러니 복지 예산을 최대로 편성하고 남다른 복지 프로그램을 활발하게 가동했다고 아무리 자찬해도, 체감 효과를 감지하지 못했던 850만 비정규직과 수백만에 달하는 빈곤층이 그것을 곧이 믿기는 어려웠던 것이다.

'복지와 경제민주화'가 지난 대선의 주요 화두로 등장한 배경이 이것이다. 소득과 고용의 양극화, 달리 말하면 '삶의 기회'의 양극화가 한국사회를 두 동강 내고 있다는 위기의식이 팽배한 결과다. 더 미뤄서는 곤란하다는 국민들의 절박한 상황 인식이 '복지와 경제민주화'를 대선 화두로 밀어올렸던 것이다. 따라서 '국민대통합'은 바로 소득과 고용의 양극화를 해소하는 것에서 시작된다. 복지와 분배, 고용안정, 이것이 국민대통합의 필수적 선결 요건임은 말할 나위가 없다. OECD 국가들의 역사적 경험으로 판단할 때, 대체로 1인당 국민소득

1만 달러 수준에서 도입되어야 할 정책 수단들이 한국에서는 2만 달러 수준에서 터져나왔다고 보면 문제의 절박성이 더욱 선명해진다. '뒤늦은 어젠다'를 방치해두었다가 이명박정권은 국민들에게 냉혹하게 폐기처분되는 쓰라린 경험을 했다. 그렇다면 박근혜정부는 무엇으로 이 문제를 풀 것인가? 지난 2년 동안 국민들이 기다렸던 '말'이 이것이었는데, 대통령도, 인수위도, 내각도 저 장막의 뒤편에서 각종 프로그램을 가다듬었을 뿐 사회개혁을 위한 종합적 기획, 이명박정권의 실패를 답습하지 않을 묘수, 그리고 '뒤늦은 어젠다'를 완수하는 데에 따르는 갈등 해결의 정치철학과 고통 분담의 책임 소재를 지정하는 정치철학을 선보이지 않았다. 필자는 이 점이 불안하다. 한국사회는 어디쯤에 위치해 있는가? 한국사회에 우선 급한 개혁 영역은 무엇인가? 누가 비용을 치르고 누가 수혜를 받으며, 비용을 치르는 사람의 권리와 수혜자의 책임은 무엇인지를 정확하게 호명하지 않았다. 박근혜정부가 내세웠던 국민대통합은 갈등을 수반한다. 국민대통합은 양보와 헌신을 필요로 한다. 누가 양보할 것인지, 수혜자는 어떻게 보답할 것인지를 말해주는 것이 통치자의 역할이고, 그것에서 리더십이 분출된다. 영국의 철혈 수상 마거릿 대처는 취임식에서 이렇게 말했다. "영국에는 이제 집단의 자유는 사라졌습니다.

나는 개인의 자유를 구출할 것입니다"라고. 대처가 발한 이 말의 진의를 몰랐던 노동조합 지도자들은 여섯 차례에 걸친 노동법 개정을 겪으면서 뒤늦게 알아차렸다. 이미 영국 시민들은 노동조합에서 돌아선 뒤였다.

시대정신은 시민 민주주의

이런 문제의식을 포함하여 시대정신을 가늠해보고자 한다. 사람들은 묻는다. 우리에게 필요하고 우리가 지향해야 할 '시대정신'은 무엇인가? 지난 대선에서 안철수 후보가 문재인 후보에게 같은 질문을 했다. 그랬더니 문재인 후보의 답은 "그거야 복지와 경제민주화죠"였다. 박근혜 후보는 '국민대통합'이라고 했을 것이다. '복지와 경제민주화'보다는 '국민대통합'이 가치론적 관점에서 한 수 위다. 필자는 그런 가치들을 다 포괄해서 한마디로 집약한다면 '시민 민주주의의 증진'이라고 말하고 싶다. 시민 민주주의가 우리에게 절실한, 우리가 잊고 살았고 우리가 지향해야 할 최선의 시대가치라고 생각한다. 시민 민주주의는 민주주의의 어떤 유형을 지칭하는 개념이 아니라 '시민적 가치'에 입각하고 시민적 동의와 참여를 존중하는 그런 정치체제라고 생각하면 된다. 굳이 말하자면, 시민의 자발적 참여와 책임에서 발원하는 토크빌적 가치에 충실한 민주주의다. 자발적 결사체의 집합, 그리고 그 결사체들에서 나오는 권리와 책임에 대한 시민적 자각이 사회의 중요 자산이 되는 그런 민주주의 말이다. 요즘식으로 말하면 사회적 자본이 풍부한 민주사회를 의미한다.

우리는 시민적 참여라는 '토크빌적 습속Tocquevillian folklore'을 갖추지 못한 채 민주주의를 이룩했다. 그럼 독재 시대 국민들이 벌였던 저항운동은 무엇인가? 저항운동은 특정 집단에 국한되었을 뿐, 그것이 민주화 이행 과정에서 폭넓은 시민단체와 시민운동으로 전환되지는 못했다. 1990년대에 시민운동의 시대가 개막되었으나 운동권 중심, 행동가 중심, 명망가 중심의 운동이었지 일반 시민의 운동, 말하자면 풀뿌리 시민운동으로 발전하지 못했다는 한계를 갖는다. 그럼 모든 시민이 어떤 유형이라도 시민단체에 가입해야 하는가라는 질문이 제기될 것이다. 답은 '가급적이면 그런 것이 바람직하다'이다. 왜냐하면 시민단체는 공공의식을 배양하는 사회적 사관학교이기 때문이다. 그곳에서 권리와 책임의식이 형성되고, 공론장을 건강하게 만드는 청량제가 생산된다. 믿음과 신뢰가 생산되는 곳이 그곳이다. 이런 사실은 필자의 주관적 판단이 아니라 사회적 신뢰와 사회적 자본, 그리고 민주주의와의 관계를 논하는 모든 사회과학적 연구가 예외 없이 도달하는 공통 명제다. 앞에서 얘기한 '시민성'은 자치단체와 시민단체에서 자라난다. 시민단체에 가입해 활동하는 과정에서 시민이 성장한다. 책임과 권리의식의 배양기제라는 점에서 시민 민주주의는 정치학적 개념이자 사회학적 개념이다.

시민 민주주의의 핵심 요건은 세 가지다. 시민참여, 시민권, 시민윤리. 이를 간단히 서술하면, 우선 시민참여는 시민단체에서 하는 활동을 지칭한다. 양식을 갖춘 시민이 되려면 시민단체에 참여하는 회원권을 갖고 있어야 한다. 적어도 1개 이상이 필수적이다. 유럽에서는 시민 한 사람당 평균 2~3개의 회원권을 보유한다. 계층, 학력, 연령, 남녀 제한 없이 비슷한 사회적 관심을 가진 사람들이 자발적으로 모여 토론하고 활동하는 그런 회원권을 말한다. '계급장 떼고' 논의하는 자리, 상대방이 어떤 직업을 갖고 있는지, 어디에서 살고 있는지를 불문에 부친 채로 진행되는 토론 과정에서 시민의식이 싹튼다. 사익과 공익의 구분이 분명해지고 회원들이 그것을 내면화할 기회가 여기에서 주어진다. 정당개혁은 그래서 중요하다. 시민의식을 배양한 사람들의 집합적 견해가 정치권에 주입되고input, 정치권은 그것을 논의해 결과를 내놓는 output 환류 과정이 원활해야 비로소 시민권이 살아난다. 지난 대선에서 각 후보들이 정당개혁을 그토록 강조했던 이론적 배경이다. 정당이 시민적 합의를 어떻게 만들어낼 것인가, 정당이 시민의 공론에 어떻게 화답할 것인가에 대해 여야 정당이 포괄적 청사진을 내놔야 한다. 그러나 최근의 정국동향으로 보건대 정당개혁은 이미 수면 아래로 가라앉은 것으로 보인다. 여당은 물론이거니와, 그 필요성을 인식했던 야당조차도 '전국 반성 순례'를 했을 뿐 '시민적 동의'에 충실할 수 있는 제도개혁은 시작도 하지 못한 상태다. 필자의 판단으로는 시민적 동의를 주입하고 환류하는 정당개혁은 요원하다.

시민적 입장에서 시민참여 역시 요원한 숙제다. 통계에 따르면, 한국의 성인 남녀가 각종 단체에 참여하는 비율은 60퍼센트 정도인데, 이중 순수한 시민단체 참여율은 10퍼센트를 밑돌았다. 단적으로 말해, 거의 시민활동을 안 한다는 얘기다. 종친회, 종교단체, 동향회, 동호회가 대종이다. 이런 경우 시민의식, 공익의식은 발아하지 않는다. 이 정도면 증상이 심각하다. 경제 대국으로 발돋움하는 동안 사회는 후진적 상태에 머물러 있었다는 얘기다. 정치, 사회의 발전 정도와 경제 수준 간 심각한 격차가 존재하는 비정상적 발아 상태를 보인다는 얘기다. 그러니 이런 말이 나온다. 중산층, 그야말로 민주주의 발전에서 가장 중요한 중심 역할을 담당하는 중산층의 기준을 측정하는 연구에서 한국은 자동차, 아파트 두 개만을 든 반면, 프랑스는 외국어와 샹송, 미국은 오페라와 재즈, 여행 같은 문화적 자산을 첨가했다. 한국의 중산층은 문화적 자산과 교양이 절대적으로 부족한 물질적 존재가 되었다. 이런 상황에서 어떻게 공익, 시민윤리, 양보와 타협 같은 고급 정신을 기대할 수 있을까? 정당을 탓하지 말고 시민단체의 회원권을 우선 구입하는 것이 시민적 숙제다.

이런 까닭에 '시민권'을 주로 권리의 측면에서만 발휘하려고 하는 것이 우리의 모습이다. 시민권은 시민의 기본 자격으로서 권리와 책임이라는 두 개의 가치로 구성된다. 한 사회에 태어나면 인간답게 살 권리를 향유한다. 자연권이다. 자연권을 행사하려면 책임의식의 견제를 받아야 한다. 어떤 책임? 권리에 대한 대가, 노동할 책임, 사회질서에 기여할 책임, 타인의 권리를 침해하지 않을 책임, 그런 것들이다. 우리의 복지 담론에서 빠진 것이 책임의식인데, 중산층을 포함하여 대부분의 성인이 복지를 권리로만 의식하고 있지, 그것을 유지하기 위한 책임이 무엇인지는 묻지 않는다. 복지 후진국이기에 더욱 그런 편향적 의식을 부추기고 있다. '무상복지' 개념은 권리를 과대하게 부풀리고 책임을 방기하고 있다는 점에서 위험하기까지 하다. 복지를 논하기 전에 누가 부담할 것인가를 우선 확정해야 한다. 부담할 사람이 없으면 복지 확대는 허상이다.

필자는 한국의 현 상황에서 복지 확대가 절대적으로 필요하다고 생각하고, 이와 동시에 두 가지 점을 고려해야 한다고 강조하고 싶다. 무엇이 시급한가와 누가 부담할 것인가의 문제다. 가장 시급한 것은 비정규직의 사회보험이다. 연금은 1200만 명이 수혜 자격이 없고, 고용보험은 1300만 명이 배제된 상태다. 사회보험이 시민권의 가장 기본적인 자격 요건이라면, 한국에서는 줄잡아 2500만 명이 '비시민'이라는 뜻이 된다. 이런 마당에 어떤 복지 프로그램을 우선 도입하려고 하는가? 연금과 고용보험은 모두 노동시장에서 임금생활자, 혹은 시민들을 보호하는 공적기제다. 이른바 사회보장의 기본 요건이다. 시민사회의 시대에 한국에는 '비시민'이 넘쳐난다.

시민윤리가 바로 공익에의 긴장, 타인에 대한 배려, 공동체적 헌신에 해당하는 가치인데, 자발적 결사체 참여에서 생산되는 사회적 자본이다. 시민윤리가 전제되지 않고는 있는 사람들의 '양보', 없는 사람들의 '헌신'이 짝을 이룰 수 없다. 국민대통합이 여러 형태의 사회적 균열, 예를 들면 빈자와 부자, 약자와 강자, 자본과 노동, 정규직과 비정규직 간의 단단한 균열 구조를 가로질러 사회적 자산과 경제적 재화를 재분배하는 것으로 이뤄진다면, 여기에는 시민윤리가 바로 윤활유로 작용한다. 시민윤리가 없는 재분배는 국가의 강제력에 호소하는 경우에만 가능한데, 국가의 강제력이 약화될 때에는 중단되고야 만다. '양보와 헌신'이 국민대통합의 기본 요건이라면 시민윤리는 그것의 필요 요건에 해당하고, 시민윤리를 배양하는 시민참여와 시민권에 대한 균형 잡힌 의식이 양편에서 동시에 작동해야 한다. 그렇기에 시민 민주주의라는 시대정신을 향한 사회개혁은 어렵다. 하지만, 그것 없이 진정한 선진국으로 진입할 수 없다는 것이 사회과학의 냉정한 진단이다.

우리는 무엇을 잊고 살았나? 구한말 개화기 재지사족在地士族들과 지식인들은 소중화주의小中華主義를 완성하기 위해 존재론과 가치론에 몰두했다. 심즉리설心卽理說, 명덕주리주기론明德主理主氣論에 집착해서 인성과 물성의 같고 다름을 궁구해 외세에 대항하고자 했다. 그 결과는 국가 상실, 식민지화였다. 정신이 물질의 공세를 감당하지 못했던 것이다. 정신과 물질의 엇갈린 진로와 심각한 격차를 의식하지 못했다. 국가는 상실됐고, 사회는 발아 상태를 면치 못한 채 20세기를 맞았다. 이후 100여 년 동안 피식민과 빈곤에서 벗어나고자 몸부림쳤던 우리는 과학기술과 서양 문물을 서둘러 받아들였고 경제 대국에 등극하는 데에 성공했다. 그 결과는 정신적 자산 축적의 경시, 그리고 사회적 토대의 척박함이다. 비대해진 사회, 갈등 유발적 사회를 어떤 원리와 가치로 운영할 것인가? 그것이 자유주의적 가치라면 주도 계층은 누구이고 어떤 사회관, 세계관을 내면화할 것인가? 그들의 문화적 양식은 호소력과 설득력을 갖췄는가? 한마디로 묻는다면, 우리가 집단 간 갈등 상태에 내몰려 사회질서가 위태롭다고 인식할 때 누구나 인정할 수 있는 최초의 협약 가치, 협약 코드가 있는가? 결과적 평등주의가 팽배한 한국사회에서 누구나 수긍할 수 있는 사회정의 개념은 존재하는가? 이런 질문들 말이다.

아무튼 우리가 '이룩한 물질'과 '잃어버린 정신'의 격차는 더욱 커졌다. 결국 이런 자각은 지금까지 홀대했던 사회적 자본을 창출해야만 경제적 풍요를 제대로 이룩할 수 있다는 뒤늦은 깨달음으로 우리를 인도한다. 한국사회는 정신적 기초가 허약한 터전 위에 위태로운 경제 대국을 건설했다. 작금의 사회 갈등, 집단 투쟁이 모두 이런 상황에서 발생한다. 시민 민

주주의가 우리의 당면 과제라고 주장하는 절실한 이유가 여기
에 있다.

나는 시민인가
사회학자 송호근, 시민의 길을 묻다
ⓒ송호근

1판 1쇄 2015년 1월 23일
1판 6쇄 2016년 12월 28일

지은이 송호근 | 펴낸이 염현숙
책임편집 장영선 | 편집 황은주 권한라 박영신
디자인 김현우 이주영 | 표지사진 조선일보
마케팅 정민호 이연실 정현민 김도윤 양서연
홍보 김희숙 김상만 이천희
제작 강신은 김동욱 임현식 | 제작처 한영문화사

펴낸곳 (주)문학동네
출판등록 1993년 10월 22일 제406-2003-000045호
주소 413-120 경기도 파주시 회동길 210
전자우편 editor@munhak.com | 대표전화 031) 955-8888 | 팩스 031) 955-8855
문의전화 031)955-1933(마케팅) 031)955-3561(편집)
문학동네카페 http://cafe.naver.com/mhdn | 트위터 @munhakdongne

ISBN 978-89-546-3464-9 03330

www.munhak.com